Thomas Bauer

Rednecks radeln nicht.

Meine 3000 Kilometer auf einem Liegerad durchs wahre Amerika.

millemari. BIBLIOTHEK DER EXTREME BAND 6

MONTANA
Minnesota
LLOWSTONE
IOW
USA
GRANDCANYON
GAS
ARIZONA
TEXAS
Mexico

Inhalt.

Pure Vernunft
darf niemals siegen.
Tocotronic

Jeder Mensch hält die Summe
seiner Tölpeleien
für Erfahrung.
Oscar Wilde

1. Kill 'em all!

Auf einmal stand er vor mir. Ich hatte gerade das Motel verlassen und wollte am Gebäude entlangfahren, um auf den Highway zu kommen, da hob er die Hand und rief: „Hey du, anhalten!“ Vor Überraschung trat ich sofort auf die Bremse. Das war natürlich ein Fehler, machte es uns beiden doch klar, wer hier das Sagen hatte.

Andererseits ragte der Kerl hünenhaft vor mir auf. Sein sonnenverbranntes Gesicht ließ nicht erkennen, von welcher Farbe es einst gewesen sein mochte, aber seine wilden rötlichen Locken deuteten auf eine irische Abstammung hin. Natürlich trug er einen Bart, das taten fast alle hier. Mehr Sorge bereiteten mir seine Tätowierungen, besonders das Spinnennetz am Ellbogen, das nicht nur bei Skinheads beliebt war, sondern auch anzeigen kann, dass man gesessen hat.

Gebannt starrte der Riese auf das Gefährt, in dem ich saß. Ich konnte es ihm nicht verübeln: Ein Liegerad mit Hartschalenverkleidung bekam man nicht alle Tage zu sehen, vor allem nicht in diesem Teil der Welt, wo man selbst bis zum Laden auf der anderen Straßenseite den Pickup nahm. Doch da war ich nun einmal, in einer drei Meter langen Eigenkonstruktion, die aussah wie ein erstarrtes Insekt. Ein Tüftler aus Oregon hatte sie gebaut. Und natürlich musste das genauer untersucht werden.

„Was ist das denn für ein seltsames Ding?“, wollte der Muskelprotz wissen. Zumindest glaubte ich das zu verstehen: „What kind of weird thing is that?“ Sicher konnte ich mir da nicht sein. Seit ich in den Südstaaten unterwegs war, verstand ich so gut wie nichts mehr von dem, was mir die Leute sagen wollten. Schon gar nicht hier im ländlichen Arkansas, in einem Nest namens Osceola.

Das war kein Akzent mehr, das war eine andere Sprache! Die Vokale wurden gedehnt, bis es ihnen wehtun musste. Hier sagte man nicht „man“, sondern etwas wie „meeeiiin“. Im nächsten Augenblick aber stopfte man ganze Sätze in eine Silbe: „Y‘ know what I’m saying?“.

„Wha’ kinda weird thang that?“, sagte der Hüne also. Als er sich vorbeugte, um mein Gefährt genauer in Augenschein zu nehmen, konnte ich einen Blick auf sein T-Shirt werfen. „Kill 'em all“, stand da, „Töte sie alle“. Das war zunächst mal nicht sonderlich beunruhigend. Ich kannte die dazugehörige Zeichnung: den Blutspritzer, der einen Kopf darstellte, und daneben die Hand, die nach einem Hammer griff. Trotz dieses martialischen Titelbilds gelang Metallica 1983 schon mit ihrem ersten Album der Durchbruch.

Es waren seine Augen, die mich in Alarmbereitschaft versetzten – sein harter, Blick, der die Welt nicht betrachtete, sondern in Besitz nahm. Mit einem solchen Blick beobachtet man keine Landschaft, sondern schätzt seinen Gegner ab.

Ich musterte die Umgebung, hoffte, dass jemand auf dem Weg hierher war –, der Manager des Motels vielleicht oder ein Gast, der etwas vergessen hatte. Leider aber waren wir allein auf weiter Flur. Der Verkehr brauste den nahen

Highway entlang und auf dieser Seite hatte das Motel keine Fenster.

Plötzlich erinnerte ich mich daran, dass mich gestern Abend der Sheriff angehalten hatte. Zwölf Mal hatte mich die Polizei bisher von der Straße geholt – meistens, weil die Beamten wissen wollten, mit was für einem Ding ich da unterwegs war. „Sieh zu, dass du abends in deinem Zimmer bist", hatte der Ordnungshüter mir geraten, „das hier ist nicht die beste Gegend."

Obwohl ich – in einem engen Gefährt sitzend, das meinem Gegenüber kaum bis zur Hüfte reichte – in einer denkbar ungünstigen Ausgangsposition war, hielt ich, als mich der Kraftmeier taxierte, seinem Blick stand.

„Wirklich ein nettes kleines Ding", sagte er. Dann griff er mit routinierter Selbstverständlichkeit in die rechte Tasche seiner verwaschenen Jeans und zog eine Pistole hervor.

Später sollte ich erfahren, dass es sich um eine KAHR P9 handelte. Ihr Griff aus Polymer macht sie leicht; darum wird sie zum Beispiel von Beamten des New York Police Departments als Zweitwaffe geführt.

Im Augenblick war mir das herzlich egal. Was hat mich nur geritten, dachte ich wieder einmal, mit einem so auffälligen Fahrzeug durch ein derart raues Land zu ziehen?

2. Abenteuer im Land der 10.000 Seen: Vom Lake Itasca nach Wabasha.

Aller Anfang ist schwer.

Am Abend des 30. März 2016 wurde John, der im Flughafen von Bemidji arbeitete, Zeuge eines seltsamen Ereignisses. Er hatte eben das Gepäck der neun Passagiere, die mit der Elf-Uhr-Maschine gekommen waren, in den Ankunftsraum gestellt. Acht von ihnen zogen wie gewohnt eine Tasche oder einen Rucksack heraus und verließen das Gebäude. Kurz darauf hörte man die Motoren ihrer Pickups. Im Nu wurde es still im Flughafen und John löschte das Licht.

Er wollte gerade die Türen abschließen, als er einen Schatten bemerkte, der unschlüssig im Inneren des Gebäudes umherhuschte. Erst als John ihm bedeutete, dass hier heute keine Flieger mehr starten oder landen würden, trat der Fremdling hervor. Ob es hier so etwas wie ein Taxi gebe, wollte der Mann wissen. Ein Taxi!

Ein Zug würde es auch tun oder ein Bus vielleicht, meinte er dann. Da lachte John laut auf. Zumindest war es ein gelungener Witz, der ihn in den Feierabend begleitete.

Johns Gelächter war mir Antwort genug. Den Rucksack auf der rechten, die Reisetasche auf der linken Schulter: So stapfte ich los, um Bemidji zu erreichen. Ich hatte dort ein Hotel gebucht und wollte mich nach dem langen Flug ausruhen.

Nur: Wo befand sich diese Stadt? Um mich herum war es stockdunkel. Linkerhand raschelte es, dort musste ein Wald sein. Rechts von mir verlief in einiger Entfernung eine mehrspurige Straße, auf der zu dieser Zeit nicht ein einziges Auto unterwegs war. Von weither, jenseits von Wald und Straße, leuchteten Lichter herüber. Dort musste Bemidji sein.

Dass der mächtige Mississippi gerade hier nahe der kanadischen Grenze entsprang, hatte ich noch ein paar Wochen vor Beginn der Reise nicht gewusst. Und auf einmal, beinahe wie in einem Traum, war ich hier.

Bemidji also: Dem Zollbeamten hatte ich bei der Zwischenlandung in Atlanta den Städtenamen buchstabieren müssen. Argwöhnisch hatte er mich daraufhin angeschaut und mich drei Mal gefragt, was ich dort wolle.

Im Moment fragte ich mich das auch. Zum vierten Mal stellte ich die Tasche auf den Boden. Einerseits, weil sie schwer war, andererseits, um einen weiteren Pullover hervorzukramen, den ich eilig überstreifte. Es war kalt. Als ich die ersten Häuser der Siedlung erreichte, sah ich im Licht der Straßenlaternen, wie mein Atem Wölkchen bildete. Eine Straßenpfütze, die ich umrundete, war mit solidem Eis bedeckt.

Zwei Minuten vor Mitternacht stieß ich die Tür des günstigsten Hotels von Bemidji auf. Mit mir trat die Kälte in den Raum. Augenblicklich breitete sie sich aus und wurde erst vom hohen Tresen einer Rezeption abgefangen, über dem das bärtige Gesicht eines Mannes auftauchte, den ich mir gut als Fallensteller oder auf der Hirschjagd vorstellen konnte. In seinen Augen spiegelte sich die kompromisslose Weite Minnesotas – während in meinen derzeit wohl nur der übermächtige Wunsch nach einem warmen Bett geschrieben stand.

Der Bärtige warf einen flüchtigen Blick auf meine Reisetasche, dann nickte er, als habe er soeben ein Rätsel entschlüsselt.

„Wir haben dich ein bisschen früher erwartet", meinte er, ehe er mir den Zimmerschlüssel gab. „Hast wohl kein Auto, was?"

Papa Dean.

Die spinnen, die Amis: Was ich immer schon geahnt hatte, bestätigte sich in Bemidji, einer Stadt mit gerade mal 12.000 Einwohnern und mit 43 Kirchen. Alle waren sie hier, die Baptisten und die Lutheraner, die Mitglieder der Pfingstgemeinde und die Zeugen Jehovas, die Katholiken und die Protestanten, die Methodisten und die Presbyterianer. Ihre Bauwerke waren kaum zu übersehen.

Und das war noch gar nichts. In den Vereinigten Staaten mit ihren über 300 anerkannten Religionsgemeinschaften blühen noch ganz andere Gewächse. Die Church of Euthanasia zum Beispiel, deren Mitglieder Selbstmord und Kannibalismus befürworten, da sie der Meinung sind, dass die Welt nur dann gedeihe, wenn die Menschheit aussterbe. 24 der 50 amerikanischen Bundesstaaten erkennen Gebete gesetzlich als Medizin an. Gesetzlich!

„In God We Trust", steht auf den Dollarscheinen. Warum gerade auf so etwas Profanem wie Geld? Weil es genau darum geht: „Gott will, dass wir reich werden", so erzählen es die Prediger zur besten Sendezeit in den Fernsehshows. Reichtum gilt als Belohnung für ein gottesfürchtiges Leben.

Bereits die ersten Siedler betrachteten sich als Gesandte. Sie setzten ihre Auswanderung aus der Alten Welt mit dem Auszug Israels aus Ägypten gleich: Das neue Land sollte die Welt erleuchten wie dereinst die Heilige Stadt auf dem Berge Zion. Dass dieses Sendungsbewusstsein mit zunehmender Militärmacht eine bis dahin ungekannte Wucht erhielt, bekamen nicht nur die Indianer im eigenen Land zu spüren, sondern beispielsweise auch die Sandinisten in Nicaragua, die Demokraten um Salvador Allende in Chile und der Vietcong in Südostasien.

Zuweilen jedoch müssen wohl selbst die Amerikaner daran erinnert werden, dass sie das auserwählte Volk sind. Als sie den Glauben ihrer Landsleute in Gefahr wähnten, brachten konservative Theologen im frühen 20. Jahrhundert drei Millionen Hefte unters Volk. Diese Priester nannten sich „Die Fundamentalisten". Sie wollten einige „Grundwahrheiten" sichern, darunter die Irrtumsfreiheit der Bibel, die Jungfräulichkeit Marias und die baldige Wiederkehr des Heilands.

Als die Industrialisierung die Städte und Singleraten wachsen ließ, fielen die Lehren der Fundamentalisten und das damit verbundene Heilsversprechen vor allem bei den Arbeitern und Angestellten im Norden auf fruchtbaren Boden. Der Süden zog in den Siebzigerjahren nach. Heute zählt sich ein Viertel der Christen in den Vereinigten Staaten zu den Fundamentalisten. Sie sind gut organisiert und pflegen beste Beziehungen zur politischen Rechten. Und noch immer ziert die Dollarscheine nicht nur das Glaubensbekenntnis, sondern auch eine Pyramide, über der ein Auge schwebt: das Auge Gottes, der über sein Reich, die Vereinigten Staaten von Amerika, wacht. Die spinnen, die Amis.

Andererseits: Vielleicht schaffen christliche Tugenden ja gerade hier im äußersten Norden des Landes einen Ausgleich zum Alltag. Als ich „die erste Stadt am Mississippi" erkundete – selbstverständlich war ich der einzige Fußgänger –, traf ich vor allem auf Naturburschen mit massigen Schädeln und dunklen Locken. Sie wohnten drei Schritte von der Durchgangsstraße entfernt in Häusern, die an die Optik von Dixi-Toiletten erinnerten. Ich konnte mir nicht vorstellen, wie diese Hütten einen Sturm überstehen sollten. Vielleicht standen darum neben den Gebäuden Autos, die ungefähr dieselbe Größe hatten wie die Häuser. Wenn es hart auf hart kommt, kann man einfach davonfahren.

Zuweilen trat einer der Bewohner auf die Straße, warf mir einen verständnislosen Blick zu und brauste anschließend mit röhrendem Motor an mir vorbei. Ich stellte mir dann vor, dass er sich zu einem der vielen Seen in der Umgebung begab, um dort noch rasch einen Bären zu schießen oder mit einem Büffel zu ringen, ehe er zum Abendessen nach Hause kam. Ein bisschen fühlte ich mich wie Johnny Depp, der sich im Schwarzweißfilm „Dead Man" etwas unbedarft per Zug nach Westen begibt. Der Filmbeginn verdeutlicht ganz ohne Worte, dass der gepflegte Mann aus dem gesitteten Osten nunmehr in eine weitaus rauere Welt geraten ist.

Es sollte einem gemütlichen Intellektuellen mit kleinen klugen Augen vorbehalten sein, mein Bild von Bemidji gründlich zu korrigieren. Ich hatte mir eben die Sehenswürdigkeiten der Stadt erwandert. Das war eine überschaubare Leistung, denn es gab ihrer bestenfalls zwei. Eine von ihnen, die deutsche Sprachschule „Waldsee“, führte interessante Argumente ins Feld, warum man hier einen Kurs belegen sollte. „Fantastisches deutsches Essen!“, schrie einer ihrer Flyer: „Probiere unser Raclette und unser Fondue, schlürfe einen Espresso und genieße unser hausgemachtes Gelato.“

Dass nicht eines dieser Beispiele für „deutsches Essen“ herhalten konnte, schien niemandem aufgefallen zu sein. Auch den dortigen Deutschlehrern nicht. Es kam halt alles irgendwie aus Europa. Vielleicht wollte man auch nicht mit Wurst oder Sauerkraut werben. Von der „Schwarzwälder Kirschtorte“, die gewiss niemand aussprechen konnte, ganz zu schweigen.

Klar hingegen war, sofern man den Einwohnern glauben konnte, dass die USA ihre heutige Gestalt niemand anderem als einem Freundespaar aus Bemidji verdanken. Dessen Geschichte wird in ganz Minnesota erzählt; sie wurde von Walt Disney verfilmt und spielt eine große Rolle in Stephen Kings Horror-Roman „Es“.

Paul Bunyan war ein mystischer Holzfäller; begleitet wurde er von seinem treuen Ochsen Babe. Beide waren sie ungemein stark und riesengroß – größer noch als die Statuen, die man ihnen zu Ehren 1939 im Zentrum von Bemidji errichtet hatte.

Wenn Babe herumstapfte, füllten sich seine Fußspuren mit Wasser; auf diese Weise entstanden die 10.000 Seen Minnesotas. Paul wiederum konnte mit der bloßen Faust die Erde spalten. Er schuf die Niagarafälle, damit er duschen konnte, und den Lake Superior als Badewanne für Babe. Als er dereinst, seine Axt hinter sich her schleifend, im Südwesten unterwegs war, schuf er dadurch den Grand Canyon. Und als er aus Versehen einmal die falschen Hölzer stromabwärts nach New Orleans geschickt hatte, ließ Paul seinen Ochsen aus dem Mississippi trinken und kehrte dadurch die Strömung um, sodass die Hölzer wieder zurückkamen.

Paul und Babe, deren Geschichten in den Holzfällercamps des Nordens entstanden sind, verweisen bis heute auf die glorreichen Zeiten am Oberlauf des Flusses, als man zwei Drittel des Landes mit Holz belieferte und ein schwungvoller wirtschaftlicher Aufstieg begann, der jahrzehntelang anhalten sollte.

Gleich neben den Statuen stand ein unscheinbares Gebäude. Als ich darauf zuging, las ich über der Eingangstür den Schriftzug „Tourist Information". Ich öffnete sie, trat in den beheizten Raum und traf dort „Papa Dean".

Unsere Begegnung begann alles andere als vielversprechend. Wie ich von hier zur Quelle des Mississippi gelangen könne, fragte ich ihn.

„Kein Problem, fahren Sie einfach südwärts aus der Stadt und …"

„Ich habe aber kein Auto."

„WAAAS?"

Er war offenkundig ratlos. Vorsichtig warf ich ein, dass es ja so etwas wie Busse gebe, auch ein Taxi vielleicht, und dann sei das Land ja berühmt für seine Eisenbahn.

Papa Dean zuckte mit den Schultern. Nichts dergleichen könne ich hier erwarten, versicherte er mir, das gebe es bestenfalls im Sommer, und der sei extrem kurz; zuweilen falle er auch ganz aus.

Ernüchtert lief ich zurück zum Hotel und bekam dort dieselbe Auskunft. Eine halbe Stunde später aber klingelte in meinem Zimmer das Telefon.

„Hallo?"

„Guten Tag, Sir. Papa Dean von der Touristeninformation ist eben hier eingetroffen. Er sagt, dass er Sie gerne mitnehmen möchte zur Quelle des Mississippi."

„Dort vorn müssen wir abbiegen. Von hier aus sind es nur noch 50 Meilen bis zur Quelle."

Neben Papa Dean zu sitzen, in einem dieser Vehikel, die aussehen, als hätte man vier europäische Autos ineinander verbaut, war ein Privileg. Es rührte mich, mitzuerleben, wie er mich auf Kleinigkeiten hinwies. Als handele es sich um Sehenswürdigkeiten. Natürlich fuhr er selbst auf kerzengerader und leergefegter Straße stur seine „sixty miles per hour".

„Der Campingplatz rechts von uns", ich blickte hin und sah zwei Zelte, „wird von Chippewa-Indianern betrieben. Mein Kumpel Bob ist im Sommer manchmal dort. Der interessiert sich aber weniger für die Natur als für das Glücksspiel, das sie dort anbieten. Viele unserer Indianer werden derzeit steinreich damit. Man könnte sagen, dass sie ihr Glück gemacht haben."

„Und das Bächlein, das sich so filigran zwischen den beiden Zelten hindurchringelt, trägt das vielleicht so einen poetischen indianischen Namen, den man kaum aussprechen kann?", fragte ich.

„Und ob: Das ist der Mississippi."

Einem Steinesammler und Bücherwurm war es vorbehalten, die Quelle des bedeutendsten Stroms der Vereinigten Staaten zu entdecken. Zuvor waren zahlreiche Expeditionen fehlgeschlagen. Immer wieder waren Landvermesser, Trunkenbolde und Lebenskünstler losgezogen und hatten kurzerhand einen der 11.842 Seen Minnesotas zur Quelle des Mississippi erklärt. Immer aber hatten sich ihre Angaben als falsch erwiesen. Beinahe 50 Jahre lang wusste man nicht, wo genau der Fluss, den man 1783 im „Vertrag von Paris" immerhin als westliche Grenze des neuen Landes festgelegt hatte, denn nun verlief.

Es dauerte bis 1832, ehe Henry Rowe Schoolcraft den Ursprung des Mississippi zweifelsfrei in einem See verortete, den er folgerichtig Lake Itasca taufte, nach den lateinischen Wörtern „veritas“ (Wahrheit) und „caput“ (Kopf) – das „wahre Haupt“ des Flusses also.

Warum gelang Schoolcraft, was so vielen vor ihm versagt geblieben war? Während sich seine Mitstreiter in der Regel von der Aussicht auf schnellen Ruhm blenden ließen und die Indianer geringschätzten, vertraute Schoolcraft, der ein Halbblut geheiratet hatte, der Auskunft der Ureinwohner. Vielleicht lag das auch daran, dass er als einer von wenigen ihre Sprache gelernt hatte. So konnte er am 13. Juli 1832 in seinem Tagebuch vermerken: „Unser indianischer Führer Oza Windib ging voraus, auf seinen Schultern trug er seinen Anteil an der Bürde in Form eines der Kanus. Was lang gesucht worden war, erschien urplötzlich: Als wir aus dem Dickicht auf eine kleine, von Unkraut überwucherte Lichtung traten, eröffnete sich unseren Blicken der bejubelte Anblick eines schimmernden Gewässers. Es war der Itasca-See, der Ursprung des Mississippi.“

Selbst nachdem er die Quelle des wichtigsten Stroms Nordamerikas entdeckt hatte, blieb Schoolcraft vergleichsweise bescheiden. Er zog nach Washington, D.C., und veröffentlichte dort Bücher über indianische Lebensgewohnheiten und Mythen.

Seine Bedeutung erwächst dem Mississippi nicht nur aufgrund seiner Größe. Obwohl diese gewaltig ist: Beinahe 4000 Kilometer ist das Wasser des Stroms unterwegs; gemeinsam mit dem Missouri bildet es das viertlängste Flusssystem der Erde (nach dem Nil, dem Amazonas und dem Jangtsekiang).

Das allein würde trotzdem nicht dafür sorgen, dass selbst noch abgebrühten Managern, die weit weg in New York oder Seattle ihren Geschäften nachgehen, zuverlässig Bilder durch den Kopf schießen, sobald der Name des Flusses fällt. Bilder, die seit jeher verwoben sind mit der Geschichte der USA.

Der Mississippi ist untrennbar verknüpft mit dem amerikanischen Gründungsmythos: Ohne diese Handelsstraße wären die Vereinigten Staaten schlichtweg nicht denkbar gewesen. Der Strom war die Lebensader der jungen Nation.

Jahrzehntelang bildete der Mississippi „the frontier“, die Grenze, die den besiedelten Osten vom „Wilden Westen“ trennte. Hier brachen Lewis und Clark 1804 auf, um erstmals zur Westküste des Landes zu gelangen. Ihre Tagebücher dokumentieren eine waghalsige Reise durch die Great Plains und über die Rocky Mountains hinweg. Lewis und Clark ermöglichten dadurch die Gründung einer „mächtigen Nation zwischen Atlantik und Pazifik“, wie sie der damalige Präsident Thomas Jefferson gefordert hatte. In seiner geostrategischen Bedeutung ist ihre Expedition bis heute kaum zu überschätzen.

Kurz darauf begann die goldene Ära der Dampfschifffahrt. Erlebnishungrige Ladies und streitlustige Gentlemen fuhren stromauf- und stromabwärts. Zu ihrem Zeitvertreib erfand man auf einem der Raddampfer das Pokerspiel und später auch das Wasserskifahren.

Der Mississippi wurde zum „ersten Highway der USA“, zum Abenteuerspielplatz von Gestalten wie Tom Sawyer und Huckleberry Finn. St. Louis, am nördlichen Rand des schiffbaren Abschnitts gelegen, mutierte damals von einer zweckmäßigen Siedlung zum Auffangbecken für Händler und Abenteurer. Memphis und New Orleans entwickelten sich zu Großstädten; ihren Hunger nach Arbeitskräften stillten sie mit Sklaven aus Afrika.

Der amerikanische Bürgerkrieg entzündete sich nicht zuletzt daran, dass es den Konföderierten gelungen war, den Zugang zum Fluss zu blockieren – sie hatten kurzerhand „Wasserzölle“ eingeführt. Und er wurde entschieden, als die Unionssoldaten 1863 die Festung Vicksburg einnahmen, die sich direkt am Mississippi befindet. Kurz nach dem Fall von Vicksburg gaben die Südstaaten den Krieg verloren: Wer den Fluss kontrollierte, war in der Lage, den Bürgerkrieg zu gewinnen.

Vor diesem Hintergrund wird klar, warum der US-amerikanische Reiseschriftsteller Paul Theroux zu dem Schluss kommt, der Mississippi sei „Sinnbild der Freiheit und Hauptschlagader unseres Landes“. T.S. Eliot nennt den Mississippi den „mächtigen braunen Gott“ und konstatiert: „Der Fluss ist innen in uns.“ Er muss es wissen, stammt er doch aus St. Louis.

Von der mystischen Überhöhung oder auch nur der gewaltigen Kraft, die der Strom im Verlauf seiner langen Reise entwickeln sollte, war wenig zu spüren, als ich mit Papa Dean am Lake Itasca ankam. Wälder umkränzten das Wasser, die Luft roch nach Harz und Moos. Außer einem Fußweg war kein Hinweis auf eine wie auch immer geartete Zivilisation erkennbar. Das hier war ein Gebiet für Bären und Hirsche. Ein unscheinbares Rinnsal umspülte meine Schuhe; es war der Mississippi.

„Du kannst gerne ein paar Bilder schießen“, ermunterte mich Papa Dean und zeigte auf einige Steine, die man ins Wasser gesetzt hatte. Auf diese Weise konnte man den Fluss überqueren und damit die sogenannte „Minnesota-Taufe“ absolvieren. Pflichtbewusst knipste ich drauflos. Am folgenden Morgen würde ich die meisten Fotos löschen.

Mein Gastgeber erzählte mir hingebungsvoll von „seinem“ Fluss. Papa Deans Wangen wurden dabei rot wie Tomaten, seine Augen blitzten und mehrmals sprang er auf kleine Felsen – mit einem Schwung, der seine siebzig Jahre verleugnete.

Irgendwann fiel mir auf, dass ich Papa Dean mochte. Nicht nur, weil er mich hierhergefahren und mein Angebot, ihn dafür zu entlohnen, erbost abgelehnt hatte. Nein, ich mochte seine ruhige Art und die demonstrative Gemütlichkeit, die sich auch in seinem Äußeren zeigte.

Beinahe alles an Papa Dean war rund: sein Gesicht, seine Nase, sein Bauch. Selbst seinen Armen und Beinen fehlte alles Kantige. Er war nicht eben muskulös, vermittelte aber eine Stärke, die nichts mit Kraftmeierei zu tun hatte. Sie glich vielmehr einem Strom, der mit souveräner Verlässlichkeit zum Meer findet. Papa Deans Bewegungen waren geschmeidig, zumindest für einen Siebzigjährigen, doch niemals zackig. Sie strömten eine diffuse, schwer greifbare Harmonie aus, die sich um mich legte wie eine wärmende Jacke.

Da er offenbar mit sich im Reinen war, konnte Papa Dean sich um die Belange anderer kümmern. In der Touristeninformation arbeitete er ehrenamtlich. Und das selbst im Winter, wenn höchstens ein paar versprengte Backpacker zu ihm gelangten.

Am meisten aber gefiel mir, wie Papa Dean zum Kind wurde, sobald er von seinen Enkeln, von Bemidji oder von dem großen Fluss sprach, den zu erkunden ich aufgebrochen war.

„Hast du gewusst, Thomas, dass ein Wassertropfen, der unseren Lake Itasca verlässt, geschlagene drei Monate unterwegs ist, ehe er am Golf von Mexiko ankommt? Das willst du wohl schneller schaffen, right? Dann mach dich auf was gefasst! Schon für morgen ist heftiger Schneefall angesagt. Du wirst außerdem durch die Tornadoalley kommen, die Straße der Tornados. Die Saison hat übrigens gerade begonnen. In den Sümpfen von Louisiana wirst du dafür von der Sonne gebraten werden – wenn du überhaupt bis dorthin kommst, meine ich."

„Hm, klingt verlockend. Was erwartet mich noch unterwegs?"

„Na ja, zunächst folgst du dem Flüsschen hier nach Norden ..."

„Wirklich? Ich dachte, nach Süden."

„Nein: Nordwärts, dorthin geht es! Der Mississippi baut nämlich immer mal wieder Umwege in seinen Lauf ein, das wirst du noch merken. Tja, dem gefällt es eben bei uns. Du fährst also nach Norden, dann schlägst du einen großen

Bogen ostwärts. Dabei gelangst du durch das Indianerreservat von Leech Lake. Wenn ich dir einen Tipp geben darf: Halte dich vom dortigen Kasino fern. Viel zu viele meiner Landsleute sind Spieler und kommen da nicht mehr raus; das musst du nicht auch noch ausprobieren."

„Verstehe. Und was kommt danach?"

„Nichts, gar nichts. Links und rechts der Straße wirst du tagelang schneebedeckte Bäume sehen, alle paar Stunden kreuzt vielleicht ein Auto deinen Weg. Nimm am besten einen ganzen Haufen Proviant mit. Es kann da draußen ganz schön einsam werden. Nachdem du dich gefragt haben wirst, ob es in unserem Land wohl auch so etwas wie eine Zivilisation gibt mit Häusern und Kinos und Burger-King-Filialen und so, kommst du nach Minneapolis. Der Wechsel von gespenstisch leeren Highways zum großstädtischen Verkehrsgewühl wird dir wohl erst mal den Atem nehmen. Von da an geht's dann aber endlich schnurstracks südwärts."

„Alles klar. Und dann komme ich nach New Orleans?"

„Nein, Mann! Du verlässt dann erst mal Minnesota, den ersten der zehn Bundesstaaten, durch die du gelangen wirst."

„Zehn?"

„Yep. Wenn man Kentucky mitzählt, das der Fluss sozusagen nur streift. Du hast dir da was vorgenommen. Der Mississippi ist ein unsteter Bursche, er bricht immer mal wieder nach Westen und nach Osten hin aus. An beiden Ufern erheben sich Berge, die man gerne unterschätzt. Du musst bedenken, dass die Hauptreiserouten in unserem Land seit jeher von Ost nach West und umgekehrt verlaufen, viel seltener von Nord nach Süd. Go West, hieß es bei uns nun einmal! Aber, ähm, abgesehen von all diesen Dingen hast du natürlich eine tolle Reise vor dir!"

Unsicher geworden, lächelte Papa Dean mir zu. Er hatte bemerkt, dass ich bei seinen Ausführungen schweigsam geworden war.

Natürlich meinte er es gut mit mir. Zwei Herzinfarkte hatten ihn vorsichtig werden lassen. Und bereits die Tatsache, dass ich in Bemidji so unbedarft nach der Quelle des Flusses gefragt hatte, drängte Papa Dean offenbar in die Rolle des besorgten Vaters. Seinen Spitznamen, seine Familie und jeder seiner Freunde nannten ihn so, trug er mittlerweile mit Stolz.

Seine Blicke erzählten hingegen eine ganz andere Geschichte. Er wirkte beinahe jugendlich begeistert, wenn er mir vom Wegverlauf des Flusses erzählte. Sein Sohn Eric hatte vor ein paar Jahren an der Race across America teilgenommen, einer Art Supermarathon für Radfreaks, bei dem die Teilnehmer in weniger als zwölf Tagen von der Pazifik- zur Atlantikküste fahren.

Wahrscheinlich wäre Papa Dean gern mit mir gezogen. Bei allem Abwägen, das er zutage legte, steckte doch auch eine gehörige Portion Neugier in ihm.

Wie passte einer wie er, dem der Bart im Gesicht ebenso fehlte wie das Poltern in der Stimme, in die Gemeinschaft kerniger Holzarbeiter und ultrasportlicher Draufgänger, die hier oben nahe der kanadischen Grenze ein robustes Leben führten? War er als Jugendlicher gehänselt worden? Hatte er darum, wie er mir anvertraut hatte, einige Jahre in Kanada gewohnt?

„Schon", meinte Papa Dean, „dann ist es aber besser geworden. Bemidji war gut zu mir. Zugegeben, manchmal dauert der Winter bei uns acht Monate und es ist nicht viel los. Aber ich mag eben, dass es beschaulich zugeht und dass ich jeden Einwohner kenne. Jeden, verstehst du?"

Nur politisch sei es in den vergangenen Jahren schwierig geworden. Er werde Hillary wählen, sagte er verschwörerisch, Hillary Clinton solle Präsidentin werden, „trotz allem". Es war das letzte Mal, dass ich unterwegs auf einen Wähler der Demokraten stoßen sollte. Von hier an würde ich durch „Trumpland" fahren. „Make America great again", so würde es allerorten auf Schildern, Hauswänden und Baseballkappen stehen: der Slogan, den der republikanische Donald Trump von Ronald Reagan abgekupfert hatte.

„Warum Hillary, Papa Dean?"

„Well …", begann er, und seine Zähne mahlten dabei, als müssten sie sein Missfallen unterstreichen, „warum die Pest statt der Cholera? Sie ist halt das kleinere Übel. Ich meine, natürlich ist sie beschissen etabliert und wahrscheinlich hat sie gehörig Dreck am Stecken. Aber: Trump, really? Das ist einer, der mittags nicht mehr weiß, was er am Morgen gefordert hat. Der bezieht an einem Tag drei unterschiedliche Positionen zur Abtreibung. Und dann will er noch eine Mauer an der Grenze zu Mexiko bauen lassen. Der weiß wohl nicht, woher unsere Arbeitskräfte kommen. Wer räumt denn unseren Dreck von den Straßen und stopft unsere Einkäufe bei Walmart in die Tüten, hä?"

Papa Dean war ungewohnt laut geworden.

„In den meisten Ländern Europas rennst du damit offene Türen ein", beschwichtigte ich ihn. „Hier ist das wohl ein bisschen anders."

„Oh ja", seufzte er. „Der Terroranschlag auf das World Trade Center in New York hat unser Land komplett umgekrempelt. Das macht sich keiner von euch in Europa klar. Seitdem tritt die Polizei martialisch im öffentlichen Raum auf. Und einige meinen eben, dass alles Übel von draußen kommt. Sie schießen übers Ziel hinaus mit ihrer Kritik an der Einwanderung und in ihrer Ablehnung des Islam – vor allem hier in den von allen Eliten übersehenen Flyover States."

„In den … was? Wie hast du die Gegend hier gerade genannt?"

„Na, die Flyover States eben. Das sind die Steppen – die Steppen! –, über die unsere Geschäftsleute hinwegfliegen, um zum Beispiel von Boston nach Los Angeles zu gelangen oder von San Francisco nach Charlotte. Wir nennen unsere Region natürlich ganz anders: Für uns ist sie das Heartland, weil genau hier das wahre Herz Amerikas schlägt."

„Sie“ und „wir“: Mit dieser Unterscheidung sprach Papa Dean aus, was ich auf der weiteren Reise immer wieder zu hören bekommen sollte. Allerorten würde ich auf Vorbehalte gegenüber „denen da oben“ stoßen.

„Die da oben“, das waren die feinen Damen und gutsituierten Herren in den angesagten Küstenmetropolen, die trotzdem in schuhkartongroßen Wohnungen hausten. Die Café latte schlürften, sich gestelzt über Bücher und Theaterstücke unterhielten und sich einen Dreck um ihre Landsleute scherten, die in den unermesslichen Weiten des „Mittelteils“ ein ehrliches, aber wenig glamouröses Leben führten.

Trotz ihres Namens sind die Vereinigten Staaten zweigeteilt. Aber nicht in West und Ost, obgleich einige Rapper diesen Anschein erwecken wollen („Westcoast!“). Auch nicht in Nord und Süd, selbst wenn die Geschichte dies nahelegen würde.

Die USA sind zerstritten, die eine Seite hasst die andere bis aufs Blut, aber die Trennlinien verlaufen zwischen den liberalen Küstenstädten in Ost und West und den immensen Binnenebenen, die wahlweise als „rückständig“ oder als „wahrhaftig“ bezeichnet werden.

Boston, New York und die Appalachen hatte ich auf meinen Reisen bereits kennengelernt. Nach dem Abitur war ich zudem die Westküste der USA von Los Angeles nach Seattle entlanggefahren. Jetzt hingegen wollte ich durch das Land der Rednecks streifen und jenen Gestalten begegnen, deren Nacken vom Arbeiten auf den Feldern rot geworden waren.

Wie ticken diese Menschen? Was treibt sie um? Und was hatten sie, verdammt noch mal, eigentlich gegen einen guten Café latte einzuwenden?

Ich wollte es herausfinden. Einstweilen, nach meinem ersten Tag in den großen Ebenen rund um den Mississippi, war mir immerhin klar geworden, dass einige dieser Hillbillies, so nannten sie sich zuweilen mit einem Augenzwinkern selbst, ein offenes Ohr für die Bedürfnisse ihrer Gäste hatten. Keine so schlechten Voraussetzungen für meine weitere Reise, dachte ich, als Papa Dean mich in Bemidji vor einer provisorisch anmutenden Hütte absetzte. Das war das FedEx-Häuschen, in dem, wenn alles gut gegangen war, seit gestern ein reichlich seltsames Gefährt auf mich wartete. Ein Gefährt, das mir immer wieder helfen sollte, mit den Menschen ins Gespräch zu kommen, denen ich unterwegs begegnete.

Ich musste Papa Dean noch versprechen, mich zu melden, sobald ich in New Orleans angekommen wäre. Dann brauste er in seinem überdimensionierten Jeep zurück zur Touristeninformation und ich ging mit gemischten Gefühlen auf das unscheinbare Gebäude zu.

Im Bauch der Flunder.

Unwillkürlich suchte der Angestellte Zuflucht hinter seinem Schreibtisch, als ich vor ihn trat und fragte, ob eine vier Meter lange Holzkiste in seinem Lager stehe. Offenbar hatte er dem baldigen Feierabend entgegengeträumt und war durch mein Eintreten daran gehindert worden. Dafür sollte er heute etwas zu erzählen bekommen. Nachdem ich ihm ein halbes Dutzend Papiere überreicht hatte, führte er mich zu besagter Kiste. Dort angekommen, sah ich, dass Taylor, der Tüftler aus Oregon, dem ich dieses Gefährt verdankte, ein gründlicher Mensch war. Vierundsechzig Nägel hielten die Konstruktion zusammen. Als ich durch eine Ritze ins Innere blickte, konnte ich sehen, dass das Velomobil zusätzlich mit Kabelbindern festgemacht worden war.

Es könne ein wenig dauern, bedeutete ich dem Angestellten. Schon fürchtete ich, dass er mich daraufhin nach Hause schicken würde. Stattdessen machte er auf dem Absatz kehrt und ging zurück zu seinem Schreibtisch – aber nur, um dort ein Schild anzubringen, auf dem stand, dass man ihn hinten im Lager antreffen könne. Kurz darauf kam er mit einem Werkzeugkoffer in der Hand zu mir zurück.

Gemeinsam werkelten wir eine knappe Dreiviertelstunde; dann zog ich das Monstrum aus der Kiste. Der Angestellte zeigte darauf, runzelte die Stirn und sagte: „Da ist es ja endlich, das … Ding. Was ist das?"

„Ein Velomobil."

„Ein was?"

An diese Frage würde ich mich gewöhnen müssen: Ich sollte sie ab jetzt täglich einige Dutzend Mal beantworten. Daran schloss sich zumeist die zweite Frage an: „Und was hast du damit vor?"

Der Angestellte entschied sich hingegen für eine andere: Er fragte, wie wir dieses schwere Teil eigentlich vom Lagerraum hinunter auf die Erde bekommen sollten.

Kein schlechter Hinweis. Immerhin lag der Raum gut zwei Meter oberhalb des Bodens. Ich gab mich verlegen, musterte aus dem Augenwinkel jedoch einen Gabelstapler, der in einer Ecke stand. „Schon gut", meinte mein Gegenüber, er dürfe dieses Gerät eigentlich nicht bedienen, das sei einem Kollegen vorbehalten. Da ich aber morgen in der Früh losfahren wolle, würde er eine Ausnahme machen.

Gemeinsam hievten wir das Velomobil auf die Gabeln, dann setzte er es vorsichtig ab und ich stieg ein.

In der Zwischenzeit war es dunkel geworden. Über mir wiegten sich Baumwipfel im stärker werdenden Wind. Die FedEx-Station lag hinter mir. Es hätte ein schöner Abend werden können, wäre ich in einem beheizten Cabrio oder gut eingepackt auf einem Motorrad unterwegs.

Stattdessen rotierten die Pedale meines Velomobils knirschend um die eigene Achse. Sie hatten offenbar Mühe, das Gefährt voranzubringen. Der Boden war gefroren und hart. Ich rumpelte über Steine hinweg, die ich im zunehmenden Dunkel nicht erkennen konnte. Der Wind rüttelte am Velodach, einer anderthalb Millimeter dünnen Fiberglasscheibe, die den Elementen kaum etwas entgegenzusetzen hatte.

Von unten war das Velomobil offen; von dort wehte feiner Schneestaub herein, der sofort meine Hosenbeine okkupierte und sich in meinen Turnschuhen sammelte. Alles in allem war mein erster Ausflug in dieser Flunder mehr als ernüchternd.

Beim Hotel angekommen, stellte ich das „Ding" hinter dem Gebäude ab und legte mich schlafen. Unterhalb meines Fensters floss der Mississippi vorbei. Ich hoffte, dass er mich schon bald in freundlichere Klimazonen führen würde.

Drei Reifen und zwölf Bücher.

Im Frühstücksraum des Hotels vermeldete der Fernseher am nächsten Morgen 28 Grad, doch das täuschte, handelte es sich doch um Fahrenheit. Die Temperaturen lagen also knapp unterhalb des Gefrierpunkts.

Dass wir auf derartige Umrechnungen angewiesen sind, verdanken wir einem deutschen Physiker: Daniel Gabriel Fahrenheit erfand 1709 das Alkohol- und 1714 das Quecksilberthermometer. Um von Fahrenheit auf Celsius schließen zu können, muss man „einfach" vom Ausgangswert 32 abziehen und das Ergebnis anschließend mit fünf Neunteln multiplizieren. Als Faustregel kann man festhalten, dass 90F etwa 30°C, 70F etwa 20°C und 50F etwa 10°C entsprechen. Und dass 28F bittere Kälte bedeuten.

Bange machen zählte aber nicht – vor allem nicht in diesem Land, in dem ständig vor allem gewarnt wird und 1000 Gefahren hinter der nächsten Ecke zu lauern scheinen.

„Wissen Sie, dass Tuberkulose jeden treffen kann?", fragte eine junge Frau auf dem Fernsehbildschirm. „Ich war Sportlerin, bis die Katastrophe in mein Leben kam ..." Wenig später beschworen tiefe Cellotöne Einbrecher herauf, die jederzeit „auch in dein Haus" kommen können.

Ein amerikanischer Hochschulabsolvent wird nach seiner Ausbildung 10.000 Stunden in der Schule, aber 15.000 Stunden vor dem Fernseher verbracht haben. Er wird bis dahin 20.000 TV-Morde gesehen haben. Die Glotze läuft in den USA sieben Stunden täglich – im Durchschnitt. Sehnen sich die Amerikaner derart nach den Abenteuern ihrer Vorfahren, nach den Cowboys und Indianern und den Wirren des Bürgerkriegs, dass sie mit solchen Mitteln versuchen, ihrem fade gewordenen Alltag zu entfliehen?

Ich für meinen Teil begab mich lieber auf eine Tour, als mich von den immer neuen Horrorszenarien beeindrucken zu lassen, die weiterhin aus dem Fernseher quollen. Ich schulterte meinen Rucksack, klemmte mir das Handgepäck unter den Arm und begab mich zu dem seltsamen Gefährt, das hinter dem Hotel wohlbehalten auf mich wartete. Eine Schneeschicht bedeckte es; der ganze Boden war weiß gepudert, und es schneite kräftig weiter.

Es folgte ein Prozedere, das ich im Verlauf der weiteren Reise zunehmend hassen würde. Hinter dem Sitz führte eine handbreite Öffnung in den Rumpf des Vehikels hinein. Dort hindurch würde ich mein Gepäck jeden Morgen zwängen müssen und jeden Abend wieder herausholen. In Klartext hieß das, dass ich meine Habseligkeiten einzeln unterbringen musste.

Ich schob zunächst die Isomatte und meinen Schlafsack hinein, baute anschließend ein Nest aus Pullovern, T-Shirts und Unterwäsche und legte schließlich empfindliche Gegenstände wie meine beiden Laptops und den Fotoapparat zuoberst. Dieses System sollte ich bis New Orleans beibehalten.

Zwölf Bücher mussten mit, da halfen keine Gegenargumente und kein gutes Zureden. Die Helden meiner Jugend sollten mit mir unterwegs sein. Jack London und F. Scott Fitzgerald würden durch dick und dünn mit mir ziehen. Stephen Crane und William Faulkner würden auf der Strecke zwar ordentlich durchgeschüttelt werden, mich aber zu Höchstleistungen anstacheln. Dorothy Parker und Raymond Chandler würden mir zum Ausgleich so manche behagliche Stunde schenken, wenn ich abends auf dem Bett oder in der Badewanne eines Motels lag.

Immer schon war ihr Amerika mein Amerika gewesen. Ich hatte mich, kaum dass ich lesen konnte, in ihre Welten begeben, war auf der Spur reizender Damen und listiger Ganoven durch ein heißblütiges und schweißtreibendes Land gezogen, das ich mir früh als Sehnsuchtsort ausgesucht hatte. Auch wenn Popsternchen, dickliche Fast-Food-Junkies und dummdreiste Präsidentenanwärter in den vergangenen Jahren viel aufgeboten hatten, um mein Bild der USA zu verdunkeln.

Wahrscheinlich war ich auch deshalb genau hier im Mittleren Westen mit einem schreiend ungewöhnlichen Gefährt aufgebrochen: um die Überbleibsel jenes so abenteuerdurchwebten und lebenshungrigen Amerikas aufzusammeln. Mein Velomobil sollte mir dabei gute Dienste leisten. Jemanden in einem solchen Dreirad will man kennenlernen.

Einstweilen aber musste ich das seltsame Ding, das jetzt mein Gepäck beherbergte, zum Vorwärtsfahren überreden. Ich quetschte mich in die Fahrerkabine und drückte und zog an diversen Knöpfen und Stangen, die in meiner Reichweite angebracht waren. Vielleicht hätte ich Taylor um Bedienungshinweise bitten sollen oder zumindest einmal in meinem Leben in einem solchen Fahrzeug gesessen haben. Dafür aber war es nun zu spät.

Eine halbe Stunde kreuzte ich auf dem hoteleigenen Parkplatz herum. Vermutlich filmten die Angestellten meine Versuche aus dem warmen Gebäudeinneren heraus mit ihren Mobiltelefonen. Vielleicht hatten sie den seltsamen Deutschen, der ihnen heute Vormittag vor die Nase gesetzt wurde, auch schon in den sozialen Medien bekannt gemacht. Irgendwann meinte ich, dieses Ding, das mich umgab, einigermaßen im Griff zu haben. Ich hatte sogar die Gangschaltung gefunden. Den Fahrersitz hatte ich so tief wie möglich angebracht, damit das Dach des Gefährts nicht länger auf meinen Kopf drückte.

Auf den Straßen von Bemidji wurde ich angegafft und angehupt. Ich wurde angelacht und angemacht, überholt und ausgebremst. Und zwei Mal musste ich an einer roten Ampel aussteigen, um Passanten zu erklären, was um alles in der Welt das denn für ein fahrbarer Untersatz war.

Als mich am Ortsende ein vollbärtiger Farmer von seinem Traktor herunter fragte, wohin ich in dieser weißgrauen Ellipse gelangen wollte, murmelte ich etwas von „erst mal nach Norden“ und war froh, als der Trecker weiterfuhr. Sein rechtes Hinterrad hatte neben mir aufgeragt wie ein Stalagmit.

UFOs und das große Nichts.

Der Schnee knirschte unter den Rädern, als ich Bemidji verließ. Alle paar Kilometer musste ich anhalten, um die Scheibe zu säubern. Am schlimmsten war der Wind. Unablässig rüttelte er am Dach des Velomobils, bis ich es besorgt festhielt – zuerst mit der rechten Hand, dann, als ich diese vor Kälte nicht mehr spürte, mit der linken.

Die Bewohner Bemidjis sagen, dass es in manchen Wintern so kalt wird, dass die Worte in der Luft gefrieren, ehe sie das Ohr eines Empfängers erreichen. Im

Frühjahr tauten sie dann auf, und ein Gemurmel erfülle die Luft.

Vorerst war jedoch nichts um mich herum zu hören außer dem Sirren dreier Räder, die sich keine zehn Zentimeter von mir entfernt um die eigene Achse drehten, und dem gelegentlichen Schmatzen, mit dem sie den Schneematsch zerteilten. Beiderseits der Straße erstreckten sich die Birken und Eichen des Chippewa-Waldes. Wölfe und Bären lebten darin und wohl auch einige der 8000 Ojibwe-Indianer, denen man diesen unwirtlichen Landfleck zugewiesen hatte. Sie gelten als unangepasst und misstrauisch – was ich nachvollziehen konnte, betrachtete man die Umgebung genauer: Man hatte sichergestellt, dass es sich um Land handelte, in dem ganz sicher keine Rohstoffe mehr gefunden werden würden.

Armut und Drogen, Schmuggel und Kasinokomplexe, die wie vom Himmel gefallen links oder rechts der Straße auftauchten, prägen die Gegend. Hunderte Autos parkten jeweils davor. Staunend fuhr ich an ihnen vorbei, unmittelbar darauf tauchte ich erneut ein in die Wildnis der Wälder.

Nach einigen Stunden hatte ich den Eindruck, in einen endlosen Windkanal geraten zu sein. Zielstrebig führte die Straße nach Osten. Als deutete sie mit einem besonders feingliedrigen Finger auf die nächste Siedlung. Bis ich dort ankam, war ich wie aus der Zeit gefallen unterwegs. Nichts änderte sich um mich herum. Ich fuhr und fuhr durch diesen Tunnel aus Wald und Himmel, ich strampelte wie wild und hatte doch das Gefühl, auf der Stelle zu treten. Als sei der Schnee in Wahrheit Seife, die den Boden bedeckte und mich nicht vorankommen ließ. In Zeitlupe krochen Bäume, hin und wieder auch ein Straßenschild mit der Aufschrift US-2 East an meinem verschmutzten rechten Fenster entlang.

„Was hast du mir bloß angedreht, Taylor“, fragte ich mich immer eindringlicher. Die ungewohnte Konstruktion schützte mich zwar passabel gegen den Wind, solange ich das Dachfenster festhielt. Die Pedale aber konnte ich nur mit Mühe bewegen. Trotz aller Versuche – ich legte Hebel um, drückte auf Knöpfe und rüttelte an Schaltern – konnte ich den Vormittag lang lediglich aus drei schwergängigen Widerständen wählen. Zuweilen leuchtete ein rotes Licht auf, das an einer Art Kassettenrekorder neben dem Sitz angebracht war.

Irgendetwas stimmte nicht. So jedenfalls würde ich Monate brauchen, ehe ich New Orleans erreichte. Wie konnte das sein? In Gedanken ging ich durch, was mir Taylor über das Velomobil anvertraut hatte. Schalten könne ich mit dem rechts angebrachten Hebel, erinnerte ich mich an seine Worte. Dort aber, direkt vor mir, war eine Gangschaltung angebracht, die offenbar nicht funktionierte. Der Hebel ließ sich ohne Widerstand nach hinten drücken. Probeweise versuchte ich es noch einmal. Dabei musste ich versehentlich an den Schalter gekommen sein, der sich auf dem kassettenrekorderähnlichen Ding links von meinem Sitz befand. Vermutlich hatte ich zudem einige Hebel in eine neue Position gebracht. Das rote Licht hörte auf zu blinken; es leuchtete jetzt durchgängig. Im selben Augenblick erwachte eine neue Kraft im Rad. Ein Zucken ging durch das ganze System, erfasste auch mich, der ich ängstlich dachte, etwas kaputt gemacht zu machen. Dann machte das Velomobil einen Satz nach vorne. Das war der Moment, in dem mir klar wurde, dass ich den Elektromotor aktiviert hatte. Er sollte mir grandiose Dienste leisten, ganz besonders hier auf diesen zielstrebigen, bestens asphaltierten Straßen, denen man folgen konnte wie in Trance. Musste man doch zu keiner Zeit befürchten, falsch abzubiegen oder gar in einen Stau zu geraten. Sollte – nach ein oder zwei Stunden vielleicht – sich doch die Möglichkeit einer Abzweigung ergeben, so kündigte sich dieses Ereignis lange vorher an. Dann tauchten Straßenschilder auf mit Namen darauf, die an Fallensteller, Saloons und rauchende Colts denken ließen. 15 Meilen bis Deer River. 50 bis Blackduck. Willkommen in Ball Club! Hier in diesem grandiosen Nichts konnte ich die Stärken des Velomobils ausnutzen. Energisch trieb der Elektromotor das stromlinienförmige Gefährt voran. Noch ehe die Sonne die Oberkante des Horizonts berührte, gelangte ich nach Grand Rapids.

Zweckmäßige Motels und eine sich selbst erfüllende Prophezeiung.

Das wäre eine grandiose Leistung gewesen, wenn es sich um das berühmte Grand Rapids in Michigan gehandelt hätte, 1000 Kilometer von meinem Ausgangspunkt entfernt, Heimat von Gerald Ford, dem 38. Präsidenten der USA, mit einer Viertelmillion Einwohnern und einer angesehenen Möbelproduktion. Stattdessen war es Grand Rapids in Minnesota, 112 Kilometer östlich von Bemidji und Heimat einer Burger-King-Filiale, in der ich mir heute Abend den Magen verderben sollte, mit immerhin einem günstigen Motel („But what the heck is THIS ...?") und jeder Menge Schnee.

Bei Städtenamen sind Amerikaner wenig kreativ. Allein Berlin gibt es über 30 Mal im Land, weshalb man immer den jeweiligen Bundesstaat hinzufügen muss. Mir erschien das reichlich kompliziert.

Die Motels hingegen sollte ich auf meiner Reise noch lieben lernen. Auf den ersten Blick handelt es sich um zweckmäßige Buden, dicht an einer Ein- oder Ausfallstraße gelegen, mit Wänden kaum dicker als Papier. Auf den zweiten übrigens auch. Ein verrostetes Kettchen gibt vor, die Zimmertür zu sichern. Die wirklich wichtigen Dinge, allen voran die Fernbedienung für den Fernseher, sind nochmals extra mit einem Draht vor Diebstahl geschützt. Immer, selbst in der günstigsten Absteige, gibt es eine Klimaanlage, außerdem einen Flachbildschirm und eine unübersichtliche Senderauswahl, außerdem WLAN und ein Bett, in dem eine Kleinfamilie bequem Platz fände. Auf diesem Bett findet sich grundsätzlich eine Armada an Kissen. Eines davon benutzt man zum Schlafen, die anderen wirft man auf den Boden, wo sie die Putzkraft am nächsten Morgen aufliest und zurück aufs Bett legt.

Zuweilen ähnelten sich die Gebäude und die Zimmer derart, dass ich vermutete, man habe das Motel gleich nach meinem Besuch kurzerhand auf einen Tieflader gepackt und an meinem nächsten Etappenziel wieder abgestellt.

Solche Motels boten mir aber alles, was ich nach einem Fahrtag benötigte. Sie verzichteten dabei auf Schnickschnack und falsche Versprechungen. Es sind ehrliche Orte, die man aufsucht, um zu ganz anderen Orten zu gelangen, und ich mochte es, dass sie nicht versuchten, mich festzuhalten.

Genau so ein Etablissement fand ich in Grand Rapids vor. Nur dass nebenan mittlerweile auch die Lichter einer überdimensionierten Tankstelle und eines Burger King „brüllten und schrien“, wie Stephen Crane es in seiner Kurzgeschichte „Das blaue Hotel“ formulierte. Die Stadt schien dagegen weit weg zu sein, zumindest für einen Fußgänger. Im Grunde genommen war es auch gar keine Stadt, sondern eine vierspurige Durchgangsstraße, an die man links und rechts ein paar Läden und Häuser gesetzt hatte.

Ich schlief gut in Grand Rapids. In der Nacht aber musste ein Riese Popcorn gegessen haben. Am Morgen lagen überall grobkörnige Überreste dieses Gelages herum: schmutzig weiße Brösel aus Eis und Schnee, manche matschig, andere bretthart. Als ich aus dem Fenster des Motels blickte, sah ich vorbeifahrende Autos schlingern. Kinder bewarfen einander mit Schneebällen.

Ich legte meine Kleider in der Reihenfolge, in der ich sie anziehen wollte, auf dem Bett aus: zwei Unterhosen, drei Paar Socken, eine alberne Strumpfhose und eine lange Sporthose, sieben Oberteile, meine Schuhe, Schal und Mütze und schließlich meinen Geldbeutel mit den Dollarscheinen und den USB-Sticks. Nachdem ich mich in ein Michelin-Männchen verwandelt hatte, wankte ich nach draußen.

„Happy Winter!“, begrüßte mich ein sportlicher junger Mann an der Rezeption. Offenbar war er froh, dass die Straßen in ihren natürlichen Zustand zurückversetzt worden waren.

„Oft haben wir hier Schnee bis in den Mai hinein“, erklärte er mir freudestrahlend. „In diesem Jahr aber hat es den ganzen März hindurch nicht geschneit. Na ja, jetzt ist der Schnee ja endlich da.“ Er wirkte erleichtert.

Tapfer entstaubte ich das Velomobil, schob meine Siebensachen durch das Loch und setzte die über Nacht aufgeladenen Akkus des Elektromotors ein. Keine drei Minuten später hatte ich die Siedlung verlassen. Ich sollte jedoch nicht weit kommen.

Crime Scene – Do not cross!

Eine Sirene heulte hinter mir auf. Ich blickte in den Rückspiegel und sah zu meinem Schreck einen jener bulligen Geländewagen, in denen Sheriffs auf Verbrecherjagd gehen. Unverzüglich fuhr ich auf den Standstreifen, blieb dort stehen und klappte das Dach meines Gefährts nach oben.

Polizeikontrollen laufen in Nordamerika etwas anders ab, als ich es von zu Hause gewohnt bin. In aller Regel stellt hier der Polizist seinen Wagen direkt hinter einem ab und bleibt dann erst einmal drin sitzen, um sein Gegenüber zu betrachten. Dabei möchte er gerne die Hände des Fahrers sehen. Immerhin muss er davon ausgehen, dass dieser bewaffnet ist. Man tut gut daran, in diesen fünf bis zehn Minuten auf hektische Bewegungen oder missverständliche Gesten zu verzichten.

In diesem Fall trat nach der Begutachtung ein breitschultriger, kaum 30-jähriger Bursche durch den Schneevorhang an die rechte Seite meines Rads.

„Pass und Führerschein!", verlangte er barsch. „Das bekommen sie in den Seminaren so eingetrichtert", hatte Papa Dean mir erklärt. Es durfte zu keiner Zeit auch nur das kleinste Anzeichen von Schwäche oder Nachgiebigkeit zu erkennen sein. Immerhin sterben in den USA 30.000 Menschen durch Schusswaffengebrauch – pro Jahr.

Er habe Hinweise auf eine Gefährdung erhalten, behauptete der bullige Ordnungshüter unkonkret und blätterte misstrauisch in meinen Papieren. Denen müsse er nachgehen.

Schon war er mit meinen Dokumenten in den Geländewagen zurückgekehrt. Vermutlich glich er dort die erhaltenen Angaben mit dem Vorstrafenregister ab. Beinahe eine Viertelstunde ließ er mich warten – keine Kleinigkeit, wenn man bei Minusgraden in einer Art Plastikgefährt sitzt, ohne sich bewegen zu dürfen. Ich stellte mir vor, wie der Sheriff genüsslich die Klimaanlage seines SUVs heraufregelte, während er weiterhin seinen achtsamen Blick auf mir ruhen ließ. Irgendwann bequemte er sich, erneut auszusteigen. Er gab mir die Papiere zurück.

„Alles in Ordnung", meinte er, ich glaubte einen Anflug von Enttäuschung zu hören.

Dann fiel ihm etwas ein. „Ich bin ein paarmal angerufen worden, weil die Autofahrer dich nicht rechtzeitig gesehen haben. Hier, nimm das mit!"

Damit streckte er mir mit gönnerhafter Geste ein Signalband entgegen. „CRIME SCENE", stand in Großbuchstaben darauf, „DO NOT CROSS". Damit werden Tatorte abgesichert, wie jeder weiß, der auch nur einmal einen Hollywoodfilm oder eine Krimiserie gesehen hat. Immerhin leuchtete das neongelbe Band unmissverständlich. Es würde mir wohl wirklich gute Dienste leisten. Ich grinste, so klischeehaft kam mir das alles vor.

Der Cop lächelte nun auch. Er hatte die Situation geklärt: Ich war in seinen Augen nicht gefährlich, sondern nur verrückt. Und Verrückte gab es ja einige in diesem Land.

„Sie dürfen jetzt aufstehen“, sagte er, um mir klarzumachen, dass es an mir lag, die Signalbänder festzubinden. Ich bestückte das Velomobil großzügig und fuhr probeweise einige Meter auf dem Standstreifen vorwärts. Die Bänder flatterten im Fahrtwind hinter mir her, beinahe wie ein Kometenschweif. Das sah direkt schick aus.

Der Sheriff nickte zufrieden. Er stieg wieder in sein vermutlich 30 Grad wärmeres Fahrzeug und brauste in einer Wolke aus Schnee davon.

Bald schon würde er in der nächstgelegenen Bar sitzen und dem Inhaber von dem seltsamen deutschen Kauz erzählen, der wohl in einigen Stunden hier durchkommen würde.

Mein aussichtsloser Kampf gegen Windböen.

Ein wenig sollte es bis dorthin noch dauern. Die Strecke verlangte mir einiges ab. Der heutige Tag war ein einziger Kampf gegen die Elemente. Umgeben von Wald fuhr ich auf einer einsamen Straße südwärts, nur immer südwärts.

In den USA ist vieles größer und erscheint unbegrenzter als in Europa. Darum ist es nur logisch, dass man Entfernungen hier nicht in Kilometern angibt, sondern in Meilen. Das ist ein Längenmaß für Autofahrer und nicht für Fußgänger, die es in Nordamerika praktisch nicht gibt.

Getränke und Benzin misst man wiederum in Gallonen statt in Litern. Manches ist auch einfach endlos: die

All-you-can-eat-Buffets zum Beispiel und die Bottomless-coffee-Angebote, bei denen einem die Tasse, wenn man sie auch nur für zehn Sekunden aus dem Blick verliert, immer wieder aufgefüllt wird.

Ich bildete mir ein, dass es mit jedem zurückgelegten Kilometer, nein: mit jeder zurückgelegten Meile, einen Tick wärmer wurde. Dass die grauweißen Schneewolken ein klein wenig öfter Lücken offen ließen für einen versprengten Sonnenstrahl.

Natürlich war das Unsinn. Ich blieb umgeben von knöcheltiefem Neuschnee. Blickte ich nach oben, konnte ich durch das verschmutzte Fiberglasfenster hindurch sehen, wie Eiszapfen an den Ästen der Bäume hingen.

Das Velomobil kam mit den harschen Bedingungen erstaunlich gut zurecht. Ich weniger. Der Schnee drückte von unten in mein Gefährt hinein. Von dort, wo die Pedale Platz benötigten, breitete sich die Kälte im Inneren aus. Der Wind stürmte mit knapp 40 Kilometern pro Stunde südwärts. Das klingt besser, als es war. Durch die Stromlinienform des Velos hatte ich vom Rückenwind so gut wie nichts. Stattdessen griffen Böen immer wieder unter das Dach, der Wind versuchte es mir buchstäblich aus den Händen zu reißen.

Natürlich hielt ich es nach wie vor fest. Wusste ich doch, dass es an nichts anderem als an zwei Schräubchen festgemacht war. Eines davon hatte sich bereits gelockert. Da ich eindeutig zu groß für das Velo war, musste das Dach immer ein wenig geöffnet bleiben. Es bot damit die perfekte Angriffsfläche für den Wind.

Den Böen, die ohne Vorwarnung über mich kamen, konnte ich nichts entgegensetzen. Während ich das Dach festhielt, umklammerte ich mit der anderen Hand den Lenker und musste trotzdem, wenn es darauf ankam, ohne Verzögerung an die Gangschaltung oder die Bremse gelangen.

Dreimal riss mir der Sturm das Fiberglasdach aus den Händen. Beim dritten Mal löste sich die linke Schraube.

Sie fiel auf die Straße, das Dach hing traurig an der rechten Seite des Velomobils herab. Als ich die Schraube eingesammelt hatte und das Dach aufrichtete, sah ich zu meinem Entsetzen, dass es vorne und hinten einen Riss aufwies.

Ich musste mir bald etwas einfallen lassen, sonst würde ich zusehen können, wie mein Reisekumpan Stück für Stück auseinandergenommen werden würde. Der Wetterbericht hatte weitere windige Tage angekündigt, von möglichem Starkregen war die Rede, und von etwaigen Tornados. Da war es nicht eben beruhigend, dass sich ein zentrales Element meines Gefährts schon am zweiten Reisetag verabschiedete.

Fürs Erste schraubte ich das Dach notdürftig fest, stopfte die Lücke, die es hinten aufwies, mit einem Pullover aus und fuhr vorsichtiger als bisher weiter. Da der Schnee die Schlaglöcher füllte, die ich ansonsten schon von Weitem gesehen hätte, rauschte ich mehrmals in voller Fahrt hinein. Jedesmal folgte ein Schlag, der mich vom Sitz hob. Ich stieß mit dem Kopf ans Fiberglas und umklammerte Lenker und Bremse, um gewappnet zu sein, falls das Velo irgendwohin auszubrechen versuchte. Das fuhr jedoch unbeirrt weiter; es schien von diesen wilden Sprüngen nicht einmal einen Kratzer zurückzubehalten. Offensichtlich war der Rahmen unten verlässlich stabil.

Allmählich fasste ich Vertrauen zu dem seltsamen Ding, dem ich während der kommenden Wochen auf Gedeih und Verderb ausgeliefert sein würde. Lediglich für die Hände würde ich mehr tun müssen als bisher: Knallrot waren sie, wurden schon nach ein paar Stunden immer poröser und schmerzten heftig, sobald ich in einen beheizten Raum trat.

„Ich warte noch auf das Verb."

Wer im Niemandsland zwischen Grand Rapids und Saint Cloud wohnte, bekam eine eigene Abbiegespur. „Right lane must turn right", stand dann auf dem Asphalt, was ich grundsätzlich missachtete. Immerhin war ich in aller Regel allein auf weiter Flur.

Einige Hundert Meter nach dem ersten Hinweis bog ein Pfad, manchmal auch eine notdürftig geteerte Straße, vom Highway ab. Sie passierte einen Briefkasten, zog sich zuweilen mehrere Kilometer lang durch den Wald oder einen Hügel empor und mündete schließlich bei einem Anwesen, dessen Bewohner … Ja, was machten die eigentlich dort? Wer wohnte überhaupt hier draußen, abseits aller großen Städte? Waren das Ökofreaks, versprengte Hippies, die ihre Kleider selber strickten und sich am Wochenende zu Demonstrationen in Minneapolis oder Saint Paul trafen? Aussteiger, die Gemüse pflanzten, Handgranaten und halbautomatische Gewehre bunkerten und sich auf den kommenden Krieg gegen die Regierung vorbereiteten? Oder junge Nerds, menschenscheue Autisten, die unfassbar erfolgreiche Computerprogramme entwarfen und in Geld badeten?

„Nichts dergleichen. Da wohnen ganz normale Familien", behauptete Lynn, die im 40 Club Inn bediente. Das war in einem dieser Dörfer, die man nicht als solche erkennen könnte, würde einen nicht ein Ortsschild darauf hinweisen.

In Europa grenzen sich Siedlungen von der Umgebung ab: Da rückt man zusammen, baut Häuserzeilen und trifft sich im Dorfzentrum. In den Weiten Nordamerikas verschwimmt dagegen der Unterschied zwischen bewohntem und unbewohntem Land. Die Dörfer sind nicht konzentrisch um einen Ortskern herum gewachsen. Sie sind vielmehr Anlaufstellen für Durchreisende, Umschlagplätze, die seit jeher auf Geschäft und Handel ausgerichtet sind. Hier hat man früher vielleicht die Pferde gewechselt und noch rasch einen Whiskey eingeworfen, ehe es weiterging. Bis heute haftet amerikanischen Siedlungen etwas Provisorisches an. Wahrscheinlich könnte man die meisten von ihnen ohne viel Aufhebens binnen Stunden an einen anderen Ort verfrachten. Ich fand das prima. Entspricht es doch meinem Wesen, dem Rastlosen und ewig Suchenden, das mich nun einmal auszeichnet. Sympathisch oder gar anheimelnd waren die Orte, durch die ich kam, allerdings selten. Niemals sollte ich im weiteren Verlauf meiner langen Reise auf geschmückte, durch Fußgängerzonen aufgewertete Kleinode treffen, die mich an Heidelberg oder Rothenburg erinnerten. Andererseits boten mir die zweckmäßigen Ortschaften der USA ohne Umschweife alles, was ich brauchte, um gestärkt weiterziehen zu können. Bald schon nahm ich sie als das, was sie ihrem Kern nach waren: Raststationen, in denen zufällig auch ein paar Leute wohnten. Ganz normale Familien also, wenn man Lynn glauben durfte.

„Deren Vorfahren arbeiteten vielleicht in einer der Papierfabriken Minnesotas oder sie bauten in Michigan Kupfer ab. Ende des 19. Jahrhunderts brachte uns allein das Kupfer insgesamt 10 Milliarden US-Dollar ein. Das ist zehnmal mehr als der kalifornische Goldrausch. Na ja, dafür ist da unten das Wetter meistens besser.“

Diese vordergründige Bescheidenheit, die in Wahrheit einen verletzten Stolz kaschiert, war typisch für die Gegend, durch die ich seit einigen Tagen fuhr. Das wurde mir klar, als ich Lynn danach fragte, was sie an einem Ort wie diesem hielt.

„Unser Land steht für mehr, als du denkst. Immerhin kommt Bob Dylan aus Duluth, etwas nordöstlich von hier. Prince wurde in Minneapolis geboren und Charles Lindbergh wohnte keine 50 Kilometer südlich von hier, in Little Falls. Da wirst du übrigens bald durchfahren.“

Beinahe beleidigt zählte Lynn die Berühmtheiten Minnesotas auf. Die Menschen, die hier, nahe der kanadischen Grenze, ein unspektakuläres Leben führen, haben es nie verwunden, dass alle Welt New York und Los Angeles meint, wenn sie von den USA spricht, dass die Touristen weiterfliegen zum Yellowstone-Nationalpark oder zum Grand Canyon und dass jedermann den Mississippi, der Minnesota so nachhaltig geprägt hat, im Süden des Landes verortet.

Denken nicht alle, die den Namen des Flusses hören, sofort an Plantagen und Raddampfer, an Blues und Jazz, an Memphis und New Orleans? Und hat der große Strom stattdessen nicht für anhaltenden Wohlstand im Norden gesorgt, weil sich Holzmanufakturen und Autofabriken an seinen Ufern angesiedelt hatten? Hatte er nicht gleich zu Beginn der Industrialisierung einen Gegenstrom erzeugt: einen Geldstrom, der jahrzehntelang verlässlich von Süd nach Nord geflossen war?

Was wäre geschehen, wenn der Mighty Mississippi stattdessen andersherum gerichtet wäre? Hätten sich die gewinnträchtigen Industrien dann im Süden angesiedelt? Wäre dort ein Detroit, ein Chicago entstanden und hätte der Süden im Bürgerkrieg über den rückständigen Norden triumphiert?

Vielleicht wäre es so gekommen. So aber bescherte der Big Muddy, der „große Schlammige", dem Norden anhaltenden Wohlstand; er gab ihm Ford und Chrysler und geniale Ganoven wie Al Capone, dem Süden hingegen Baumwollfelder, Sklaven und die coolsten Songs der Welt.

Sie habe deutsche Vorfahren, meinte Lynn, als sie mit ihrer Aufzählung fertig war. Früher habe sie ein wenig Deutsch gelernt in der Schule. Es sei eine schrecklich komplizierte Sprache mit Wörtern, die von der Erde bis zum Mond reichten, und einer Satzstruktur, die niemand durchschaue.

„Kennst du den?", fragte sie mich. „Ein deutscher Professor hält einen Vortrag. ‚Langweilig!', meint ein Student zu seinem Nachbarn, ‚lass uns gehen.' ‚In ein paar Minuten', erwidert der: ‚Ich warte noch auf das Verb.'"

„Da ist was dran, Lynn. Dafür sind andere Dinge total einfach. Du glaubst mir nicht? Dann pass auf: Weißt du, was wir zu plane sagen? Flugzeug. Ein Ding, das fliegt, also. Das toy nennen wir: Spielzeug. Und lighter wird in meiner Sprache zu: Feuerzeug. Dann haben wir noch Sportzeug und Nähzeug und Zaumzeug ...".

„Oh my god!", rief Lynn mit gespieltem Entsetzen und schlug die Hände über dem Kopf zusammen, „Zaumzeug, wer kann so was nur aussprechen? Da schwirrt einem ja der Kopf! Aber sag mal, wohin willst du eigentlich heute noch fahren mit deinem ... deinem ..."

„Fahrzeug! Tja, um ehrlich zu sein, weiß ich das noch nicht. Ich will gerne noch ein oder zwei Stunden weiterfahren, und sei es nur, damit ich mir einreden kann, dass es weiter südlich ein bisschen wärmer ist als hier. Gibt es da denn so etwas wie ein Hotel?"

„Na klar, es gibt ganz genau eines, das Country Inn. Eigentlich haben sie um diese Jahreszeit noch geschlossen, aber ich kann Rose, die Besitzerin, ja mal anrufen und fragen, ob sie für dich eine Ausnahme macht."

„Prima, und wo finde ich dieses Hotel?"

„Das kannst du nicht verfehlen, es liegt direkt an der Straße, im nächsten Dorf: Deerwood."

„Danke dir, Lynn. Echt klasse. Aber jetzt mal ehrlich: das Country Inn? In Deerwood? Wo es vermutlich Hirsche (deer) und jede Menge Holz (wood) gibt? Deutsch mag ja kompliziert sein, aber macht ihr es euch da nicht ein bisschen zu einfach?"

Endlich hatte ich es geschafft: Lynn lachte herzlich.

Roses innere Melodie.

Gut gelaunt machte ich mich daran, die restlichen zehn Meilen des heutigen Tages in Angriff zu nehmen. Kaum hatte ich die Tür von Lynns 40 Club Inn hinter mir geschlossen, war ich wieder allein auf der Strecke. Als hätte mich die mit Schnee bestäubte Landschaft aufs Neue verschluckt.

Wenigstens hatte es aufgehört zu schneien. Unterhalb eines von Kondensstreifen zerschnittenen Himmels fuhr ich südwärts, während nach wie vor Böen das Dach meines Velos aufbliesen wie einen Spinnaker.

Der Wind war überall. Das hier war sein Land. Ging man außer Haus, vergewisserte man sich als Erstes, woher er wehte. Die scheinbar so unveränderlichen Wälder und Steppen Minnesotas sind in Wahrheit ständig in Bewegung. Man muss nur hinsehen. Dann erkennt man, wie der Wind durch die Gräser fächelt, wie er sich in den Baumkronen einnistet und mit den Fensterläden einsamer Gehöfte klappert. Heute warf er zudem Schneereste auf die Straße und boxte das Velomobil mehrmals hart in die Seite. Dabei nahm ich jedes Mal die Hand vom Dach, griff panisch nach dem Lenker, drehte mein Gefährt leewärts und fischte sofort danach wieder nach dem Dach, das sich beunruhigend weit nach oben bewegt hatte – falls es nicht bereits an der Seite hing. Alles in allem hatte meine Tour durch die USA recht ungemütlich begonnen. Der Norden zeigte sich von seiner rauen Seite.

Einzig auf andere Verkehrsteilnehmer musste ich so gut wie keine Rücksicht nehmen. Unterwegs begegnete ich weiterhin nur etwa einem Dutzend Fahrzeugen – pro Tag. Umso überraschter war ich, als ich das erste Mal auf einen All-way-stop traf. Eben noch hatte ich eine Straße, die breiter als ein Fußballfeld war, ganz für mich allein, da ragte unvermittelt ein Stoppschild vor mir auf.

Ein Stoppschild! Ich hob das Velodach, um diese Rarität genauer in Augenschein zu nehmen. Dabei bemerkte ich, dass an den drei weiteren Einfahrten zur Kreuzung, die ich vor mir hatte, ebenfalls Stoppschilder angebracht waren. Hier galt nicht rechts vor links, was ich im Übrigen politisch gesehen schon immer heikel gefunden habe. Stattdessen darf derjenige zuerst weiter, der als Erster an die Kreuzung kommt. Junge Fahrer brausen daher zuweilen mit Vollgas auf solche Kreuzungen zu und kommen erst am Stoppschild mit quietschenden Reifen zum Stehen, um gleich darauf triumphierend weiterzufahren. Manche verbanden dieses Ritual gerne mit einem „Chinese fire drill", einer amerikanischen Spezialität, bei der drei oder vier Insassen an einem All-way-stop gleichzeitig aus dem Auto springen. Ihr Ziel: Beim Einsteigen kommt jeder auf einem anderen Platz zu sitzen.

Oft aber bildeten sich an solchen Kreuzungen kleine Rückstaus. Nicht etwa, weil zwei Fahrer gleichzeitig losrollten, sondern weil sie beide aus Höflichkeit darauf bestanden, dass der andere zuerst zum Zug kam.

Vorsichtig passierte ich das ungewöhnliche Verkehrshindernis, dann hatte ich mein heutiges Ziel erreicht. Deerwood bestand weitestgehend aus dem angekündigten Country Inn, das jemand – ein Naivling? ein Masochist? – hier eröffnet hatte. Um das Gebäude herum parkten verlassene Wohnmobile, ausrangierte Campinganhänger und landwirtschaftliche Nutzfahrzeuge. Es war ein Friedhof der Riesen, auf dem Heuwender und Maishäcksler, Schneefräsen und Unimogs ihre letzte Ruhestätte gefunden hatten.

Rose stand vor ihrem Hotel. Vielleicht stand sie dort, seit Lynn sie angerufen hatte. Sie begrüßte mich, als sei ich Brad Pitt höchstpersönlich. Vielleicht sogar George Clooney. Offenbar hatte Lynn mein Kommen angekündigt und dabei nicht vergessen zu betonen, mit welchem Gefährt ich unterwegs war.

Immer wieder umkreiste Rose das Velomobil, prüfte den Reifendruck, kniff in die Karosserie, der sie augenscheinlich nicht traute, schaltete mit wachsender Begeisterung das Licht an und aus und stemmte zwischendurch immer mal wieder die Arme in die Seite, da sie sich in dieser Pose offenbar am besten zurücklehnen konnte und ihre Ausrufe, vor allem das „Jesus! Is this what I think it is?", besonders gut zur Geltung kamen.

Nachdem wir, sie rufend, ich frierend, eine gute Viertelstunde lang neben dem Velomobil gestanden hatten, schulterte Rose kurzerhand die Hälfte meines Gepäcks und ging vor mir her, um mir das beste Zimmer ihres Hotels zu zeigen. Es würde mich nicht wundern, wenn es auch das einzige wäre. Zumindest sollte es heute Nacht das einzig bewohnte sein.

„Hast du sichergestellt, dass du nichts Essbares zurückgelassen hast in diesem … Ding? Du musst ein bisschen vorsichtig sein wegen der Kojoten."

Schon wollte ich herzhaft auflachen, da merkte ich, dass Rose es ernst meinte. Zuweilen verirre sich auch ein Schwarzbär hierher; die Marder und Stinktiere seien aber schlimmer. Sie knabberten mit Vorliebe Schläuche und Gummireifen an.

Die schrottreifen Riesen hinter dem Haus wiederum wurden von ihren Besitzern im Herbst hier abgeladen. Einige der Fahrzeuge würden von durchreisenden Mechanikern gegen Kost und Logis instand gesetzt, erzählte sie mir. Rose verkaufte sie dann im Frühjahr für eine weitere Saison an benachbarte Farmer.

In Roses Country Inn war ich endgültig angekommen im Kernland der USA. Das wurde mir spätestens klar, als ich Rose fragte, was sie von Deutschland wisse.

„Ähm, das liegt in Europa, richtig?" Eine Mauer habe es da mal gegeben. Die Bewohner seien alle dick, weil sie dauernd Brezeln äßen, und in Wahrheit sei niemand so schön wie Heidi Klum.

In Deerwood gefiel es mir. Das authentische Amerika wollte ich kennenlernen, das Land der Barschönheiten und Fernfahrer, hier hatte ich es. Gut, die Sache mit den Barschönheiten hatte bislang noch nicht hingehauen. Immerhin aber war Rose Fernfahrerin, wenn sie nicht gerade in ihrem Hotel war. Aus Leidenschaft, meinte sie, immer schon habe sie gerne an Fahrzeugen herumgebastelt, der Sound von fünfhundert Pferdestärken wirke beruhigend auf sie. Unter keinen Umständen wolle sie in eine dieser angesagten engen Städte ziehen.

Rose lachte. Es war ein kerniges Lachen, bei dem sie mir wie einem Komplizen ihre Hände auf die Schultern legte. Groß waren sie, ihre Hände, und hart wie Schmirgelpapier. Mittlerweile kam mir Rose vor wie ein Riesenbaby, dessen imposante Erscheinung nicht darüber hinwegtäuschen konnte, dass sie angetrieben wurde von romantischen Bildern und Träumen. Lagerfeuer kamen darin vor, grandiose Landschaften und echte Freunde.

In seinem Film „Das brandneue Testament“ schickt Jaco Van Dormael die weitaus unbekanntere Schwester von Jesus, Éa, auf die Erde, um sechs weitere Apostel zu bekehren. Éa hat die Gabe, die innere Musik der Menschen zu hören. Das, was ihr Wesen ausmacht.

Wäre Éa auf Rose gestoßen, hätte sie sich nicht täuschen lassen. Wer Rose das erste Mal sah, mochte an einen unverblümten Countrysong von Garth Brooks denken oder gar an eine Metal-Hymne von Motorhead. In Wahrheit aber floss in Rose eine träumerische Melodie. Längst hatte sie ganz von ihr Besitz ergriffen. Es war eine eigenwillige und selbstsichere Melodie, wie sie nur Björk oder Sigur Rós zuwege bringen. So war Rose. Und ich war froh, heute Nacht ihr Hotelgast sein zu dürfen.

Stiere und Giraffen.

„Let's get lost anywhere in the USA“, singen die Red Hot Chili Peppers in ihrer zähflüssigen Ballade Road Trippin'. Hier in den Weiten Minnesotas, zwischen Deerwood und Little Falls, verstand ich, was sie damit gemeint haben mochten. Hier war ich endgültig unterwegs in den Wide Open Spaces. Selbst auf genaueren Karten blieben die Siedlungen stecknadelgroße Punkte in einem schier endlosen Meer aus Grün für Wälder und Blau für Seen. Die Häuser, an denen ich vorbeikam, standen da, als wüssten sie selbst nicht, wie um alles in der Welt sie hierhergekommen waren. In dieser Gegend konnte man lustvoll verloren gehen.

Bei aller Härte – noch immer wurden meine Hände nach einigen gefahrenen Kilometern gefühllos und der Schnee drückte sich von unten ins Innere des Velomobils – strahlte das, was mich umgab, doch unzweifelhaft etwas Schönes aus. Etwas Beruhigendes gar.

In Europa nennen wir etwas wie den Schwarzwald gern „ursprünglich“ und meinen, uns den Elementen zu stellen, wenn wir in den Alpen Ski fahren. Hier aber, am nördlichen Rand der USA, herrscht unzweifelhaft die echte Natur. Ich konnte jederzeit abbiegen und würde nicht nur stunden-, sondern tagelang, vielleicht gar für Wochen keinem Menschen begegnen. In den Wäldern zu meiner Rechten und Linken konnte ich mich ansatzlos verlieren. Die Frage war nur, ob ich das aushalten würde. Zu Hause war ich an eine portionierte Natur gewöhnt, an Radwege, die einen Deich entlangführten, und an ausgeschilderte Wanderrouten, auf denen es selten länger als ein paar Kilometer bis zum nächsten Gasthaus dauerte. Hier hingegen war alles größer, wilder und echter.

Und ich? Ich genoss es überschwänglich, kaum mehr als ein Punkt, ach was: weniger als ein Atom in diesen Weiten zu sein. Endlich störten kein Straßenschild, kein Wegweiser und keine Ampel mein Vorwärtskommen. Niemand brauchte mich und darum war ich wahrlich frei.

Zugegeben, alle zwei Tage wurde ich recht rüde aus meiner Winter-Meditation gerissen. Dann heulte eine Sirene in den schrillsten Tönen hinter mir auf. Ein durchtrainierter Jüngling stieg aus seinem Ungetüm und wollte wissen, was zum Teufel ich da eigentlich fuhr. So auch heute, an meinem dritten Reisetag. Das heutige Exemplar verfügte über weiche Augen, die so gar nicht zu seinem kantigen Gesicht passten. Er heiße Bob, stellte er sich vor und sagte sofort, dass er mich nur angehalten habe, weil er ein Foto von meinem Gefährt schießen wolle. Ob ich wohl ein paarmal auf dem Seitenstreifen hin- und herfahren könne? Er schicke das beste Bild auch sofort seiner Freundin, damit die von dem durchgeknallten Radfahrer erführe. Schon fuhr er an mir vorbei und war wenig später in den Weiten des Landes verschwunden.

Kurz darauf hörte die Straße auf. Darauf hätte Bob mich mal hinweisen können, dachte ich, als ich an einen vierspurigen Highway gelangte, der auf keiner Karte verzeichnet war. Natürlich fehlte in beiden Richtungen ein erklärendes Schild, das irgendeinen Ort ankündigen würde. Stattdessen stand da nur East und West. Ich blieb stehen und dachte nach. Trotz der Wolken meinte ich, auf die Sonne zuzufahren. Vor mir lag also der Süden. Dorthin wollte ich, wusste aber auch, dass sich meine beiden nächste Etappenziele, Brainerd und Little Falls, ein wenig westlich von Deerwood befanden. Also forsch rechts abgebogen und in die Pedale getreten!

Ich hoffte, dass meine Entscheidung richtig war: Auf den kommenden 20 Kilometern würde es keine Landmarken geben, an denen ich mich orientieren könnte. Es gab nur die Straße, die wie immer schnurgerade einem nur ihr bekannten Ziel entgegenstrebte.

Daher seufzte ich erleichtert auf, als ich Brainerd erreichte. Das war immerhin eine Stadt, auch wenn sie eigentlich nur dafür bekannt ist, dass Babyface Nelson und seine Gang die örtliche Bank im Jahr 1933 überfallen hatten. Andererseits war ich vielleicht doch in der Heimat der genialen Computerfreaks angekommen, setzte sich der Name der Stadt doch zusammen aus Brain und Nerd.

In Wahrheit ist Brainerd nach einer Frau benannt: der unerschrockenen Autorin Ann Eliza Brainerd Smith, die im Amerikanischen Bürgerkrieg Sklaven in den Norden schmuggelte und ihr Haus mit Waffengewalt vor dem Zugriff der Konföderierten verteidigte.

Von Brainerd aus führte mich ein wunderbar breiter Seitenstreifen ins 50 Kilometer entfernte Little Falls. Von hier an sollten alle weiteren Städte grundsätzlich 50 Kilometer voneinander entfernt sein: Saint Cloud, Monticello und dann Minneapolis. Schon morgen konnte ich also in der Hauptstadt Minnesotas ankommen.

Auf den mehrspurig ausgebauten Straßen, auf denen nach wie vor kaum Autos unterwegs waren, konnte ich Strecke machen. Zeitgleich trat endlich die Sonne aus der Deckung. Die Eiszapfen an der Unterseite meines Velomobils lösten sich langsam auf. Eine Ahnung von Frühling lag in der Luft.

Bester Laune fuhr ich in Little Falls ein, dem Ort, an dem „der Mississippi eine Pause einlegt“. Natürlich tat er das, wenn man den Einwohnern glaubte, weil es hier so schön war. Little Falls nahm außerdem für sich in Anspruch, das geografische Zentrum Minnesotas zu sein. Wobei das auch Brainerd, Saint Paul und einige weitere Städte in der näheren Umgebung von sich behaupten.

Unzweifelhaft ist hingegen, dass einer der berühmtesten und umstrittensten Amerikaner seine Jugend in Little Falls verbrachte. Unter anderem erinnert bis heute ein Saxon aus dem Jahr 1919 daran, dass der damals 14-Jährige damit seine Familie von hier nach Los Angeles gefahren hatte. Der Legende zufolge hatte er dabei unterwegs mehr Reparaturen ausgeführt als mancher Mechaniker in seinem

Arbeitsleben. Vielleicht passt diese Geschichte aber auch einfach zu gut zu dem Enkel schwedischer Einwanderer, der das Maschinenbaustudium abbrechen musste und seine Pilotenausbildung nicht zu Ende bringen konnte, da ihm die 500 Dollar Sicherheitskaution für den Abschlussflug fehlten. Er schlug sich im Folgenden als Fallschirmspringer durch, dann kaufte er sich ein eigenes Flugzeug, eine wahre Klapperkiste, richtete sie her und wurde Kunstflieger.

Als er von 25.000 Dollar Preisgeld hörte, die ein in Frankreich geborener Amerikaner für den ersten Nonstopflug zwischen New York und Paris auslobte, wandte sich Charles Lindbergh sofort an die bis dahin unbekannte Fluggesellschaft Ryanair. Er überredete sie, ein einmotoriges Flugzeug zu bauen, die Spirit of Saint Louis. Damit gelang Lindbergh 1927 der Direktflug nach Paris. Um Gewicht zu sparen, hatte er weder Funkgerät noch Sextant an Bord. Trotzdem hielt er bemerkenswert genau Kurs, gelangte zum Ärmelkanal und fand Paris, da er den weithin leuchtenden Eiffelturm erkannte.

Bereits bei seiner Landung war Lindbergh ein Held – und das, obwohl vor ihm bereits 66 Menschen nachweislich über den Atlantik geflogen waren. Doch die Geschichte des jungen und begabten Sonderlings, der trotz aller Widerstände schier Übermenschliches zustande brachte, das hohe Preisgeld und sein Buch *The Spirit of St. Louis* sorgten dafür, dass Charles Lindbergh bis heute im ganzen Land verehrt wird.

Daran ändert auch die Tatsache nichts, dass er nach seiner Atlantiküberquerung Sprecher des nationalistischen America First Committee wurde, das die Vereinigten Staaten mit allen Mitteln aus dem Zweiten Weltkrieg heraushalten wollte. Und auch nicht, dass er in einer Rede die Juden als Kriegstreiber verunglimpfte und schließlich eine Anstellung bei der Armee annahm, bei der es darum ging, möglichst todbringende Bomben zu bauen. Nicht einmal, dass er einen vermeintlichen Entführer wohl zu Unrecht beschuldigte, woraufhin dieser hingerichtet wurde. Und auch nicht, dass er 13 Kinder von vier Frauen in die Welt setzte.

Little Falls ließ sich jedenfalls das Andenken an seinen berühmten Bewohner nicht nehmen. Im Lindbergh Park, mit Blick auf das Restaurant Lindbergh und die Lindbergh-Brücke über den Mississippi, legte ich eine Pause ein. Wahrscheinlich hatte der junge Charles hier am Ufer des großen Flusses gespielt. Vielleicht hatte ihn ja der an dieser Stelle bereits ansehnliche Strom dazu inspiriert, mit stromlinienförmigen Dingen zu hantieren. Vielleicht waren ihm schon damals mehr oder weniger bewusst die Prinzipien von Strömung, Gewicht und Beschleunigung klar geworden. Unter Umständen hatte das träge südwärts fließende Wasser Lindbergh gar eine Sehnsucht mitgegeben: den Wunsch nachzusehen, wo es denn hinfloss, und das Bedürfnis danach, Neues zu wagen und mehr zu sehen als andere, weiter zu gehen und seine Grenzen zu verschieben.

„Geh ins Lindbergh's und bestell dir dort den Jalapeño Burger. Du wirst es nicht bereuen!“, riss eine tiefe Stimme mich aus meinen Gedanken. Sie gehörte einem Mittfünfziger, der nach unten hin immer breiter wurde. Ein Ziegenbart zog sein Gesicht in die Länge, darunter folgte ein ansehnlicher Bauchansatz. Die Beine steckten in dicken schwarzen Lederhosen.

„Ich hab dich vorhin überholt mit meinem Motorrad“, grinste er mich an. „Du hast doch Hunger, oder? Streichst durch den Park und murmelst vor dich hin. Ich jedenfalls hätte furchtbaren Kohldampf, wenn ich mit so einem Teil herumfahren müsste!“ Halb aufmunternd, halb mitleidig klopfte mir der Biker auf den Rücken.

Kurz darauf betrat ich das Restaurant Lindbergh's und bestellte mir einen Jalapeño Burger. Weniger weil ich dem Geschmack des Möchtegernrockers vertraute, als angesichts der Tatsache, dass es im Umkreis von einem guten Dutzend Meilen schlichtweg keine Alternative gab.

Zwei Männer und zwei Frauen saßen im Restaurant. Mehrmals musste ich über die Gruppe lächeln, denn die Männer waren klein und bullig wie Gewichtheber, die Frauen dagegen schmal und hochgewachsen. Als gingen Stiere und Giraffen zusammen essen.

Die Männer bestimmten, worüber gesprochen wurde. Sie riefen und polterten, als müssten sie jede Äußerung gegen Feinde verteidigen oder ein halbes Fußballstadion überzeugen. Einmal legte einer der Stiere seiner Frau die Hand auf die Schulter und ich erschrak: Verschwand der halbe Rücken der Frau doch für einen Moment vollständig unter der fleischigen Pranke ihres Ehemanns. Ich musste den Impuls unterdrücken, hinüberzugehen und zu fragen, ob alles in Ordnung sei.

Da erst merkte ich, wie sich die beiden Damen von Zeit zu Zeit filigran reckten – meist wenn der Angetraute im Eifer des Gefechts etwas besonders Besorgniserregendes von sich gegeben hatte. Dann warf ihm seine bessere Hälfte einen Blick zu, der die ganze Strenge einer für die Erziehung zuständigen Mutter enthielt – etwas, das jede Frau ansatzlos abrufen kann und das uns Männer zuverlässig zu ertappten Lausbuben schrumpfen lässt.

Dagegen war kein Kraut gewachsen. Der eben noch siegessichere Wortführer brach mitten im Satz ab. Er stotterte wohl noch ein wenig herum oder brummte Unverständliches vor sich hin, überließ aber seinem Kontrahenten das Feld, ehe er, vom Schweigen seiner Frau ermutigt, erneut Fuß fasste und bald schon zur nächsten Tirade ansetzte. Wahrscheinlich ließen die Frauen ihre Männer in der Öffentlichkeit die starken Kerle spielen, zu Hause übernahmen sie dann naturgemäß das Ruder.

Die vier boten ein grandioses Schauspiel und ich war beinahe enttäuscht, als sie eine halbe Stunde und zwei Jalapeño Burger später hinausgingen. Bald aber merkte ich, dass etwas sie aufhielt. Durch das Fenster konnte ich sehen, wie sie feixend um mein Velo herumgingen, das ich vor dem Eingang abgestellt hatte. Kurz darauf kam einer der kleinen Männer zurück ins Restaurant.

„What the heck …?“

Ich war bereits aufgestanden, hatte bezahlt und meine Siebensachen eingepackt. Schließlich wusste ich, was mir bevorstand. Ich erklärte die Funktionsweise meines Rades, demonstrierte geduldig das Fahrverhalten, indem ich ein paar Runden auf dem Parkplatz drehte, betonte wieder und wieder, dass ich damit wirklich von Bemidji gekommen war, und posierte schließlich für einige Dutzend Fotos, von denen „wir die besten gleich auf Facebook und Instagram veröffentlichen, versprochen!“.

Die Bedienung war ebenfalls zu uns getreten. „Mut und Verrücktheit, so wie du sie hast, waren es, die uns zum Mond gebracht haben“, behauptete sie abschließend. Ich verkniff mir die Bemerkung, dass es einige Ungereimtheiten gab, die es zumindest in manchen Kreisen fraglich erscheinen ließen, dass die Amerikaner jemals auf dem Mond waren. Stattdessen dankte ich für das Kompliment und vor allem für die beiden Jalapeño Burger. Sie würden mir genügend Energie verleihen, um die restliche Wegstrecke des heutigen Tages zu meistern. Das hoffte ich zumindest. Inzwischen war es später Nachmittag und bis Saint Cloud fehlten noch die obligatorischen 50 Kilometer.

Ungestüme Ungetüme.

Zum ersten Mal, seit ich das Land betreten hatte, schien wirklich die Sonne. Ungehindert fielen ihre Strahlen zu Boden, wo sie den Schnee schmolzen und Millionen Eiskristalle leuchten ließen.

Dafür wurde es von hier an eng auf der Straße. Was nicht etwa daran lag, dass mehr Autofahrer unterwegs gewesen wären. Das Verkehrsaufkommen hatte zwar beträchtlich zugenommen, aber das hieß lediglich, dass mich mittlerweile etwa zehn Autos pro Stunde überholten statt wie bisher eines.

Die Fahrt von Little Falls nach Saint Cloud blieb mir dennoch in schmerzhafter Erinnerung, da man am linken Rand des Seitenstreifens mehrere Längsrillen angebracht hatte. Sie sollten wohl unaufmerksame Autofahrer warnen, ehe diese aus Versehen in den Straßengraben stürzten, der sich direkt rechts von mir einen Meter tief parallel zur Straße entlangzog. Immer wenn ich mit dem linken Vorderrad über eine dieser Rillen fuhr, zitterte mein Liegerad wie Espenlaub, ehe es in Bocksprüngen über die Straße setzte. Ich musste höllisch aufpassen, denn zwischen den Rillen auf der linken und dem Straßengraben auf der rechten Seite blieb bis zu meinem Velomobil jeweils nur eine gute Handbreit Platz.

So ratterte ich alle paar Minuten über die Rillen hinweg, was mir unter anderem eine wunde Stelle an einem Körperteil einbrachte, auf das hier nicht näher eingegangen werden soll. Immerhin passierte ich ein paar Meilen hinter Little Falls ein grünes Hinweisschild. „MRT“, stand darauf. Das war keine Aufforderung, das nächste Krankenhaus aufzusuchen und sich dort einer Kernspintomographie zu unterwerfen, sondern ein Hinweis auf ein Wegenetz, das sich Mississippi River Trail nennt und beidseitig des Flusses längs durch die USA führt.

Weiter im Süden sollten diese Schilder an Stolz gewinnen. Mississippi River sollte auf ihnen stehen, außerdem „Aufmunterungen“ der Art „2500 miles to New Orleans“. Bislang wirkten die gelegentlichen Hinweise noch ein wenig verloren. Der Mississippi unterschied sich auf seinen ersten 1000 Kilometern kaum von einem der anderen 6563 Flüsse Minnesotas. Träge schob er eine überschaubare Wassermenge südwärts. Alle paar Hundert Meilen hatte man ein Brücklein über ihn geschlagen – weniger, um Menschen oder Waren darüber zu transportieren, als vielmehr, weil man das eben so macht. Neben die Brücken hatte man unscheinbare Schilder gestellt. Mississippi River stand darauf, als könne man selbst kaum glauben, dass dieses Rinnsal der berühmteste Strom Nordamerikas sein sollte.

Der Mississippi würde während der gesamten Fahrt an meiner Seite sein, auch wenn ich ihn nicht sah. Er floss hinter einem Wäldchen, unterhalb eines Hügels oder eine Querstraße entfernt vorwärts und prägte die Landschaft Hunderte Kilometer weit ins „Landesinnere" hinein.

Seit meinem Aufbruch von Bemidji hatte er bereits Hunderte Seen passiert. Kein Wunder, dass sich die Expeditionen einst so schwer damit getan hatten, den richtigen davon zu finden – den, in dem der Mississippi entspringt.

In einer Gegend, in der man Rillen auf kaum befahrenen Straßen anbrachte, nahm man es auch anderweitig sehr genau. Sartell, stand auf einem Ortsschild kurz vor Saint Cloud, und darunter: 18.789. Bis hinein in den Süden des Landes sollte ich mich über die Marotte wundern, die Einwohnerzahl von Städten und Dörfern personengenau anzugeben.

Was machen die Leute, wenn in Sartell ein Baby geboren wird oder ein Jugendlicher nach Minneapolis zieht? Muss dann jedes Mal das Ortsschild ausgetauscht werden? Lagerten Hunderte Schilder mit allen möglichen Zahlen darauf im Keller des Rathauses, damit man für alles gewappnet war? Vielleicht war es so. Und wahrscheinlich bekam eine frischgebackene Mutter noch im Kreißsaal einen verzweifelten Anruf: „Ja, Pete hier, vom Straßenbauamt. Was ist denn nun, sind es Zwillinge oder nicht?"

In Saint Cloud (67.112 Einwohner) fand ich ein Motel, das haargenau der Absteige entsprach, die ich erwartet hatte. Es lag in den Außenbezirken, direkt am US-Highway 10. Natürlich wurde der Straßenlärm um keinen Deut leiser, wenn ich die Zimmertür schloss. Es kam mir vor, als donnerten Lastwagen direkt neben meinem Bett vorbei. Jedes Mal bekam die Tür davon Schüttelfrost und klapperte, dass die Scharniere ächzten.

Mein Zimmer wartete mit einer herrlich kitschigen Blumentapete auf, von der sich der gut zwei Meter breite Flachbildschirm absetzte wie eine futuristische Drohne vor einem Schrebergarten. Natürlich war auch ein Hirschgeweih da, direkt gegenüber der papierdünnen Sperrholzplatte, die sich als Zimmertür ausgab. Auch das Kissengeschwader auf dem überdimensionierten Bett fehlte nicht, ebenso wenig eine Kaffeemaschine, die ich selbst noch im hinterletzten Loch vorfinden sollte, und die Badewanne – die Badewanne! –, die zwar über keinen Stöpsel verfügte, mir heute Abend aber trotzdem eine schöne halbe Stunde schenken sollte. Immerhin konnte ich den Abfluss mit meiner Ferse notdürftig abdichten und dabei das Wasser halb aufgedreht laufen lassen.

Dann ging ich an der Rezeption vorbei. Natürlich arbeitete ein Inder darin, ab sofort sollten bis New Orleans in den Motel-Rezeptionen ausschließlich Inder arbeiten (nur in einer einzigen nicht, dort fand ich eine Thailänderin vor, die den Job aushilfsweise übernommen hatte, bis ihr Chef, ein Inder aus Kerala, vom Urlaub zurückkäme). Ich grüßte Raj herzlich und suchte die benachbarte Tankstelle auf. Sie war nur unwesentlich kleiner als eine deutsche Kleinstadt und konfrontierte mich mit einer verwirrenden Auswahl: Burger und Pizza („True Italian Style“) gab es dort, außerdem schreiend bunte Joghurts, überzuckerte Kekse, gefühlt 200 unterschiedliche Getränke mit Namen wie Starbucks Smore's extra mild Café Latte To Go bis hin zu ganzen Menüs, die an Ort und Stelle zubereitet, erhitzt und verpackt wurden.

Ich entschied mich für zwei Burger, fünf Liter Wasser und eine unvernünftige Menge Schokoladenkekse. Für den folgenden Morgen nahm ich gleich noch drei Tafeln Schokolade und einen eisgekühlten Kaffee mit.

Natürlich genoss ich den zur Schau gestellten Überfluss. Nach den vergangenen Tagen in den kargen Halbwüsten kam er mir beinahe berechtigt vor. Gleichzeitig war jedoch eine gewisse Langeweile über mich gekommen. Ich hatte zunehmend das Gefühl, das, was mich umgab, schon einmal gesehen zu haben.

Vielleicht war eben dies mein Problem mit diesem Land: Ich kannte das ganze Fastfood und die kleinstädtischen Häuser, kannte die bulligen Pickups und die Reklametafeln, die für McDonald's und Walmart warben. Ich war den amerikanischen Filmen und der Musik nicht entkommen. Tagtäglich versorgten sie uns mit ihren Ausformungen des American Way of Life, also kannte ich die Shirts und Jeans und Sneakers und kannte selbst die überall vorhandene „Hoppla-hier-komm-ich-Mentalität", jenes lässige Gebaren, das in Wahrheit eine tief sitzende Unsicherheit kaschiert. Bis in die Redewendungen und die großspurigen Gesten hinein kannte ich die Menschen, denen ich begegnete: die Väter, die ihre Söhne konsequent Buddy nannten, „Kumpel", und die Mütter, die sich ständig über alles und jeden beschweren mussten, weil sie einfach nicht glücklich sein konnten. Ich kannte die dicken Kinder, die rappenden Jugendlichen und selbst ihre Großeltern mit den massigen Gesichtern und unverständlichen Dialekten kannte ich.

Warum eigentlich haben wir in Deutschland die Kultur der Vereinigten Staaten so verinnerlicht, dass wir über das Leben der dortigen Filmstars und Popsternchen besser Bescheid wissen als über das Wohlbefinden unseres Nachbarn? Warum haben wir so willig die anmaßende Bezeichnung „Amerika" für die USA übernommen, ohne je darüber nachzudenken, was das eigentlich für die 34 anderen amerikanischen Länder bedeutet? Und wann haben wir aufgehört, uns darüber zu wundern, dass jeder Pups irgendeines hinterwäldlerischen Präsidentschaftskandidaten der USA augenblicklich Einzug in all unsere Medien findet – während wir gleichzeitig Mühe haben, uns an den Namen des indischen Premiers zu erinnern, der immerhin der größten Demokratie der Erde vorsteht? Die amerikanische Art, sich zu kleiden, zu sprechen, ja sogar die Art zu denken prägt uns viel subtiler und ist tiefer in uns verankert, als wir selbst es ahnen. „We all live in America“, bringt es die Rockband Rammstein auf den Punkt. Und damit meinen sie die Vereinigten Staaten.

Als ich Saint Cloud am folgenden Morgen verlassen wollte, entdeckte ich zu meiner Überraschung direkt am Highway 10 einen Radladen. Aufs Geratewohl ging ich hinein und fragte Marc, einen schlaksigen Burschen mit Schnauzer und Baseballmütze, ob ihm etwas zum windanfälligen Dach meines Velomobils einfalle.

Marc legte die Stirn in Falten, dann rumorte er eine ganze Weile im Lager herum, ehe er mit einer beängstigend großen Rolle Klebeband zurückkam. Damit dichtete er die Risse ab, die sich inzwischen beinahe durch das ganze Dach zogen. Sicherheitshalber prüfte er, da er nun schon dabei war, auch gleich den Reifendruck, zog die linke Bremse nach und reparierte das Vorderlicht, das gestern Abend kurz vor meiner Ankunft am Motel den Geist aufgegeben hatte.

Als ich Marc fragte, was ich ihm für die Arbeit der vergangenen Dreiviertelstunde geben solle, zuckte er mit den Schultern, dann meinte er: „Du schuldest mir einen Kaffee – und dass du gut ankommst in New Orleans, das auch. Mit dem Auto wärst du übrigens morgen Abend dort ...“

Von hier an, das hatte Marc mir noch mitgegeben, ehe er nach dem gemeinsamen Kaffee zurück in seinen Laden geschlurft war, von hier an könne ich mich nur noch verfahren, wenn ich über zwei Promille intus hätte. Rasch wurde mir klar, was er damit gemeint hatte. Schnurgerade verlief der Highway 10. Seine Shoulder, wie der Seitenstreifen genannt wird, würde mich zielgenau nach Minneapolis und Saint Paul bringen.

Zwei Drittel der Bewohner Minnesotas leben in den Twin Cities. Heute schienen sie sich alle gemeinsam auf den Weg dorthin gemacht zu haben. Mit jeder Minute, die verging, musste ich die Straße mit mehr Autos teilen.

Dazu gehörten auch die Lastwagen, die gerne halb auf dem Seitenstreifen fuhren, um Platz zu lassen für die schnellere Konkurrenz. Dass rechts von ihnen, weit unterhalb des Blickfelds ihrer Fahrer, ein kleines Velomobil vorwärts rollte, merkten einige Trucker erst, als es beinahe zu spät war.

Ich musste aufpassen, um nicht von einem der Kolosse, der plötzlich wie eine Wand in meinem Rückspiegel aufgetaucht war, über den Haufen gefahren zu werden. Ich wusste nicht, ob dessen Fahrer überhaupt merkte, dass wir gerade knapp einem Unfall entgangen waren. Dreimal schoss ein solches Ungetüm so nah heran, dass seine Stoßstange beinahe das Heck meines Velomobils berührte. Dann warf ich den Lenkhebel reflexartig nach rechts und ließ mich vom Fahrtwind des Monstrums in den Straßengraben fegen. Ich versuchte noch zu bremsen, bekam aber jedes Mal einen heftigen Schlag von unten. Das Velo protestierte mit aller Kraft; es ratterte wie ein Traktor, ehe es sich endlich zur Seite neigte und stecken blieb. In einem Schwarm hustender Mopeds, röhrender Pickups und keuchender Lastwagen gelangte ich schließlich nach Minneapolis.

Das Motel in der Cannabiswolke.

Wie erwartet verfranste ich mich augenblicklich im Straßengewirr der Stadt. Zeitgleich versagte die Batterie des Elektromotors. Anderthalb Stunden lang musste ich, eine Schnecke unter Geparden, das Velo mit kaum mehr als Schrittgeschwindigkeit durch den Verkehr steuern. Und hellwach dabei sein: Kinder warfen Bälle auf die Straße, Fußgänger stürzten zwischen parkenden Autos hervor, ohne Unterlass wurde ich knapp überholt und böse angehupt. Und bei alldem durfte ich alle paar Minuten für Fotos posieren, dauerkichernden Mädchen Rede und Antwort stehen und erklären, was es mit meinem seltsamen Gefährt auf sich hatte.

Als ich am linken Straßenrand ein Gebäude mit der Aufschrift Super6 sah, verkrampften sich meine Hände um die Bremsen. Ich kam auf dem Gehweg zu stehen, fand nach gerade mal 14 Minuten eine Lücke im Verkehrsgewusel, überquerte die sechsspurige Straße und parkte direkt vor dem Gebäudeeingang. Dort schälte ich mich aus meinem Liegerad und ging ins Innere.

Super6 war der Name einer Motelkette. Das Haus befand sich direkt an der hoch frequentierten Stadtautobahn 694. Es war ein unsagbar hässlicher Klotz, wie ihn eigentlich nur Stalin oder Mao Zedong hätten bauen können. Es gab keinen Zimmerservice und kein Frühstück. Auf den Fluren wurde lautstark gestritten. Überall wurde geraucht, aber keine Zigaretten: Eine Cannabiswolke schien über dem Motel zu schweben. Vielleicht brauchte man Hilfsmittel wie dieses, um gegen die Schwermut des Gebäudes anzukämpfen. Oder gegen die Härte des Schicksals, denn hier stiegen in erster Linie Schichtarbeiter ab, Gelegenheitsjobber und -huren, Glücksritter und Gestrauchelte aller Art. All jene, für die es keinen Platz gab in Downtown. So gut wie alle Gäste des Super6 waren schwarz.

Auch die Rezeptionistin. Sie war aus Sierra Leone hierhergekommen. Natürlich war sie eine Vertretung: für eine Kollegin aus Indien. Seit zweieinhalb Jahren lebte sie in den USA. Ihr Mann war in einem der Kriege gestorben, ihre Söhne lebten in Togo und in Marokko. Ihre Tochter hatte es nach Argentinien geschafft. Warum gerade dorthin? Weil eben ein Schiff nach Buenos Aires gefahren war, als sie am Hafen standen.

„Und du“, fragte sie mich, „bist du Russe?“

„Nein, ich komme aus Deutschland.“

„Gibt's da einen Unterschied?“

Nachdem wir nun geklärt hatten, dass ich ein seltsamer Kauz von weither war, konnte ich den nächsten Schritt gehen.

„Sag mal, wie komme ich denn von hier zur nächsten U-Bahn-Station?“

„Zur ... waaas?“

Sie war ehrlich schockiert. Wahrscheinlich war ihr diese Frage bisher nie gestellt worden.

„Schon gut, schon gut“, beschwichtigte ich sie. „Aber einen Bus, den gibt es wohl?“

„Klar gibt’s den“, meinte sie, noch immer schockiert.

„Ja, schön. Und wo fährt der ab?“

„Woher soll ich das wissen?“

Da hatte sie auch wieder recht. Inzwischen, da war ich mir sicher, waren in ihren Augen Hopfen und Malz bei mir verloren. Es fehlte nur noch ein kleiner Tropfen, ein letzter Beweis dafür, dass ich vollkommen durchgeknallt war.

„In Ordnung“, behauptete ich, obwohl natürlich nichts in Ordnung war, gar nichts. „Ähm, ich habe da noch ein etwas ungewöhnliches Fahrzeug.“

„Aha. Was für eines?“

„Ein Velomobil.“

„What the fuck …?!“

Sie sah mich an, als überlege sie, ob sie nicht doch besser die Cops rufen sollte. Vermutlich tat sie das ohnehin häufiger. Ich musste rasch weiterreden.

„Na ja, das ist so eine Art Fahrrad, nur eben mit drei Rädern. Ich würde es unglaublich gerne in der Lobby abstellen, wenn ich darf. Nur zur Sicherheit, meine ich, weil ich … hm … nicht weiß, was das hier für eine Gegend ist.“

„Schauen wir uns das mal an.“

Die Rezeptionistin stand, plötzlich neugierig geworden, auf und ging mir voraus nach draußen. Erst jetzt merkte ich, wie jung sie war, beinahe noch ein Mädchen. Sie musste ihre Tochter und die beiden Söhne früh bekommen haben.

Natürlich hatte sich bereits eine kleine Menschenmenge um das Velomobil versammelt. Mit großen Augen ging das Mädchen um mein Rad herum. In diesem Moment dachte ich, dass es wirklich wie ein Alien aussah – mein Gefährt, meine ich, nicht das Mädchen.

Nach vier Runden hatte die Rezeptionistin die Inspektion beendet. Sie lächelte jetzt.

„Das passt leider nicht durch unsere Eingangstür", befand sie. „Aber jetzt mal im Ernst: Muss man da etwa treten, um voranzukommen?"

„Nun ja, das ist so etwas wie das Grundprinzip des Radfahrens ..."

„Dann musst du dir echt keine Sorgen machen", prustete sie los, „dieses Ding da wird dir hier nämlich niemand klauen".

Sie wischte sich eine Träne aus den Augen und warf mir einen mitleidigen Blick zu.

„Wirklich niemand!"

Watteweiche Zuckerwelt.

Minneapolis zeigt, was passiert, wenn man ein Einkaufszentrum in den Außenbezirken aufstellt. Vor allem wenn es das größte des ganzen Landes ist. Öde und leer waren die Straßen, durch die ich am folgenden Morgen strich. Beinahe beleidigt lag die Innenstadt da. Durch die Hochhausschluchten pfiff der Wind. An jenem Sonntagmorgen glich Minneapolis einer Geisterstadt, wie sie Cormac McCarthy in seinem zärtlich-düsteren Roman *Die Straße* schildert. Darin zieht ein Vater mit seinem Sohn durch ein völlig verwüstetes Amerika.

Saint Paul, die Hauptstadt Minnesotas, präsentierte mir immerhin Ansätze von Zivilisation. Unter anderem stand auf einer Kreuzung Mike's Dining Car, ein originelles Restaurant in Form eines alten Waggons. Alles aber wurde umbraust von vierspurigen Straßen. Die Gehsteige blieben menschenleer. Hier lud nichts zum Verweilen ein.

Also los zur Mall of America, zu der immerhin eine Metrolinie führt. Die Mall ist ein Wunderglitzerding mit 500 Einkaufsläden und 15.000 Parkplätzen, in das jährlich über 40 Millionen Besucher strömen. Sie erhoffen sich vielleicht, ein Autogramm von Heidi Klum oder Slash zu ergattern. Meist aber kaufen sie nur überteuerte Klamotten und zuckrige Limonade, ehe sie zurück in die Vorstädte fahren.

Was um alles in der Welt hatte ich hier verloren? Noch wenige Tage zuvor, mitten im Schneetreiben und umgeben von Eichen und Ahornbäumen, war ich ganz bei mir gewesen. Hier aber, neben Achterbahnen, Spiegellabyrinthen und Aquarien, eingekesselt von modebewussten Männern, kaufwütigen Frauen und schreienden Kindern, hier fühlte ich mich zum ersten Mal seit meinem Aufbruch wirklich allein.

Das mochte meiner Enttäuschung geschuldet sein. Ich hatte mir mehr von den Zwillingsstädten erhofft. Doch ich hatte das Gefühl, dass selbst die Verkäufer, die tagein, tagaus die großen Illusionen aufrechterhalten mussten, von ihrem Alltag gelangweilt waren. Mit leergeräumten Gesichtern standen sie in ihren hippen Verkaufsklötzen, ihre Blicke stur auf die Waren gerichtet, die sie uns als Wundermittel andrehen sollten: gegen die Schmerzen, die sie selbst erst in uns wachgerufen hatten.

Was ich in Deutschland bereits nervig fand – die anbiedernde, auf unsere Triebe abzielende Werbung, die so enttäuschend selten mal wirklich originell oder witzig ist –, steigerte sich in den USA zu einem Sperrfeuer an dummdreisten Oberflächlichkeiten, das zu jeder Tages- und Nachtzeit auf einen abgeschossen wurde. Niemand entkam dem Marketinggeschwafel; es hatte längst Besitz von uns ergriffen und uns zu schlüsselreizorientierten Konsumenten gemacht. Immerhin erkannte ich die hohlsten Phrasen noch als solche und fragte mich, was man, hätte man sich wirklich auf den Mehrwert eines Produkts konzentriert, mit all den Millionen Dollar hätte anfangen können, die man in diese unrealistische Werbung gesteckt hatte.

Ein gutes Beispiel waren die „Informationsbroschüren“ in den Touristeninformationen. Sie boten einiges, großflächige Bilder beispielsweise und schreiend bunte Überschriften, enthielten aber kaum Informationen. Bei jeder Einzelnen von ihnen musste ich mich erst durch einen Nebel aus Sprechblasen kämpfen, ehe ich zum Beispiel erfahren durfte, wo sich die seitenlang angepriesene Sehenswürdigkeit befand. Auf dem Weg zu dieser Information explodierten zielsicher ein Dutzend Blendgranaten: „We have it all!“, „The finest coffee you'll ever find“ und „Where the fun never stops!“.

Warum behelligte man mich mit diesen Luftblasen? Warum konnte der Schuhladen mir gegenüber nicht damit werben, dass man dort verdammt gute Schuhe kaufen konnte – aber eben keine Eintrittskarte in eine bessere Zukunft? War ich der Einzige, der fand, dass sich die Marktschreier mit alledem unglaubwürdig machten?

Mein Favorit in Sachen Übertreibung war eine fünf mal acht Meter große Mücke. Ich entdeckte sie auf einem Plakat. „Lass dich nicht von mir stechen!“, schrien schaurig rote Buchstaben. Darunter stand deutlich kleiner, dass diese Mückenart im Süden Kolumbiens lebt; auch in Teilen Venezuelas sei sie heimisch.

Kolumbien und Venezuela: Das waren wohl kaum die beliebtesten Reiseziele der Einwohner Minnesotas. Und um ehrlich zu sein: Eine Mücke, die mich unterwegs bei heftigem Wind und zwei Grad unter null durch meine Jacke und die beiden Pullover hindurch stechen könnte, hätte sich dieses Privileg redlich verdient.

Mehr noch als wir Deutschen schienen die US-Amerikaner in zwei Welten zu leben: der realen mit ihren Zumutungen und Unzulänglichkeiten und der watteweichen Marketingwelt, in der sie gebauchpinselt wurden, solange sie nur genügend Geld dabei hatten. War das auf Dauer nicht irre anstrengend?

„I can't find the real world alone", singt die Metal-Combo Queensryche aus Seattle. Ich war mehr und mehr davon überzeugt, dass die gähnenden Verkäufer mit ihren trüben Blicken sich tief in ihrem Inneren einen Überfall wünschten, einen spektakulären Diebstahl zumindest. Irgendetwas, das ihnen bewies, dass es nach wie vor eine echte, wirkliche Welt hinter den Glitzerfassaden gab.

Jetzt aber raus hier!

Ich verließ die Zwillingsstädte Minneapolis und Saint Paul am folgenden Morgen. Das heißt, ich versuchte es: Im strömenden Regen folgte ich geschlagene vier Stunden lang vielspurigen Straßen. Dabei gelangte ich von den zu Recht unbekannten Ecken von Minneapolis ins Herz von Saint Paul, wo ich südwärts abbog und in Reichweite des Mississippi in immer verwahrlostere Vorstädte kam.

Je länger ich fuhr, desto öfter traf ich auf Schwarze und Latinos. Die Wegauskünfte wurden ruppiger, die Aufeinandertreffen rabiater. An einer stillgelegten Tankstelle hielt ich an, um einen verlebten Mittvierziger, der vor einer Hausruine herumlungerte, ansonsten aber ganz passabel aussah, zu fragen, wie zum Teufel ich aus dieser Stadt gelangen könnte. Sofort stürzten drei Kinder hinter einer Ecke hervor und begannen, mich um Wasser und Zigaretten anzubetteln. Dabei zerrten sie an dem Velo herum, dass es nur so ächzte. „Careful, careful", äfften sie mich nach. Als der älteste der drei anfing, mit der Faust auf das Hinterlicht einzuschlagen, um dessen Robustheit zu testen, klappte ich rasch das Dach herunter und fuhr grußlos davon.

Minneapolis hatte meinen Erwartungen nicht entsprochen. Ich hatte mir mehr erhofft von dieser Stadt am großen Fluss („Minne“ bedeutet in der Sprache der einst hier heimischen Dakota-Indianer nichts anderes als „Wasser“, „polis“ ist griechisch für „Stadt“). Gegen Ende des 19. Jahrhunderts hatte man hier an den Saint-Anthony-Wasserfällen noch die besten Getreidemühlen des Landes gebaut. 50 Jahre lang versorgte man dank innovativer Technologien beinahe das ganze Land mit feinstem Mehl. Im selben Zeitraum, zwischen 1880 und 1930, verzehnfachte sich die Einwohnerzahl auf eine knappe halbe Million.

Das ist lange vorbei. Seit einigen Jahren verliert Minneapolis an Zulauf, da immer mehr Bewohner in die günstigeren Vororte ziehen. Die Stadt verzeichnet mittlerweile nur noch knapp 400.000 Einwohner.

Am 21. April 2016 wurde sie gar ihres berühmtesten Sohns beraubt. Eine Woche zuvor hatte Prince noch zwei Konzerte in Atlanta gegeben. Auf dem Rückflug klagte er über Bauchschmerzen, woraufhin sein Privatjet in Illinois zwischenlandete. Wenige Tage später starb er im Krankenhaus. Erst nach seinem Tod wurde der Öffentlichkeit bewusst, dass Prince, der für seine akrobatischen Bühnenauftritte bekannt geworden war, seit zehn Jahren an Hüftproblemen litt und von Schmerzmitteln abhängig war.

Kaum war Prince mit 57 Jahren gestorben, begann ein Hype, der groteske Ausmaße annahm – wenn man bedenkt, dass die Glanzzeit des Musikers in den Achtzigerjahren gelegen hatte. Damals war es ihm gelungen, die verschiedensten Musikstile auf neue, frische Art miteinander zu kombinieren. 1984 hatte er in Minneapolis das Video zu seinem Hit „Purple Rain“ gedreht.

Andererseits blieb Prince eben zeitlebens ein ein Meter achtundfünfzig kleiner Supervulkan, der auf der Bühne die unglaublichsten Verrenkungen vollführte, während er mit

Falsettstimme obszöne Fantasien besang. In seinem kurzen Leben brachte er 39 Alben heraus; er drehte zwei Filme und gründete acht Bands. Dazu komponierte er Songs, unter anderem für Madonna, Céline Dion, Joe Cocker und No Doubt. Bei den meisten Liedern spielte er Gitarre, Bass, Keyboard und Schlagzeug; zudem fand er immer wieder Wege, seine Musik ohne die Hilfe von Plattenfirmen an den Mann zu bringen – sei es als Zeitungsbeilage oder über das Internet.

Weit über seine Hits, über „Cream“ und „When doves cry“ hinaus, war Prince ein echter Künstler, der bei allem Erfolg auch Lebenstäler durchschreiten musste: Seine Eltern hatten sich getrennt, als er zwölf geworden war; er selbst war mehrfach verheiratet und daraufhin immer wieder geschieden.

Der Mittlere Westen ist ein hartes Pflaster, das White trash ebenso hervorbringen kann wie Superstars. In ihren Filmen – darunter „The Big Lebowski“, „O Brother, Where Art Thou?“ und „No Country For Old Men“ – erzählen die Coen-Brüder davon. Geboren wurden sie in Minneapolis, nur wenige Blocks von dem Club entfernt, in dem Prince „Purple Rain“ gedreht hatte.

Einige Meilen südlich davon, jenseits der Lowry Bridge, beginnt der Mississippi schiffbar zu werden. Die Boote landen von Süden her an und fahren in dieselbe Richtung wieder davon. Die Straße gestattete mir immer wieder Blicke auf den Mississippi, der inzwischen ein stattlicher Fluss geworden war. Oben bei Bemidji, bei Little Falls und Saint Cloud war er noch wie ein Kind, unsicher in seinem Lauf, ungestüm zuweilen und wenig kraftvoll, doch bereits mit dem Potenzial, Großes zu leisten. Südlich der Zwillingsstädte wurde er zum Jugendlichen: stärker und zielstrebiger als bisher. Hier und da wollte er aus seinem Korsett ausbrechen und sich neue Wege suchen. Erst nachdem er sich wirklich satt getrunken und Flüsse aufgenommen hatte, nach denen ganze

Bundesstaaten benannt sind – von links den Wisconsin, den Illinois und den Ohio, von rechts den Minnesota, den Iowa und den Missouri –, erst dann sollte er zu jenem betagten, unaufhaltsam dem Meer zustrebenden Strom werden, als den die meisten ihn kennen.

Durch grauweiße Regenschleier hindurch fuhr ich südwärts. Ich ließ die Vororte von Minneapolis hinter mir und gelangte in eine fruchtbare Hügellandschaft. Tief zogen die Wolken über mich hinweg. Ihre Unterseite schien die Bergkämme beinahe zu streifen.

Ich vertraute darauf, dass die neongelben Sheriffbänder und das unablässig blinkende Rücklicht die Fahrer der Autos und Lastwagen rechtzeitig auf mich aufmerksam machen würden. Und darauf, dass ich mir die Wegangaben, die ich unterwegs erhielt, merken konnte. Im Gegensatz zu Europäern gehen Amerikaner nämlich davon aus, dass man zu jeder Zeit weiß, wo welche Himmelsrichtung zu finden ist, selbst wenn es regnet und man die Sonne nicht sieht.

„Fahr dreieinhalb Meilen nach Osten“, sagte man mir zum Beispiel, „und biege dann Richtung Südwesten ab, kurz darauf musst du weiter nach Südosten fahren.“ Ich hatte meine liebe Not mit derartigen Angaben.

Kurz vor der Kleinstadt Hastings war es dann zu Ende. Die Straße, der ich seit einer Dreiviertelstunde folgte, mündete ohne Ankündigung in den Interstate Highway. Das war die Autobahn, die für Radfahrer, Elektromotor hin oder her, gesperrt war. Es gab jedoch keine andere Option. Die letzte Abzweigung lag ein Dutzend Meilen hinter mir. Vorsichtig fuhr ich auf den Seitenstreifen der Autobahn, dort tastete ich mich vorwärts.

Das hätte ich besser nicht getan. Pfeilschnell rasten die Pickups jetzt an mir vorbei; wuchtige Lastwagen fauchten wie Drachen, ehe ihr Fahrtwind das Velo in gefährliche Nähe des Straßengrabens drückte. Ich war ein Spatz in einem Krähenschwarm: Alle um mich herum waren größer und stärker als ich. Natürlich wurde ich bei alldem angehupt und schon bald jaulte die Sirene des örtlichen Sheriffs hinter mir auf. Ich hatte sie bereits erwartet.

Diesmal kam ich nicht so glimpflich davon. Ob mir klar sei, dass das hier eine Autobahn sei, maulte mich der Ordnungshüter nicht ganz grundlos an, nachdem er mich zwölf Minuten im offenen Velomobil hatte sitzen lassen und danach akribisch meinen Reisepass auf Ungereimtheiten untersucht hatte. Natürlich wisse ich das, sagte ich im Tonfall eines ertappten Sünders. Ich müsse nur eben einen Weg nach Hastings finden und würde die Autobahn bei der nächsten Gelegenheit verlassen.

Das sehe er genauso, murrte der Sheriff. Um sicherzugehen, dass ich das auch wirklich täte, würde er mich zur Ausfahrt eskortieren. Ich solle zusehen, mit ihm Schritt zu halten, schließlich habe er heute noch Wichtigeres zu tun, als mich durch sein Land zu begleiten. „My country", das sagte er wirklich so.

Er ließ es sich außerdem nicht nehmen, auf den kommenden fünf Meilen „sicherheitshalber" nicht nur das Blaulicht, sondern auch die gellende Polizeisirene angeschaltet zu lassen. Eine gute Meile vor der Ausfahrt aber, kurz nachdem das erste Hinweisschild aufgetaucht war, überholte er mich kurzerhand. Er winkte mir noch rasch zu und zeigte nach rechts, um mir zu signalisieren, dass ich dorthin zu fahren hätte. Kurz darauf sollte ich ihn in einem Café wiedersehen, wo er ohne erkennbaren Erfolg eine stämmige Bedienung umgarnte.

Kurzgeschichten am laufenden Band.

Im Caribou Coffee fühlte ich mich auf Anhieb zu Hause. Wie alle Filialen einer amerikanischen Kaffeehauskette war es bis zur Unkenntlichkeit modern. Es hätte genauso gut zu Starbucks oder Coffee Fellows gehören können. Die spärlichen Tische waren so niedrig, dass vermutlich niemand von dort essen konnte, ohne Rückenschmerzen zu bekommen. Ständig dudelte aufdringliche Musik aus den Lautsprechern. Zu essen gab es Mischungen aus Zucker und Zusatzstoffen. Die Getränke kosteten so viel wie anderswo ein Menü und trugen völlig sinnlose Namen: Sie hießen „Tee Tee Milch" (Chai Tea Latte), „geflecktes Karamell" (Caramel Macchiato) oder reihten schwungvoll Wörter aneinander, die für sich genommen chic sein mochten, in Wahrheit aber nicht zueinander passten: Selbst der allerangesagteste Double shot blended Hazelnut Frappuccino war letzten Endes doch nur: Kaffee.

Oder etwa nicht? Als ich ein solches Wunderding bestellte, fragte mich die Bedienung – die stämmige, umworbene – allen Ernstes: „Do you want coffee in it?"

Das war der Moment, in dem ich nicht anders konnte als aufzulachen, sodass sich der auf seinem Liebesfeldzug gestörte Ordnungshüter mürrisch zu mir umdrehte. Hatte ich doch eben in einem Lokal namens Caribou Coffee einen Kaffee bestellt und war gefragt worden, ob ich Kaffee in meinem Getränk haben wollte.

Trotzdem richtete ich mich im Caribou Coffee gemütlich ein. Ich genoss es, anderthalb Stunden vor meinem Kaffee sitzen zu können, ohne alle naselang zum Kauf weiterer Produkte aufgefordert zu werden. Mir gefiel es, dass hier jeder vor seinem Laptop hockte, Hausaufgaben machte oder ein Buch las.

Ich hatte mich in die Geschichte eines Mannes aus Saint Paul vertieft, der sich knapp 100 Jahre vor mir auf den Weg

Richtung Süden gemacht hatte. In *The Cruise of the Rolling Junk* (*Die Straße der Pfirsiche*) erzählt Francis Scott Key Fitzgerald, wie seine Frau Zelda und er im Sommer 1920 aufbrachen, um in einer Rostlaube nach Alabama zu zuckeln. Alles nur, da Zelda Appetit auf die dortigen Pfirsiche hatte. Mit vielen Pannen und Umwegen fuhren die beiden durch das amerikanische Heartland, das damals in weiten Teilen noch unbesiedelter war als heute.

„Dörfchen, namenlos in der Dunkelheit, wandten uns gelbe Vierecke aus verstreuten Fenstern zu, und dann wölbten sich dunkle Himmel über Straßen und Felder, und wir hatten uns verirrt."

Eben das kannte ich mittlerweile gut.

Wenn es um das etwas alberne, aber einträgliche Dauerduell zwischen Ernest Hemingway und Scott Fitzgerald geht (das ist ein wenig wie bei den Beatles und den Rolling Stones), stehe ich seit jeher auf Fitzgeralds Seite (musikalisch und menschlich mag ich die Rolling Stones lieber als die Beatles).

Mir gefällt Fitzgeralds Vorstellungskraft, die sich einreiht in die Riege mutiger Autoren und ihrer verrückten Welten. *The Cruise of the Rolling Junk* ist eine nette, fantasievoll angereicherte Geschichte, die man als Parodie auf all die Reiseerzählungen lesen kann, in denen sich die Verfasser so gerne ihrer Heldentaten rühmen. Ebenso ist es eine satirische Abrechnung mit dem aufkommenden Kult ums Auto. Und nicht zuletzt berichtet Fitzgerald hier von einer glücklichen Zeit inmitten des Wirtschaftsaufschwungs, ganz kurz bevor er mit *The Great Gatsby* den Vorzeigeroman des Jazz-Zeitalters veröffentlichte.

Wenige Jahre später kam die Weltwirtschaftskrise. Scott Fitzgerald, der Alkohol aufgrund einer Blutzuckerkrankheit eigentlich nicht vertrug, wurde abhängig von selbst gebranntem Gin, seine Frau Zelda musste in eine Nervenheilanstalt eingeliefert werden. Mit 44 Jahren starb Fitzgerald verarmt – um kurz darauf wiederentdeckt zu werden. Er gilt heute als einer der einflussreichsten US-amerikanischen Autoren des 20. Jahrhunderts.

Und das, obwohl Fitzgerald früh eine obsessive Lust am Scheitern zeigte, die sich in den Erfahrungen seiner Figuren – meist unverbesserliche Eigenbrötler und Verlierer – spiegelt. Hinter einer Fassade aus oberflächlichem Glück und demonstrativem Reichtum scheint immer wieder eine unheilbare Verzweiflung durch.

Das deckt sich mit seinem eigenen Leben. Obwohl er ihnen keine große Bedeutung zumaß, musste sich Fitzgerald mit der Veröffentlichung von Kurzgeschichten und Drehbüchern über Wasser halten. Seine Romane brachten ihm wenig ein.

Eine wirkliche Literaturszene gibt es in den Vereinigten Staaten bestenfalls seit Ende des 18. Jahrhunderts. Zuvor standen in der puritanischen Gesellschaft ökonomischer Erfolg im Diesseits und die Hoffnung auf ein besseres Jenseits im Vordergrund. Erst nach dem Bürgerkrieg Mitte des 19. Jahrhunderts kam frischer Wind in die amerikanische Literatur: Schriftsteller aus dem Westen wie William Faulkner und Mark Twain führten einen neuen Ton ein. Sie erzählten von Dingen, die in ihrer unmittelbaren Nachbarschaft geschahen. Mit einem Mal wurden die Erzählungen lokalisierbar. Statt Denkern, die ihren Weltschmerz pflegten, ging es um Leute aus dem Volk, die strampeln mussten, um sich über Wasser zu halten. Die oftmals scheiterten und sich danach jedes Mal wieder aufrappelten und einen weiteren Schritt vorwärts machten.

Die neuen Autoren schrieben anders als die Intellektuellen an der Ostküste, kürzer, greifbarer. Bauernschlau und voller Leben waren ihre Erzählungen. Die neuen Geschichten waren viel zu direkt und spannend für einen Roman. Darum schufen sie sich ihre eigene Form: Die amerikanische Short Story wurde geboren.

Darin, die Dinge auf den Punkt zu bringen und mit wenigen Sätzen ganze Welten entstehen lassen, waren die

US-amerikanischen Autoren Meister. Das mussten sie auch sein, da sie ihre Geschichten vor allem in Zeitschriften publizieren wollten, die von möglichst vielen gelesen wurden. Da galt es, eine Story mit wenigen Worten am Leben zu erhalten, eine Pointe gezielt einzusetzen und eine breite Masse heiß zu machen auf eine etwaige Fortsetzung.

Finanziell lohnte sich die Veröffentlichung solcher Kurzgeschichten selten. Sie war aber noch immer lohnenswerter als ein Roman. Es gab damals noch keinen Urheberrechtsschutz für literarische Werke. Wer eine Druckmaschine besaß, konnte ein erschienenes Buch nachproduzieren und verkaufen. Um über die Runden zu kommen, mussten Fitzgerald, Hemingway und all die anderen Schriftsteller der damaligen Zeit nicht nur ständig neue Erzählungen veröffentlichen, die nicht alle genial sein konnten. Sie schlugen sich auch mit allerlei Hilfsjobs durch. Herman Melville arbeitete beispielsweise zunächst als Schiffsjunge und später als Zollbeamter. Das wiederum ermöglichte den Literaten Einblicke in den Lebensalltag ihrer Protagonisten.

Es war eine harte, aber fruchtbare Zeit, die einige der wertvollsten literarischen Kleinode zutage brachte – ähnlich wie in Deutschland der Expressionismus zwischen 1905 und 1925. Die Schätze, die damals entstanden, verweisen auf eine Zeit, in der Literatur relevant war. Und das in einem Land, das sich anschickte, zu einer einzigartigen Weltmacht zu werden.

Der Süden ruft dich.

Hastings, in das ich kurz nach Verlassen des Caribou Coffee gelangte, war ein typischer Vorort. Halb hing er noch drin in der Großstadt; seine Fabrikschlote und Firmendependancen gehörten praktisch noch zu den Zwillingsstädten. Die andere Hälfte des Ortes aber zeigte bereits hinaus aufs Land. Dort in der Ferne begannen Bäume erste Gruppen zu bilden. Zaghaft erhoben sich grasgrüne Hügel. In den Mulden feierten Bauernhöfe das Platzangebot, indem sie immer neue Spielarten von Ställen, Scheunen und Silos entwarfen. Dorthin führte mich der Weg und damit endgültig hinaus aus Minneapolis und Saint Paul. Bald erinnerte nur noch die vierspurige US-61, der ich von Zeit zu Zeit folgte, daran, dass sich im Nordwesten zwei velomobilunfreundliche Großstädte befanden.

In einem Motel am Straßenrand, irgendwo zwischen Hastings und Wabasha, hatte ich Gelegenheit, das US-amerikanische Fernsehprogramm in all seinen Ausprägungen zu erleben. Zuerst steigerte sich ein Moderator des Weather Channel – ja doch, es gab einen eigenen Kanal für die Wettervorhersage – in immer gruseligere Fantasien. Seiner Ansicht nach würden die Zwillingsstädte morgen von einem Schneesturm praktisch hinweggefegt werden. Ich schaltete um und sah nun eine Horde Zombies, die einen Menschen ausweideten. Das war gegen 19 Uhr, zur besten Sendezeit. Weiter ging es mit einer Talkshow, in der sich zwei spärlich bekleidete Frauen keifend um ein Kleid stritten. Immer wieder wurden die Sendungen unterbrochen von Werbeclips, die nackte Panik verbreiteten: „Wissen Sie, dass Malaria JEDEN treffen kann?“ Die Nachrichten waren von den Werbeclips praktisch nicht zu unterscheiden. Neuigkeiten aus Übersee gab es keine. Die Sender schienen entschlossen zu sein, sich nicht aus der Unruhe bringen zu lassen, die sie selbst schufen.

Schon dachte ich, dass das Niveau nicht noch tiefer würde sinken können. Das war, bevor ich auf einen kirchlichen Kanal umschaltete. Ein schwitzender Priester im Jogginganzug trippelte auf der Bühne herum und warf einen Basketball in bereitstehende Körbe. „Ohne Gott“, donnerte er, „wird dir gar nichts gelingen!“ Er warf den Ball ungeschickt, aber nachdrücklich gegen den Korb. Der zitterte, als der Ball von ihm abprallte. „Genau wie diesen Ball wird

Gott auch dich ablehnen, wenn du nicht auf ihn vertraust!“ Der Priester schrie jetzt, sein Kopf war rot angelaufen. Betretene Gesichter im Publikum. Das war mal ein Gott, der klare Verhältnisse schuf! Hier die Guten, dort die Bösen. Da gab es kein Toleranzgefasel wie in Europa, wo sie die Vereinten Nationen verehrten. Nein, hier strafte Gott noch; er drohte mit der Hölle und war augenscheinlich nicht geneigt zu vergeben.

„Nur wenn du an Gott glaubst, Bruder, wirst du Erfolg haben!“ Die Stimme des Geistlichen überschlug sich beinahe. Man bekam direkt Angst um ihn. Er holte aus und versenkte übertrieben theatralisch den Basketball im Korb. „Halleluja“, brüllte er. „Halleluja“ kam es tausendfach zurück. Der Glaube an Gott als Mittel zum Zweck: mit dem Ziel, reich und berühmt zu werden. In Wahrheit hatte der Priester seinen Gott soeben zu einer Art Hilfskraft degradiert.

Sitcoms, Zombies und jähzornige Priester: All das lag mir schwer im Magen. Ich schaltete zurück zum Wetterkanal. Severe Warning, blinkte dort in gefährlich roten Buchstaben, und kurz darauf First Alert. Ich konnte die Freude der Programmmacher förmlich greifen: „Juchu, ein Sturm ist auf dem Weg! Lasst hektische Warnungen auf die Zuhörer regnen“, mochten sie denken. „Verlassen Sie das Haus nur, wenn es unbedingt notwendig ist!“ Der Moderator sagte das wirklich so. Er machte ein Gesicht dazu, als hätten sich King Kong und Godzilla verbrüdert und stünden bereits kurz vor Minneapolis.

Für wen wurden diese Fernsehprogramme eigentlich gemacht? Ich nahm es als gutes Zeichen, dass ich merkte, in welchem Ausmaß es mich störte, wie hier alles, wirklich alles, verkauft wurde. Die Zombies waren eine Ware, das Wetter war eine Ware, Gott war eine Ware, die an den zahlenden Kunden gebracht werden musste. Wenn die Amerikaner eines konnten – abgesehen davon, irgendwo auf der Welt Kriege anzufangen, in denen sie dann stecken blieben wie Fliegen in einem Spinnennetz –, dann das: verkaufen. Diese Fertigkeit saugten sie anscheinend mit der Muttermilch auf, sie perfektionierten sie Tag für Tag. Und merkten vielleicht irgendwann gar nicht mehr, dass sie mit substanzlosen Slogans hantierten. Wen interessierte schon, was von alldem, was im Fernsehen verzapft wurde, der Wahrheit entsprach?

Als ich das Motel am folgenden Morgen verließ, tauchte die Sonne aus dem Wasser des großen Stroms auf. Ein paar versprengte Schäfchenwolken zogen sich hinter die Hügelkuppen zurück. Es würde ein schöner Tag werden und wahrscheinlich standen Minneapolis und Saint Paul ebenfalls noch dort, wo ich sie vermutete.

Kurz hinter dem Motel bog ich auf ein Sträßchen ab, das 15 Meilen lang parallel zum Highway verlief. Wer hatte diese Straße angelegt und: für wen? Vielleicht für Leute wie mich. Bis zur nächsten Siedlung, Red Wing genannt, kamen mir ganze drei Autos entgegen.

„Sur te llama", skandierte ich ein Lied von Manu Chao. „Der Süden ruft dich". Hier auf den allerletzten Meilen wurde Minnesota endlich schön. Geradezu angeberisch spannte es einen Himmel über mir auf, wie ich ihn noch nie gesehen hatte. Er erinnerte an einen Ozean. In diesem sporadisch von Kondensstreifen zerschnittenen Blau konnte ich ertrinken. Plötzlich war direkt über mir eine zweite Welt entstanden, die sich ständig veränderte und mich mit 1000 Gesichtern anschaute. Mich, der ich mit voller Kraft in die Pedale trat und den kerzengerade in den harten Boden geritzten Straßen südwärts, immer nur südwärts folgte.

In Hochstimmung fuhr ich in Red Wing ein. Das Dorf ist bekannt für die gleichnamigen Schuhe, die dort hergestellt werden: klobige Treter, mit denen man Bisons nachstellen und Grizzlybären ernsthaft verletzen kann. Im Schuhmuseum wird der Brief eines Arztes ausgestellt, der Mittel gegen Schlangengifte herstellt. Auf einem Bild sieht man ihn inmitten von Klapperschlangen, eine beißt soeben in seinen Schuh. Das passiere zwölf Mal am Tag, schreibt der Doktor, und noch nie sei es einer Schlange bislang gelungen, das Futter des Red-Wing-Schuhs zu durchstoßen. Nebenan steht ein Lederstiefel der Größe 830, der im Jahr 2005 fabriziert wurde, als die Firma ihren 100. Geburtstag feierte. Er wiegt eine gute Tonne und wurde als größter Schuh der Welt ins Guinness Buch der Rekorde aufgenommen.

Dorthin gehörte meiner Meinung nach auch der Burger in Bev's Café. Ich hatte ihn nach dem Museumsbesuch bestellt, ohne zu wissen, was auf mich zukommen würde. Kurz darauf balancierte eine zierliche Bedienung einen Klumpen Fleisch, eingekeilt zwischen zwei halben Broten, auf einem Tablett in meine Richtung. Als sie ihn vor mir abstellte, erwartete ich einen Augenblick lang, dass der Tisch zusammenbrechen würde.

„There you go, sweetheart“, flötete sie und stellte die obligatorischen Flaschen Senf und Ketchup neben die Bescherung. Ob ich auch Mayonnaise haben wolle, fragte sie. Ich lehnte dankend ab. Was sich vor mir befand, dürfte meinen Tagesbedarf an Kalorien ohnehin übersteigen.

Immerhin schaffte ich es, gut zwei Drittel des Dings aufzuessen. Ich hatte wirklich Hunger; die vergangenen Tage hatten an meinen Kräften gezehrt. Noch ehe ich danach fragen konnte, kam die Bedienung bereits mit einem Doggy bag an meinen Tisch. Sie packte die Reste ein und gab sie mir mit. Das würde mein Abendessen werden.

„Miss you already“, behauptete sie, als ich den Laden verließ. Eine unverbindliche Äußerung wie das andauernde Honey und Sweety, die mich trotzdem jedes Mal kurz stocken ließ. So viel Höflichkeit war ich von zu Hause nicht gewöhnt. Ich genoss die Freundlichkeit der Leute, nahm sie aber als das, was sie war: ein Mittel, um den Alltag angenehmer zu gestalten. Was ich unterwegs vorfand, durfte ich nicht mit Freundschaftsangeboten verwechseln. Zumal die überbordende Höflichkeit in den USA zuweilen seltsame Bocksprünge vollführt. Den Ausruf „What the heck ...!", der das Wort „Hell" („Hölle") vermeidet, fand ich ja noch putzig. Wenn man ältere Menschen allerdings als „Chronologically advanced" („zeitlich fortgeschritten") und Obdachlose als „Involuntary domiciled" („unfreiwillig niedergelassen") bezeichnet, kommt mir das schon recht künstlich vor.

Die Umgebung hatte sich entscheidend verändert. Vielleicht erscheint einem mit vollem Magen die Welt grundsätzlich in helleren Farben. Doch als ich Bev's Café verließ, hing erstmals eine Ahnung von Frühling in der Luft. Die folgenden Tage würden schön werden. Die Vögel pfiffen es von den Ästen herab, die Eichhörnchen – größer und zutraulicher als ihre europäischen Verwandten – begrüßten die neue Jahreszeit mit Purzelbäumen. Beleidigt zog sich der Wind auf die Hügelkuppen zurück.

Ich stieg lebhaft in die Pedale, fuhr am Lake Pepin vorbei und kam kurz darauf in Wabasha an, der letzten Siedlung in Minnesota. Morgen früh schon würde ich übersetzen nach Wisconsin.

Kinder und Greise.

Der hohe Norden der USA war hart zu mir gewesen. Minnesota hatte mich nicht geschont. Nicht zu Unrecht gehört der Gopher State (benannt nach dem Dreizehnstreifen-Hörnchen) bis heute in weiten Teilen den Wölfen und Schwarzbären. Weißkopfseeadler und Rotschwanzbussarde gibt es hier; einige Jäger auch, Angler und Indianer.

Neuen Erkenntnissen zufolge waren die Indianer vor 15.000 Jahren aus Ostasien eingewandert. Damals war die Beringstraße, die Sibirien von Alaska trennt, von Gletschern bedeckt. Wir sollten hellhörig werden, wenn von

Amerika als einem „jungen Kontinent“ die Rede ist: Das entspricht nicht ganz der Wahrheit.

Wobei die Indianerkulturen, wie wir sie kennen, das heißt mit Häuptlingen, geschmückten Squaws und nach Heldentaten dürstenden Kriegern, erst ab etwa 700 nach Christus entstanden sein dürften. Um das Jahr 1100 lebten in Cahokia bei Saint Louis Schätzungen zufolge bis zu 40.000 Menschen. Es war die größte indianische Siedlung in Nordamerika.

Die Indianer lebten damals vor allem am Unterlauf des Mississippi. Sie jagten mit Pfeil und Bogen, pflanzten Bohnen, Kürbis und Mais an und unterschieden sich darin gar nicht so sehr von den weißen Siedlern, die Jahrhunderte später das Gebiet bis hin zur Westküste erobern sollten. Die indianische Einstellung zu Grund und Boden aber war eine gänzlich andere.

Sitting Bull, Anführer der Sioux-Indianer, nannte das Land „Mother of ours“: Der Boden war für ihn wie eine Mutter, die ihn ernährte. Darin steckt eine Respektsbezeugung. Was für ein Unterschied zu den Siedlern, die in den Westen gezogen waren, um eben dieses Land in Besitz zu nehmen! Der Gedanke, dass Land Privateigentum sein könne, war den Indianern fremd. Da saß zum Beispiel ein König in England, der niemals einen Fuß nach Nordamerika gesetzt hatte, und verteilte munter indianisches Land an Grafen und Herzöge.

Fort Snelling nannte man eine der ersten dauerhaften Siedlungen der „Weißen“ am Oberlauf des Mississippi. Man hatte sie im Jahr 1819 errichtet. Als sich die Sioux knapp 50 Jahre später erhoben, um gegen die immer ausuferndere Landnahme zu protestieren, erschoss man 38 von ihnen: die bis dato größte Hinrichtung in der Geschichte des Landes. Den Rest verbannte man in das Crow Creek-Reservat in Nebraska. Man machte damit insbesondere Platz für die Deutschen, von denen heute ein gutes Drittel der Einwohner Minnesotas abstammt. Weitere 15 Prozent sind norwegischer, zehn Prozent irischer und acht Prozent schwedischer Abstammung.

Viele Orte Minnesotas tragen zumindest indianische Namen. Wabasha beispielsweise, das von seinen Einwohnern respektvoll als „alt“ bezeichnet wird, was mir ein Schmunzeln entlockt. Immerhin feierte das bayerische Tutzing, in dem ich wohne, im selben Jahr seinen 1250. Geburtstag. Wabasha dagegen war 191 Jahre alt. Es wurde 1826 an dieser Stelle gegründet, als sich Augustin Rocque, der Sohn eines Franzosen und Enkel des Sioux-Häuptlings Wapashaw, am Mississippi niederließ.

In Wabasha kam ich in einem Trailer Park unter, einer Ansammlung alter Wohnwagen und Anhänger, die man für eine überschaubare Summe beziehen konnte. Die Siedlung war ansehnlicher als die meisten Orte, durch die ich bisher gekommen war. Hier und da gab es Grünflächen; auf der angedeuteten Promenade, die dem Fluss folgt, hatte man ein Adlerzentrum gebaut. Mit Erfolg hatte man in den vergangenen Jahren das nationale Wappentier, den Weißkopfseeadler, in der Gegend ausgesetzt.

Erst auf den letzten Kilometern hatte mir Minnesota seine Reize offenbart. Am heutigen Tag war es endlich zu den „mit Himmeln gefärbten Wassern“ geworden, als die es die Sioux seit jeher bezeichnen. Eine rotgelbe Sonne näherte sich langsam dem Mississippi.

Trotz aller Anstrengung, trotz der Schneefälle und der spärlich gesäten Siedlungen glaubte ich am Ende meiner ersten Woche in den Vereinigten Staaten sagen zu können, dass man hier im Norden wohl am besten nachvollziehen konnte, was mich umtrieb. In einem Staat, in dem sich die meisten Einwohner vor allem für Eishockey interessieren, für einen Sport also, bei dem man darauf wartet, dass ein Spieler dem anderen den Schläger in den Bauch rammt, in einem Staat, in dem die Natur nicht aus portionierten Wäldern und gemähten Wiesen besteht, sondern schier endlos daherkommt, in einem Staat schließlich, in dem man im

Jahr 2000 allen Ernstes einen Wrestling-Weltmeister zum Gouverneur gewählt hatte, in einem solchen Staat war ich einfach ein Spinner unter Spinnern.

Ja, in Minnesota fühlte ich mich ein Stück weit aufgehoben. Nicht unbedingt in den zweckmäßigen Siedlungen oder auf den schneebedeckten Straßen. Wohl aber unter den Dörflern, deren Einstellungen Eric T. Hansen, ein Hawaiianer, der seit 30 Jahren in München lebt, in seinem Buch *Planet America – Ein Ami erklärt sein Land* auf den Punkt bringt: „Die amerikanische Spinnerei ist wie Sex: eine urtümliche, barbarische und amoralische Kraft, die Schaden und Opfer nicht scheut, die aber immer zum Neuen, zum Eigenen, zum Unerprobten, zum Unerlaubten drängt." Ausformungen dieser „amerikanischen Spinnerei" hatte ich unterwegs immer wieder erfahren – und mich beinahe ein bisschen zu Hause gefühlt.

Auch wenn ich nicht so weit gehen würde wie manche Amerikaner. Annie Edson Taylor zum Beispiel war eine Lehrerin, die aus der Bahn geschleudert wurde, als ihr erstes Kind starb und ihr Mann kurz darauf im Bürgerkrieg fiel. Da kam ihr, woher auch immer, eine Idee: Warum nicht in ein Holzfass steigen und damit die Niagarafälle hinunterstürzen? Als sie 63 wurde, ließ Annie ein Eichenfass mit einer Matratze auspolstern und setzte ihr Vorhaben in die Tat um. Sie überlebte und wurde 20 Jahre später auf dem „Friedhof der Waghalsigen" (Cemetary of Daredevils) direkt an den Niagarafällen beerdigt. Bis heute bezeichnet die Redewendung „Going over the Niagara Falls in a barrel" („In einem Fass die Niagarafälle hinunterstürzen") eine Verrücktheit, die für sich genommen sinnlos ist, im besten Fall dämlich und im schlechtesten wirklich gefährlich, die aber zugleich einen Heidenspaß macht und letztlich eben auch irgendwie cool und mutig, zumindest aber unterhaltsam ist. Annie wurde damit eine Art Vorreiterin für all die YouTuber, Jackass-Darsteller und Man-versus-Beast-Draufgänger der heutigen Zeit.

Für Ashrita Furman wohl auch. Der betreibt eigentlich einen Bioladen in New York. In seiner Freizeit hüpft er aber zum Beispiel drei Meilen weit voran – mit einem Tiger an der Leine. Er hat 27 Stunden am Stück gejodelt, zwölf Meilen lang pausenlos Purzelbäume geschlagen und niemand hat sich je so schnell wie er mit Paketband an die Wand geklebt. Stattliche 300 Mal vermerkt das Guinness Buch der Rekorde seinen Namen – unter anderem ist er darin vertreten, weil er die meisten Guinness-Buch-Einträge aufweist.

Eric T. Hansen meint dazu: „Von Kindheit an werden wir heimgesucht von einem unruhigen, treibenden Gefühl – der Sehnsucht, etwas Außergewöhnliches, noch nie Dagewesenes, ganz und gar Unerhörtes zu vollbringen." Warum ist das so? Warum ist diese Sehnsucht gerade in den USA so ausgeprägt? In einem Land also, in dem andererseits die Glotze mehrere Stunden am Tag läuft und viele Menschen vor lauter Bequemlichkeit sichtbar träge und fett geworden sind?

Vielleicht weil die ersten Siedler improvisieren mussten: Sie mussten neue Wege einschlagen und sich ins Unbekannte trauen. Trotz aller Gaunereien, trotz gebrochener Versprechen, Verlusten und schier unermesslichem Leid gelang ihnen damit letzten Endes eine gigantische Erfolgsgeschichte, auf der die Vereinigten Staaten bis heute aufbauen.

Andererseits hinterließen sie ihren Nachkommen auch eine Bürde. Sie hatten das Land fruchtbar gemacht und ihre Erfolge gegen alle Anfeindungen verteidigt. Ihre Kinder und mehr noch ihre Enkel aber würden niemals an die Erlebnisse ihrer Vorfahren anknüpfen können. Irgendwo in einem verborgenen Winkel ihrer Seele, bereuen viele heutige Amerikaner, dass die großen Heldentaten vorbei sind. Früher, als die Natur ungebändigt und schier grenzenlos war, konnte man noch beweisen, was in einem steckte. Das Leben im Wilden Westen forderte alles von einem, Stärke und Schnelligkeit, Übersicht und Augenmaß, Klugheit und Fantasie. Und es verlieh einem eben dadurch Kraft. Man wuchs an den Herausforderungen. Die Annehmlichkeiten der Zivilisation haben diese Bürde hinweggenommen, Und damit auch die Chance, jemals im Leben so große Abenteuer zu erleben wie der eigene Urgroßvater.

Eric T. Hansen spricht vom „Verlust der inneren Wildnis“. Vielleicht rührt daher ein Teil der Sehnsucht nach den aufgebauschten Erzählungen von Überfällen und Wetterkatastrophen, der Lust am Chaos und an Katastrophenmeldungen: als Beweis dafür, dass die Welt auch heutzutage tatsächlich noch unberechenbar sein kann.

Natürlich war das alles, wenn man es genau betrachtet, ein wenig kindisch, naiv vielleicht auch, aber Hand aufs Herz: Wollen wir nicht genauso sein? Träumen wir nicht, wenn wir Filme aus Hollywood anschauen, Rock- oder Rapmusik hören, Jeans und Turnschuhe tragen, von einem zügelloseren Leben als dem eigenen?

„Eigentlich bin ich ganz anders“, behauptete einst Ödön von Horváth, „ich komme nur so selten dazu.“ Geht es den meisten von uns nicht ebenso? Keiner von uns will es, niemand würde es zugeben, und doch sind wir im Alltag am ehesten ängstliche Spießer, überkorrekte Arbeitnehmer. Kaum jemand verlässt wirklich die geordneten Bahnen, zumindest nicht für lange.

In den USA dürfen Künstler dagegen Geld verdienen, ohne dass ihnen das madig gemacht wird. Und dass Politiker auch mal etwas wirklich, wirklich Dummes von sich geben, ist geradezu eine Grundvoraussetzung dafür, überhaupt gewählt zu werden. Man probiert eben gerne mal etwas Neues aus. Auch wenn man genau deshalb hin und wieder auf die Schnauze fällt. Diese Risikobereitschaft und Unbekümmertheit sind es, die dafür sorgen, dass westlich des Atlantiks vieles lebendiger und vitaler erscheint als in Europa.

Auf uns Europäern lasten mehrere 1000 Jahre Geschichte. Sie haben eine Grundschwere geschaffen, die wir nicht loswerden. Alles Heißspornartige wird uns gründlich ausgetrieben. Wir sind letzten Endes erfolgreich damit, schwingen aber alle ein wenig im gleichen Trott, wir sind etwas blass um die Nase. Irgendwo im Geflecht aus Zielvereinbarungen, Projektplänen und Gremiensitzungen, irgendwo zwischen Regelungen und Zahlenkolonnen sind wir stecken geblieben und suchen seitdem, der eine offener, der andere heimlich, einen Ausweg, der uns zurück zu echter Leidenschaft und kompromissloser Passion führt.

Haben wir den Amerikanern, wenn wir ehrlich zu uns sind, nicht längst die Arroganz, die Schusswaffen und das schlimme Essen verziehen? Haben wir nicht Demokratie, annehmbare Fernsehserien und coole Jeans dafür bekommen? Und brauchen wir die verhassten Vorbilder jenseits des „großen Teichs“ nicht, um die Idee eines wilderen und kreativeren Lebens aufrechtzuerhalten?

Darum geht es doch: All die Verrücktheiten, das Paradiesvogelhafte und die ausgeprägte Sucht, etwas bahnbrechend Neues zu erschaffen (oder, wenn das nicht klappt, zumindest etwas Altes kaputtzuschlagen), sind Huldigungen an die Tatsache, dass sich unser Leben in jedem Moment grundlegend ändern kann. Diese Unplanbarkeit mag erschreckend sein oder beruhigend wirken, wahrscheinlich tut sie sogar beides zugleich. Vor allem aber ist genau hierin unsere eigentliche Freiheit verborgen.

Vielleicht sogar noch mehr: Vielleicht ermöglicht es uns erst diese Spieler-Einstellung, nicht alles so bierernst zu nehmen, sondern mitunter einfach Spaß zu haben und ganz aufzugehen im Augenblick. Warum also nicht, zum Beispiel 3000 Kilometer in einem Velomobil durch die USA fahren? Mit welchen unterirdischen Liedtexten und gewaltverherrlichenden Fernsehserien sie uns auch quälen mögen, mit welchen dummdreisten Parolen ihre Politiker auch weiterhin aufwarten werden: Ich mag gerade das Heißblütige, das Leichte, die unbekümmerte Augenblicksbezogenheit vieler Amerikaner, so wie ich sie in der vergangenen Woche in Minnesota erleben durfte. Hugh, ich habe gesprochen!

3. Begegnungen im Niemandsland: Von Wabasha nach Hannibal.

Der Künstler von Cochrane.

Ein beleibtes Halbblut winkte mir nach, als ich den Trailer Park von Wabasha am folgenden Morgen verließ. Nachts hatte ich den jungen Mann, der sicherlich zwei Zentner wog, im benachbarten Wohnwagen schnarchen gehört, als hätte er davon geträumt, den halben Waldbestand Minnesotas kleinzusägen. „Da würde ich niemals hineinpassen“, hatte er mit einem Blick auf mein Velomobil befunden und den Kopf geschüttelt, bis ich regelrecht Angst um ihn bekam. „Mir schmecken die Donuts einfach zu gut.“

Die heutigen Indianer hatten wenig mit den tadellosen, etwas geschwollen daherredenden Kriegern zu tun, als die sie Karl May einst so gern verklärt hat. Vielleicht hatte der Hundertkilomann mit seiner Skepsis nicht ganz unrecht: Einmal mehr fielen fiese Windböen über mich her, als ich über die Wabasha-Nelson-Brücke hinüber nach Wisconsin fuhr. Genüsslich rüttelten sie am Velomobil, das wie ein Segelschiff im Sturm stöhnte und ächzte.

Ich nahm die grimmig auf mich herabblickenden Himmel indessen als gutes Omen. Kündigten sie doch eine Wetteränderung an, die – da waren sich die sonst so panischen Reporter ausnahmsweise mal einig – einen stabilen Temperaturanstieg einläutete. Jedenfalls würde der stramm aus Süden kommende Sturm den Schnee weit hinauf nach Minnesota pusten.

Direkt hinter der Brücke bog ich südwärts ab. Auf den kommenden 100 Kilometern sollte ich dem mächtigen Fluss nicht von der Seite weichen. Hier in Wisconsin und mehr noch im benachbarten Iowa, konnte man seine Gewalt deutlich spüren. 921 Kilometer weit war der Big Muddy durch Minnesota geflossen. Gierig hatte er unterwegs weitere Flüsse in sich aufgenommen. Zwischen dem Itasca-See und Bemidji mochte er noch ein Baby gewesen sein, ein Kind war er bei Little Falls und Minneapolis. Jetzt aber war er ein Halbstarker, der jederzeit irgendwohin ausbrechen konnte und kaum wusste, wohin mit seiner erwachenden Kraft.

Es rumorte heftig zu meiner Rechten. Winde durchwühlten den Fluss, auf den Wellen bildeten sich Schaumkronen. Ich dagegen zog auf einer zweispurigen Straße südwärts, auf der außer mir kaum jemand unterwegs war.

Nur ab und an hörte ich ein lauter werdendes Getöse in meinem Rücken. Ich fuhr dann besonders nah am rechten Rand und wartete, bis die ersten beiden Vorderachsen eines Trucks auf meiner Höhe waren. Ich wusste, dass mich der Fahrer, drei Meter über mir, jetzt nicht mehr sehen konnte. Mit flauem Magen sah ich nach links, bis 15, zuweilen auch 30 Sekunden später auch die Hinterachsen des Kolosses an mir vorübergezogen waren. Ich wartete noch den folgenden Windstoß ab, dann zog ich wieder Richtung Fahrbahnmitte. Von da an gehörte der ganze Asphalt wieder mir allein – bis eine halbe oder eine Dreiviertelstunde später das nächste Ungetüm angebraust kommen sollte.

Im Grunde genoss ich die gelegentliche Abwechslung. Ich mochte die entfesselte Kraft, die so plötzlich direkt neben mir erwachte und mich förmlich mitriss gen Süden. Trotzdem entwarf meine Fantasie jedes Mal Bilder. Wenn ein unachtsamer Fahrer das Lenkrad nur ein bisschen zu früh nach rechts drehte, würden 100 Tonnen Stahl wie eine Wand auf mich zurasen und ich würde schneller unter den meterhohen Hinterrädern zermalmt werden, als ich „Hey, hier ist noch jemand!“ auch nur denken könnte. Mein Gegner war nicht nur zigmal größer, sondern auch viel schneller als ich. Was konnte eine Muschel schon tun, wenn ein Walross heranrobbte und drohte, sich auf sie zu legen?

Vier Lastwagen später durfte ich den Highway 35 verlassen und bog auf eine Nebenstraße ab, die den vielversprechenden Namen Prairie Moon Road trug. Letzte Pfützen des gestrigen Regens hielten sich in den Mulden. Wind und Nässe hatten eine Landkarte gezeichnet. Sie hatten das Gefälle markiert: Wo es am steilsten war, schimmerte heller Boden, ansonsten zogen sich dunkle Adern von Pfütze zu Pfütze.

In dem schmalen Streifen zwischen dem Fluss und der Autobahn waren erstaunliche Dinge zu finden. In Cochrane, einer Handvoll Häusern, hatte bis vor Kurzem ein Bauer namens Herman Rusch gelebt. Sein Leben lang hatte er dem Boden Früchte und Getreide abgetrotzt. Als er 70 wurde und die Feldarbeit ihm zunehmend schwerfiel, kaufte er mit seinem Ersparten den Prairie Moon Dance Pavillon und gestaltete ihn zu einem grotesk anmutenden Freiluftmuseum um. Er kreierte 40 Skulpturen, wilde unförmige Gestalten wie etwa einen blutüberströmten Mann, der mit einem Bären ringt. Im Haus fanden sich weitere ungewöhnliche Kunstgegenstände, die Herman Rusch gebaut oder gesammelt hatte, darunter eine Waschmaschine, die von einer Schafsskulptur angetrieben wurde. Als Rusch mit 96 Jahren starb, erwarb eine Stiftung die Kreationen.

Seitdem kommen immer mal wieder Besucher aus der Umgebung oder Leute auf der Durchreise nach Cochrane. Vielleicht weniger aufgrund des künstlerischen Werts der Ausstellungsstücke. Sondern weil sie goutieren, dass sich jemand im fortgeschrittenen Alter einen Traum erfüllt hat. Etwas im besten Sinne Eigenartiges hat Herman Rusch in Cochrane geschaffen und sich dabei vermutlich einen Dreck darum geschert, ob das nun klassizistisch oder futuristisch, neokubistisch oder „Was-auch-immer-isch" war.

Ein paar Häuser weiter, in Fountain City, lebt ein weiterer findiger Mann. Nachdem am 24. April 1995 ein 50 Tonnen schwerer Stein den nahen Hügel hinabrollte und in das Haus von Maxine und Dwight Anderson krachte, sodass diese anstelle ihres Schlafzimmers einen dreieinhalb Meter hohen Brocken vorfanden und kurz darauf wegzogen, erwarb John Burt, ein Nachbar und Bauunternehmer, kurzerhand das Anwesen. Er ließ den Stein, wo er war, und machte aus dem Haus-Brocken-Gemisch eine lokale Touristenattraktion.

Zwar öffnete mir niemand, als ich an der Tür dieses seltsamen Gebäudes klopfte, aus dessen Rückwand der Stein ragte. Kein Mensch war da, aber John Burt hatte Zettel angebracht, auf denen alles erklärt war. Auf dem letzten von ihnen stand, dass man bitte zwei Dollar dalassen solle.

Es sei im Übrigen verbürgt, dass 1901 an exakt der Stelle, an der sich das Haus befindet, schon einmal ein Felsbrocken herabgerollt sei. Er habe Frau Dubler getötet, ihrem blinden Ehemann aber, der direkt neben ihr schlief, nicht ein Haar gekrümmt. Der nächste Felsen werde folgerichtig im Jahr 2089 erwartet.

Das größte Sixpack der Welt.

20 Meilen vor La Crosse wählte ich eine unscheinbare Abzweigung und fuhr in das Naturschutzgebiet von Tremeleau. Büsche und Bäume hielten mir von hier an den Wind vom Leib. Zwischen ihnen hindurch gelangte ich immer wieder zum Mississippi. An seinem westlichen Ufer machte ich die letzten Ausläufer Minnesotas aus. Demnächst würden sie von den Feldern Iowas abgelöst werden.

Reiher und Kraniche segelten durch die Luft. Zweimal huschte direkt neben mir ein Tier durchs Gebüsch, ein Präriehuhn vermutlich, vielleicht auch ein Fasan, und einmal sah ich gar einen der majestätischen Weißkopfseeadler hoch über den Baumwipfeln seine Runden drehen. Bis La Crosse begegnete ich nicht einem Auto. So hatte ich mir meine Velomobiltour vorgestellt!

Umso abrupter war der Wechsel als mich, der ich von einem unscheinbaren Seitenweg kam, plötzlich das Feierabendgewühl von La Crosse verschluckte. Ohne recht zu wissen, wie mir geschah, passierte ich Kreuzungen vom Ausmaß eines Einkaufzentrums und musste grundsätzlich drei Spuren überqueren, wenn ich links abbiegen wollte. Alle paar Meter versperrten wild winkende Straßenarbeiter die rechte Fahrbahn und bedeuteten mir, mich hineinzuzwängen in das Gewirr aus Autos, Pickups und Lastwagen, das der Innenstadt von La Crosse entgegenstrebte.

Als ich über die Karosserien der motorisierten Konkurrenz hinweg das mir inzwischen bekannte Logo des Motel 6 sah, zögerte ich nicht lange: Von Lücke zu Lücke schob ich mich an der einwärts ziehenden Autoschlange vorbei, parkte das Velo vor der Eingangsfassade und checkte ein, ohne nach dem Preis zu fragen. Selten hatte ich mich so auf ein durchgelegenes Bett, eine altmodische Blumentapete und eine Plastikbadewanne gefreut.

Bei meiner Fahrbahnquerung hatte ich mich indessen fast wie in einem dieser Spiele gefühlt, nach dem das Etappenziel dieses Tages benannt ist. Lacrosse ist ein ungemein schneller Mannschaftssport, bei dem mit netzartigen Schlägern bewaffnete Mannschaften einem 20 Zentimeter kleinen Hartgummiball hinterherrennen. Die Indianer in den Prärien und an den großen Seen – die Irokesen vor allem, die Cherokee und die Chippewa – nannten das Spiel ursprünglich „Tewaraathon", den „kleinen Bruder des Krieges". Sie spielten Lacrosse manchmal mit über 100 Spielern, um sich auf einen Krieg vorzubereiten oder um Streitigkeiten zu schlichten. Den französischen Jesuiten Jean de Brébeuf erinnerten die geflochtenen Schläger hingegen an einen Bischofsstab. Als er 1634 spielende Indianer in Ontario sah, nannte er die Sportart daher Lacrosse, was dem französischen Wort für „Bischofsstab" entspricht. Seit 1994 ist Lacrosse in Kanada Nationalsport.

La Crosse, die Stadt, bot alle Annehmlichkeiten einer überschaubaren Metropole, ansonsten aber nicht viel. Die 50.000 Einwohner sind dank der Flüsse (hier münden der La Crosse River und der Black River in den Mississippi) sowie dank dreier Highways, einer Autobahn, eines Flughafens und einer Bahnstrecke sehr gut mit dem Rest des Landes verbunden. Fernzüge verkehren von hier direkt nach Chicago, Seattle und Portland. Minnesota und Iowa liegen jeweils nur ein paar Dutzend Kilometer entfernt. Davon abgesehen besteht die Stadt aus vielen geraden Straßen, an deren Rändern unscheinbare Häuser dicht an dicht stehen.

Eine Sehenswürdigkeit aber gibt es immerhin in La Crosse, oder besser: eine Kuriosität. Ich besuchte sie früh am folgenden Morgen. Südlich des Zentrums hatte eine Brauerei ihre sechs Lagertanks so gestaltet, dass sie einem Sixpack glichen. Ihr Inhalt könnte sieben Millionen Bierdosen füllen und einer Person für die nächsten 3351 Jahre täglich ein Sixpack liefern. Was einst einer Kneipenidee entsprang, trägt mittlerweile nicht wenig dazu bei, die Marke La Crosse bekannt zu machen.

Ein talentierter Erzähler.

Nicht nur mit seinen Marketinggags hielt La Crosse mich fest. Wie alle Städte, durch die ich kam, wollte auch diese mich nicht loslassen. Sie griff nach mir mit langen Straßen, sie machte die Bordsteine rar, raute die Straßenränder auf und vervielfachte die Spuren, um mich zu verwirren. La Crosse hatte ein Straßennetz aufgespannt, in dem ich mich, wie schon zuvor in Minneapolis und Saint Paul, heillos verhedderte.

Aus Städten hinauszugelangen ist meistens schwieriger als hinein. Bei der Ankunft fährt man immer aufs Zentrum zu: Man spürt, wo sich dieses in etwa befindet, kann Bahnhofsschildern und weiteren Anhaltspunkten folgen. Die meisten Städte zählen zudem ihre Straßennummern zum Kern hin abwärts auf.

Der Abschied kann dagegen länger ausfallen als geplant. Unvermittelt tun sich Möglichkeiten auf, an die man bisher nicht gedacht hat. Da kann es schwerfallen, den richtigen Ausgang zu erwischen.

Heimtückisch teilte sich die Straße, ohne dass mir ein Schild den so dringend benötigten Hinweis gegeben hätte. Aufs Geratewohl bog ich mal links, mal rechts ab, folgte vielversprechenden Ausfallstraßen, die sich als Sackgassen entpuppten, drehte um und gelangte zu unscheinbaren Pfaden, die ohne Vorwarnung in überdimensionierte Autobahnen mündeten.

Dann war ich draußen, ebenso plötzlich wie ich in die Stadt hineingelangt war. Eben noch hatte mich ein Motorradfahrer so dicht überholt, dass ich reflexartig die nächste Ausfahrt genommen hatte, dann hatten sich die Häuser von La Crosse unvermittelt zurückgezogen. Mit ihnen waren 99 Prozent der Autos und Lastwagen hinter mir geblieben. Sie kurvten weiterhin in dem Spinnennetz der Stadt herum. Ich hingegen folgte von hier an wieder dem Highway 35 südwärts.

Die Stille und die Schönheit der Landschaft kamen so ansatzlos über mich, dass ich unwillkürlich in den Rückspiegel schaute, um mich zu vergewissern, dass zumindest die Ausläufer der Stadt noch da waren.

Ein einziger Autofahrer kam mir in der folgenden Stunde entgegen. Als er mich passiert hatte, wendete er seinen silbergrauen Pickup, wechselte die Fahrbahn und zog an meine Seite. Ich winkte ihm zu: eine Maus, die ein Nilpferd grüßte. Da sah ich, dass er sich ein Smartphone vors Gesicht hielt. Offensichtlich nahm er mich soeben auf Video auf. Gut zehn Minuten lang wich er mir nicht von der Seite. Dann lenkte er seinen Wagen grußlos nach links, wechselte auf die Gegenfahrbahn und setzte seinen Weg nach La Crosse fort.

Wer mochte inzwischen wohl alles ein Foto oder Video von mir haben? Auf welchen Websites hatte man mich zur Fahndung ausgeschrieben? („Hast du den gesehen? Ich bin ihm auf meiner Einkaufstour begegnet und er kommt als Nächstes in deine Gegend!“) In wie vielen Facebook-Gruppen würde man wohl über die Vor- und Nachteile eines Velomobils diskutieren?

Es war mir herzlich egal an diesem Tag, der endlich, endlich der Sonne gehörte. Sie hatte sich endgültig durchgesetzt, den Wind vertrieben und die Pfützen getrocknet. Übermütig ließ ich das Dach offen und das Velo vorwärtsrollen. Immer wieder hielt ich an, um dem Strom zu meiner Rechten beim Wachsen zuzusehen. Den ganzen Tag lang fuhr ich seinen Saum entlang. Lediglich eine Handvoll Sträucher trennten mich von ihm, manchmal auch eine wild bewachsene Wiese oder ein überschaubarer Deich.

Links von mir erstreckten sich die wie mit dem Lineal gezogenen Amtrak-Bahngleise von Nord nach Süd. Das waren Züge! So etwas kannte ich in Europa nicht. Wer in der alten Welt braucht auch eine Eisenbahn, deren Spitze bereits ins nächste Land ragt, während der Rest noch in Luxemburg oder Andorra, feststeckt?

Hörte ich ein solches Ding erst gurgeln, dann grollen und schließlich fauchen, wusste ich, dass der Zug noch gut zehn Minuten benötigen würde, ehe er auf meiner Höhe angelangt wäre. Dann zogen vier Lokomotiven an mir vorbei. Ihnen folgten Güterwaggons; 20 manchmal, meist aber 30 oder 40. Eine halbe Stunde konnte durchaus ins Land gehen, ehe mich der Zug wirklich überholt hatte. Gemächlich zuckelte er durch die Gegend. Er verbreitete ein wenig Wildweststimmung und folgte letztlich den alten Handelswegen, die sich dank des mächtigen Stroms hier gebildet hatten.

Ein anderer war er geworden, der Strom, das war offensichtlich. In den Weiten Minnesotas hätte man ihn noch mit anderen Flüssen verwechseln können. Man wäre nicht überrascht gewesen, wenn er irgendwo dort oben versiegt wäre oder sich in einen See gestürzt hätte, aus dem er nicht mehr herauskäme.

Hier aber, wo er Wisconsin und Iowa voneinander trennt, hier hält den Mississippi nichts und niemand mehr auf. Ausgiebig hat er auf seiner Reise aus Minnesotas Seen getrunken. Er hat Hunderte Flüsse in sich aufgenommen. Aus allen Begegnungen ist er als Sieger hervorgegangen und er weiß es. Unaufhaltsam schiebt er seine Wassermassen südwärts. Er zögert nicht mehr, laviert nicht mehr herum und ändert seine Stoßrichtung nicht mehr, wie er es auf seinen ersten 1000 Kilometern immer wieder tut. Kurz nach seiner Geburt fließt er nach Norden, dann nach Osten und schließlich, weit entfernt von seiner Quelle, nach Süden, was ihm von der Luft aus gesehen die Form eines Fragezeichens verleiht. Von hier an aber ist er ein einziges markantes Ausrufezeichen mit dem Golf von Mexiko als Endpunkt.

Irgendwo auf den vergangenen Meilen muss der Mississippi seine Bestimmung erkannt, er muss seine Mission gefunden haben. Vielleicht war sie in einer Biegung kurz hinter Minnesota versteckt gelegen. Vielleicht hatte er sie an einem unscheinbaren Ort zwischen Fabriktürmen, Bahngleisen und Autobahnen hervorgekramt. Sie könnte auch von einer der immer mächtiger werdenden Brücken gefallen sein. Oder hat sie ihm am Ende ein Angler zugeflüstert oder auch nur ein Fischlein, weil die bedeutsamsten Konsequenzen ja nicht selten von unscheinbaren Dingen ausgelöst werden?

Ich jedenfalls war selten so froh, dem Strom nahe sein zu können, wie hier. Mehr noch: Ich schwang im Gleichklang mit dem Fluss zu meiner Rechten. Hatte ich doch nach all den Strapazen im Norden endlich Muße, ihm zuzuhören, mich wirklich auf ihn einzulassen. Erst hier, 1000 Kilometer von seiner Quelle entfernt, begann ich zu begreifen, dass der Strom unablässig Geschichten erzählt. Er murmelt sie vor sich hin, unablässig; sie ändern sich jeden Tag, mit jedem Ereignis, das ihm widerfährt. Diese Geschichten sind es, die ihm Kraft verleihen. Er musste sie erst aufsammeln unterwegs, musste sie aus den vergangenen Jahrhunderten pflücken.

Der Mississippi erzählt, wenn man genau hinhört: Von Indianern spricht er, die an seinen Ufern lebten. Von Wölfen und Adlern, Hirschen und Bären und dem ewigen Doppelklang von Tod und Leben. Er berichtet davon, wie zaghaft erste Brücken gebaut wurden, wie Holzfabriken entstanden, Raddampfer auf Grund liefen und mächtige Eisenbahnen seine Flanken entlangstrichen. Eis und Schnee hat er erlebt, sengende Sonne und aufpeitschenden Wind. Von nebligen Morgen flüstert er, flimmernden Nachmittagen und glasklaren Abenden, von Nächten, in denen alles möglich ist, und von der unbeirrbaren Ablöse der Jahreszeiten. All das hat er erlebt, der Mississippi. Er weiß, dass alles wiederkommt und sich trotzdem permanent verändert. Dass nichts konstant ist außer dem ewigen Wandel.

Gibt es ein besseres Sinnbild für das, was unser Leben ausmacht, wirklich ausmacht, als einen solchen Fluss? Wer sonst kann jeden Tag, jeden Augenblick Zeugnis davon ablegen, dass unser Leben ein immerwährender Kampf ist, ein ständiges Überwinden von immer neuen Widerständen?

Eine Aufwärtsbewegung: Es gilt zu lernen, besser zu werden in dem, worauf es ankommt. Größer und stärker zu werden, tastend zuerst, ausprobierend, dann zielsicherer und am Ende gemächlich dem Ziel entgegentreibend – dem Tod oder dem Meer, definitiv aber einem neuen Anfang, dem Beginn von etwas Größerem. Einiges bleibt gleich auf unserer Reise, anderes muss sich ständig ändern, damit es weitergeht. Nein, nichts und niemand führt uns den Kern unseres Lebens so unleugbar vor Augen wie ein Fluss.

Wer den Flüssen zuhört, kann alles erfahren und alles lernen. Sie sind viel bessere Lehrmeister als Philosophen. Denn sie überblicken Jahrtausende, erzählen von langen Abständen und unvermittelten Wendepunkten und immer auch von der Kette aus Augenblicken, die es festzuhalten gilt, mehr noch: zu gestalten, damit alle folgenden Augenblicke von unseren Entscheidungen geprägt werden.

Er macht es schließlich genauso: Mal liegt er mit spiegelglatter Unschuldsmiene auf der Lauer, dann schleudert er meterhohe Wellen südwärts. Und manchmal bahnt er sich einfach neue Wege, dass den Menschen in seiner Nähe Hören und Sehen vergeht.

Immer schon war er so, so unbestimmt und ungestüm. Der Fluss hat gesehen, wie Menschen an seine Ufer zogen, angelockt von vermeintlichen Verdienstmöglichkeiten und losen Liebschaften. Wie sie dann an die Küsten gingen, eine Folge übersteigerter Erwartungen und unverhoffter Glücksfälle. Er erzählt von den Fehlern der Vergangenheit, der Flüchtigkeit des Augenblicks und der Offenheit der Zukunft, die erst noch gebaut werden will. Von Freiheit murmelt er. Unentwegt. Und von der damit einhergehenden Verantwortung. Davon, dass es auf den Einzelnen ankommt. Dass es eben doch entscheidend ist, welchen Weg wir einschlagen – ja: dass wir in jedem Moment einen ganz anderen Weg einschlagen können, auch wenn wir das oft nicht wahrhaben wollen.

Von Streit und Kampf erzählt der Strom, von grausamen Kriegen und herzzerreißendem Leid. Und ebenso von Liebe, die stärker als das alles ist, von Freundschaften und Hoffnungen und davon, wie manche Menschen sich wider alle Erwartung doch noch dafür entscheiden, das Richtige zu tun.

Liebe und Hass, Hoffnung und Streit: Um in diesen Strudeln nicht unterzugehen, hat der Strom das richtige Mittel gefunden. Eines, das alle Extreme glättet, eben weil es sie so gut kennt: die Musik. Hier ist sie entstanden, auf den Schiffen, wo sie das Pokerspiel erfanden, an den Ufern, wo sie auf den Baumwollfeldern schufteten, in den schummrigen Bars an beiden Ufern, wo sie alles Althergebrachte kurz und klein schlugen auf der Suche nach neuen Lebensarten. Gospel und Jazz, Blues und Rock 'n' Roll: Das sind seine Rhythmen, seine Melodien. Und all die röhrenden Heavy-Metal-Sänger, die depressiven Grunge Boys, die tiefen Soul-Stimmen und hektischen Techno-Nerds, all die gelddurchtränkten Träume der Hip Hopper und die Rattergesänge der Rapper sind seine Erben. Hierauf ist alles zurückzuführen: auf die Geräusche gellender Schiffssirenen und klopfender

Zimmermänner, fallender Bäume und rauschender Sträucher, des hauchzartens Eintauchen von Rudern und des Gesangs der Fische, der so fein ist, dass nur der Fluss ihn hören kann.

Der Mighty Mississippi wird noch hier sein, wenn ich längst in den „ewigen Jagdgründen" herumstreifen werde. Er muss andere Maßeinheiten haben für Zeit und Entfernung als wir.

Hier endlich kamen wir uns erstmals wirklich nahe. Zwischen Wisconsin und Iowa, wo der Fluss über einen Kilometer breit ist, sich bereits verästelt und erste Inseln umspült, hier hat er mir endlich seinen wahren Charakter gezeigt.

Das eben macht den Strom aus: Der Mississippi erzählt unentwegt die verrückte und unwahrscheinliche, die brutale und kompromisslos schöne Erfolgsgeschichte der Vereinigten Staaten von Amerika.

Rob und Ryan.

Ein toter Hirsch lag am Wegrand. Fast wäre ich mit dem rechten Vorderrad über den Kadaver geholpert. Hatte ihn jemand überfahren und dann achtlos zurückgelassen? War das Tier vor eine der gigantischen Lokomotiven gerannt? Hatte es einen Lastwagen zu spät bemerkt?

Wenig später sah ich die Überreste eines Waschbären im Straßengraben. Sie würden nicht lange dort bleiben. Über mir kreisten Adler. Einer von ihnen ließ sich von den Aufwinden emporheben, stürzte sich lustvoll in Windlöcher und folgte mir eine geschlagene Viertelstunde lang. „Hey, ich bin ein bisschen zu groß für dich! Außerdem kann nicht einmal dein scharfkantiger Schnabel durch das Fiberglas meines Velomobils hindurchpicken." Vielleicht wollte der

Vogel auch nur wissen, was das da unten war: keines dieser sprotzenden Automobile, aber irgendwie auch kein Fahrrad.

Die Adler stehen beispielhaft für einen gelungenen Naturschutz am Oberlauf des Mississippi. Bis vor Kurzem galten sie als ausgestorben. Dann hatte man sie entlang dem Fluss neu angesiedelt. Inzwischen hat sich die Population erholt, ihr Überleben gilt als gesichert.

Rob und Ryan waren davon gar nicht begeistert. Ich traf sie vor dem Great River Roadhouse, der einzigen geöffneten Einkehrmöglichkeit auf Dutzenden Kilometern. Sie sprachen mich an, als ich gerade aus dem Velomobil stieg. Leider wirkte das in aller Regel wenig elegant, der Ausstieg erforderte jedes Mal eine gewisse Verrenkung.

„Ein Deutscher in Wisconsin!"

Wie immer ordneten mich meine Gesprächspartner meinem Herkunftsland korrekt zu, kaum dass ich einen Satz gesagt hatte. In diesem Fall hatte ich sie sogar nur gegrüßt, während ich versucht hatte, mich halbwegs unbeschadet aus dem Blech zu schälen.

Sie schienen ehrlich erfreut zu sein, dabei kam die von ihnen ausgerufene Kombination doch gar nicht so selten vor. Ihre Vorfahren seien aus Deutschland gekommen, meinte Rob, als wir ins Innere des Restaurants traten und uns an die Bar setzten. Natürlich recht nah zusammen: Statistiken zufolge halten Deutsche im Durchschnitt einen Meter Abstand zueinander, US-Amerikaner hingegen nur etwa 40 Zentimeter.

„Fast cars, good beers, right?", adjustierte Ryan nun, „And the women ...". Er machte anerkennende Schnalzgeräusche.

„He, halt' dich ein bisschen zurück, wenn dein Vater neben dir sitzt", meinte Rob daraufhin, halb im Scherz, „du bist hier nicht unter deinen Kumpels."

Jetzt gesellte sich auch Laura zu uns. Wie viele andere in diesem Land ging sie ganz in ihrer Rolle der Bedienung auf. Nichts auf der Welt schien sie lieber zu machen, als uns zu fragen, was wir essen und trinken wollten. Dabei warf sie ihre Honeys und Sweethearts nach uns, dass es eine Freude war. Rasch hatte sie uns in eine Art rosarote Zuckerwatte gehüllt, sodass wir kaum noch wahrnahmen, dass die Essenspreise durchaus gesalzen waren. Die weichen Nebel würden sich erst lichten, wenn Laura uns die Rechnung überreichte.

Erst einmal häufte sie Spare Ribs aufeinander, bis man beim besten Willen die Teller darunter nicht mehr erkennen konnte. Sie stellte sie vor uns auf die Bar. Pommes frites und Knoblauchbrot gab es extra –, und natürlich die obligatorischen Flaschen Senf, Ketchup und Mayonnaise, aus denen sich Rob und Ryan großzügig bedienten. Ich dagegen wagte kaum, den ersten Spare Rib aus dem Haufen zu ziehen: Vor meinem inneren Auge brach der Rest schon wie beim Mikadospiel in sich zusammen. Überhaupt entsprach ich wohl nicht dem Bild, das sich Rob und Ryan von einem Deutschen gemacht hatten.

„Das hier musst du probieren, Thomas“, meinte Rob in einem Tonfall, der keinen Widerspruch duldete, „das ist ein Bier aus unserer Region.“

„Weißt du, Rob, eigentlich mache ich mir nicht viel aus ...“

„Hey, Laura, bring unserem Gast mal ein Pale Ale, aber ein großes! Immerhin kommt er aus Deutschland.“

Anschließend zwang mich Rob, ein Spotted Cow zu trinken, ein Bier, das bislang nur in Wisconsin verkauft würde. Als ich es getrunken hatte, wusste ich auch, warum: Es schmeckte wie ein in Gurke eingelegter Kaugummi. Da war mir sogar das Root Beer lieber, eine alkoholfreie Zuckerpampe, die in weit über 2000 Sorten angeboten wird.

Der Hunger der US-Amerikaner nach Kalorien scheint unermesslich zu sein. Über 200 Millionen Truthähne werden in den Vereinigten Staaten verspeist – pro Jahr. Ein

Erwachsener nimmt dazu 22 Kilogramm Kekse und Kuchen zu sich und trinkt 300 Dosen Limonade. Sagenhafte 815 Milliarden Kalorien täglich vertilgt dieses Volk, zwei von drei US-Amerikanern sind übergewichtig. Und das, obwohl jeden einzelnen Tag fast 200.000 Tonnen Essen weggeworfen werden. Ein Volk im Ausnahmezustand.

Ihre wichtigste Nahrung haben sich die Amerikaner von den Indianern abgeschaut: den Mais. Er ist vom amerikanischen Speiseplan nicht wegzudenken. Es gibt Maissuppe, Mais im Salat, Maisbrot, Nachos – sogar die beliebteste Whiskeysorte des Landes, Bourbon, wird aus Mais gemacht.

Popcorn dagegen, diese vermeintlich so amerikanische Erfindung, welche die Hollywoodfilme erträglicher machen soll, Popcorn aßen die Indianer in Mexiko nachweislich bereits um 3600 vor Christus.

Donuts und Apple Pie wurden aller Wahrscheinlichkeit nach aus Holland importiert, den Hamburger brachten deutsche Einwanderer ins Land. Von den Spaniern wurde die Tradition des Barbecue übernommen. Das Wort selbst stammt von den Tiano-Indianern, die damit eine „Feuergrube“ bezeichneten.

Was die US-Amerikaner aber unbestreitbar gut können, ja: wo ihnen niemand das Wasser reichen kann, ist, all diese Produkte zu vermarkten. Das machen sie so gut, dass wir die meisten davon als uramerikanisch wahrnehmen.

Abgesehen von den Zuckerbier-Eskapaden verstand ich mich blendend mit meinen Gesprächspartnern. Rob mimte den gestählten Naturburschen, kümmerte sich dabei jedoch liebevoll um seinen Sohn, der eher zurückhaltend wirkte, hin und wieder aber ein paar Sätze einwarf, die klarmachten, dass er unserem Gespräch aufmerksam folgte.

„Meine Mutter kam aus Deutschland hierher“, meinte Rob. Es klang, als müsse er sich dafür entschuldigen. „She came from Germany, you know“. „Aus Deutschland“ also. Das war ein Phänomen: Viele hielten ihre Herkunft, ihre

Heritage, hoch, wussten aber im Grunde nicht allzu viel darüber. Rob kannte zum Beispiel nicht die Stadt, aus der seine Mutter gekommen war.

„Immerhin sprechen wir ein bisschen Deutsch“, meinte Ryan, „oder wie hört sich das für dich an: Kindergarten, Hinterland, Kitsch, Wunderkind ...“

So lief das hier. 50 Millionen US-Amerikaner haben einen deutschen Hintergrund, das sind beinahe 20 Prozent der Bevölkerung. Die Nachfahren der acht Millionen deutschen Immigranten – die meisten davon kamen im 19. Jahrhundert in die USA, ehe die Industrialisierung Deutschland voranbrachte – haben sich mittlerweile aber dermaßen gut in die Gesellschaft integriert, dass sie kaum noch auffallen. Manchem US-Bürger ist es unter Umständen gar nicht klar, dass seine Vorfahren über einen deutschen Migrationshintergrund verfügen.

Wer würde heute noch vermuten, dass große Teile von Iowa, Kalifornien, Minnesota, Nebraska, Ohio, Pennsylvania, Texas und Wisconsin nicht nur von deutschen Einwanderern geprägt wurden, sondern dereinst auch deutschsprachig waren? Städtenamen wie New Baden, Fulda, Deutschburg, Fashing und die zehn Berlins erinnern an diese Zeit – neben Wörtern wie eben „Hinterland“, „Blitzkrieg“ und „kaputt“.

Vielleicht ist es nicht einmal allzu weit hergeholt, zu behaupten, dass der Norden im amerikanischen Bürgerkrieg nicht zuletzt dank deutscher Hilfe über den Süden gesiegt hat. Als die Revolution von 1848 in Deutschland gescheitert war, flohen etliche Bürger in die Vereinigten Staaten. Kurz darauf schlug sich der Gouverneur von Missouri auf die Seite des Südens, woraufhin sich eine 10.000 Mann starke Miliz formierte, die beinahe ausschließlich aus Deutschen bestand. Sie verjagte den Gouverneur und seine Anhänger. In der Folge zog Missouri in den Krieg – auf der Seite des Nordens. Dieser Umstand mag für sich genommen nicht das Zünglein an der Waage gewesen sein; unbestreitbar aber trugen die deutschen Auswanderer nicht unwesentlich dazu bei, dass der industrialisierte Norden damals über die Sklavenhalter aus dem Süden triumphieren konnte.

Rob und Ryan hatten eine leise Ahnung davon, welche Rolle ihre Vorfahren in der Geschichte der Vereinigten Staaten gespielt hatten. Eigentlich aber interessierten sie sich nicht übermäßig dafür. Sie waren hier, um ihr Ruderboot ins Wasser zu lassen, die Ruhe des großen Stroms zu genießen und am Ende vielleicht einen Wels oder einen Zander zu angeln. In den aktuellen Neuankömmlingen, den von mir bewunderten Adlern nämlich, sahen sie vor allem eine Konkurrenz. Wobei, vertrauten sie mir an, als wir das Restaurant verließen, schlimm sei das eigentlich nicht. So erfolgreich sei die Wiederansiedlung in Wirklichkeit nun auch nicht verlaufen.

„Komm gut bis Preirei due Shayn!“, riefen sie mir zu, ehe sie in ihren Pickup stiegen und in einer Staubwolke davonbrausten. Noch ehe ich mir ausmalen konnte, ob das vielleicht eine Aufmunterung war – ähnlich wie „Komm gut voran!“ oder „Fahr vorsichtig!“ –, schwante mir, was sie mit diesem asiatisch anmutenden Ruf gemeint hatten: Hieß mein heutiges Etappenziel doch Prairie du Chien.

Das Duell der Fieslinge.

Es wurde Zeit, meinem treuen Begleiter Lebewohl zu sagen. Vorerst jedenfalls. Zweieinhalb Stunden lang folgte ich dem Mississippi noch, dann schwenkte die Straße in das hügelige Hinterland ab, ehe ich nach Prairie du Chien gelangte. An seltsame Namen hatte ich mich mittlerweile gewöhnt. Aber: die „Hundewiese“? Was war hier geschehen?

Ich stellte mir vor, dass dereinst religiös verbrämte Siedler in diesem Landstrich unterwegs waren. Sie hatten entsetzlichen Durst gelitten, ihre Kinder hatten nie genug zu essen und in dieser misslichen Lage trafen sie einen alten Indianerhäuptling. Ihn fragten sie um Rat, wo sie ihr neues Heim errichten sollten, und bekamen zur Antwort, sie mögen es dort aufstellen, wo die Hunde hinmachen: „Where the dogs shit, there you should build your house." Mag sein, dass sie ihn ein klein wenig missverstanden hatten. Mag sein, dass er „gods" gesagt hatte statt „dogs", dass er „meet" („treffen") gemeint hatte und nicht „shit". Und mag sein, dass er die Neuankömmlinge mit dieser bewusst vagen Formulierung – „Wo sich die Götter treffen" – auf sehr höfliche und indianische Weise zum Teufel gewünscht hatte, jedenfalls möglichst weit weg von seinem Jagdrevier. Diese aber hatten nun einmal verstanden, dass sie gefälligst eine Hundekackwiese finden und dort eine Siedlung aus dem Boden stampfen sollten. Indianerweisheiten soll man ja nicht hinterfragen, sie entblättern ihren tieferen Sinn oft erst nach einiger Zeit. So errichteten die Siedler ihre Hütten eben hier, etwas abseits des Flusses, was durchaus problematisch war. Mussten sie doch, um Wasser zu holen und ihre Kleider zu waschen, immer erst dorthin laufen.

Gut, vielleicht hatte sich die Geschichte auch ein klein wenig anders abgespielt. Vielleicht hatten früher Indianer vom Stamm der Fox in dieser Gegend gelebt. Angeführt wurden sie von einem Häuptling mit Namen „Alim", was „Hund" bedeutet. Als französische Waldläufer Ende des 17. Jahrhunderts in die Gegend kamen, nannten sie diese daher Prairie du Chien, eben die „Hundewiese". So hieß denn auch gleich die Siedlung, die französische Pelzhändler 80 Jahre später einer ersten Blüte zuführten. Im Zuge des amerikanischen Unabhängigkeitskriegs errichteten die Amerikaner hier zwei Forts, in denen wichtige Verträge mit den umliegenden Indianerstämmen geschlossen wurden. Zudem forschte der Armeearzt William Beaumont im Jahr 1829 in Prairie du Chien am Verdauungsapparat. Viele seiner damaligen Erkenntnisse sind für unser heutiges Verständnis bedeutsam.

Doch wem gefiele die erste Version der Stadtgründung nicht besser?

Mittlerweile ist Prairie du Chien ein 6000-Einwohner-Dorf und vor allem für seine kruden Feste bekannt. Das Prairie Villa Rendezvous findet immer am Vatertag statt und stellt die Atmosphäre eines Pelzhändlercamps aus dem 19. Jahrhundert nach. Und als in der Silvesternacht des Jahres 2001 genau um Mitternacht ein Karpfen von einem Kran auf die Straße fiel, nahm man das zum Anlass, um seither jährlich Droppin' the Carp zu feiern. Auch ein Mineral ist nach der Siedlung benannt, ein Dolomit, der häufig in Wisconsin gefunden wird.

Davon abgesehen erinnerte Prairie du Chien in weiten Teilen an eine Station durchreisender Pelzhändler und anderer zwielichtiger Gestalten. Die Siedlung strömte etwas Verruchtes aus. Die namensgebende Wiese dominierte die Umgebung. Man hatte ein paar provisorisch anmutende Häuser auf sie gestellt, ich wäre aber nicht überrascht gewesen, wenn sie schon am nächsten Tag nicht mehr an dieser Stelle gestanden hätten.

Als ich von Norden kommend die Stadt erreichte, passierte ich mehrere Reihen aus Fertighäusern, die man sich an Ort und Stelle zusammenbasteln und gleich mitnehmen konnte. „Mobile Homes to take away“: Die Campingplatzatmosphäre blieb erhalten, als sich die ersten Häuser der Siedlung nahtlos an die Bungalows anschlossen. Sie waren kaum größer als Hütten und ließen großzügig Platz zu ihren Nachbarn. Dazwischen schien immer wieder die Steppe durch und es würde mich kein bisschen wundern, wenn zwischen zweien dieser Häuser unvermittelt ein Kerl auftauchte, mit schmutzigen Kleidern und stahlblauen Augen in einem sonnenverbrannten Gesicht, den Colt so lässig um die Hüfte geschnallt, dass er sich schon beinahe auf der Höhe der Knie befand.

„Well, John“, würde der Fremde sagen und seinen Schnurrbart zwirbeln, weil Fieslinge in Filmen grundsätzlich Schnurrbärte tragen und Gemeinplätze von sich geben, „da sind wir also.“

„Jack“, würde der Angesprochene mit wundervollem Bass antworten, und seine rechte Hand würde nervös zur Hüfte zucken, „bringen wir es zu Ende.“

Was da überhaupt angefangen worden war und warum John und Jack es ausgerechnet hier im Staub zu Ende bringen mussten, statt zum Beispiel an einem karibischen Strand oder auf einem Gipfel der Appalachen, würde keine Rolle spielen. Wichtig war nur, dass Jack und John verdammt noch mal echte Männer waren, schnell beim Schießen und behäbig beim Denken. Und ihre Namen, die waren wichtig, obwohl das eigentlich keine echten Namen waren, sondern bestenfalls Silben. Ruft man amerikanische Namen schnell hintereinander, klingen sie wie Hundegebell: „Jack, Brad, Jim, John, Bob“!

Wie dem auch sei. Jedenfalls konnte ich mir, als ich in Prairie du Chien einfuhr, gut vorstellen, dass sich zwischen zwei Häusern plötzlich John und Jack oder Bob und Brad gegenüberstanden. Dort vorn wäre ein guter Ort dafür, zwischen einer Hütte, von der rostrote Farbe blätterte, und ihrer Nachbarin, die aus schlichten weißgrauen Holzplatten bestand. Jetzt müsste der Wind nur noch rasch ein klein wenig Stroh oder Staub zwischen den beiden Streithähnen hindurchpusten. Staub, ja, das wäre gut, während dahinter eine dunkle Wolke das orangefarbene Licht der Abendsonne portionierte. Dann würden zwei Schüsse krachen. Sie klängen wie einer, und schon fasste sich Jack oder John ans Herz und sackte spektakulär kraftlos zu Boden, während John oder eben Jack gemessenen Schrittes von dannen zöge, um kurz darauf von Brad oder Bob oder Jim oder Dean niedergemäht zu werden.

So ein Ort war Prairie du Chien. Und es war die letzte Siedlung, die ich in Wisconsin aufsuchen sollte. Am kommenden Morgen schon würde es wieder hinübergehen auf die Westseite des Mississippi.

Todesschwadrone in deinem Vorgarten.

Iowa, der 29. Bundesstaat der Vereinigten Staaten, ist bekannt für schier endlose Maisfelder. 90 Prozent des Landes werden landwirtschaftlich genutzt. Von knorrigen Farmer, deren Töchter schnellstmöglich in die Boomstädte des Westens und Ostens auswandern, und für eine Überdosis Langeweile, die als wahrscheinlichste Todesursache gilt. Im ganzen Staat leben gerade mal drei Millionen Menschen – weniger als beispielsweise in Dallas.

Andererseits spielt Iowa politisch eine entscheidende Rolle. Schon 1839 erklärte man hier die Sklaverei für illegal. Als der Rest der USA einige Jahrzehnte später nachzog, hatte man in Iowa bereits die Rassentrennung abgeschafft. Das war im Jahr 1868 geschehen, fast 100 Jahre vor der ähnlich lautenden Entscheidung des Gerichts auf nationaler Ebene. Ein Jahr später wurde Frauen in Iowa der Zugang zu juristischen Berufen ermöglicht und im Jahr 2009 erlaubte man gleichgeschlechtliche Ehen.

In Präsidentschaftswahlkämpfen spielt der ansonsten von Politikern links liegen gelassene kleine Staat plötzlich eine wichtige Rolle. In Iowa finden nämlich traditionell die ersten Vorwahlen der Parteien statt, die als Stimmungstest gelten.

Über eine Brücke ging es hinüber nach Marquette. Sofort darauf bog die Straße scharf links ab. Statt jedoch dem Fluss zu folgen, schlängelte sie sich durch das hügelige Hinterland und schickte mich auf eine Achterbahnfahrt. Es ging hinauf und hinunter, dass mir Hören und Sehen verging. Während der Aufstiege klebte ich am Hang, als sei ich mit allen drei Rädern in besonders hartnäckigen Kleister gefahren. Ging es bergab, musste ich irgendwann bremsen, um nicht die Kontrolle über mein Fahrzeug zu verlieren. Belohnt wurde ich dafür mit Ausblicken feinster Art. Meine Augen konnten sich kaum sattsehen an den Steilhängen, die sich spektakulär direkt neben dem Fluss erhoben, an den felsübersäten Bergen und dem malerischen Sträßchen, das unbeirrt hinauf- und hinunterführte, ohne dass mir in den folgenden zweieinhalb Stunden ein weiterer Verkehrsteilnehmer begegnete.

Das Velomobil zeigte jetzt Schwäche. In der Ebene, auf kurvenlosen Asphaltstraßen ohne allzu viele Bodenunebenheiten glitt es dahin wie im Rausch. Gierig fraß es Meilen in sich hinein, bis ich es „Dickbacke“ nannte, „Nimmersatt“ oder einfach „Der weiße Hai“.

Sobald es aber bergauf ging, machte sich sein Gewicht bemerkbar. Beladen wog es beinahe 80 Kilogramm. Die meisten davon befanden sich hinter mir. Dort hatte ich den Großteil meines Gepäcks verstaut, direkt über dem Drehpunkt des Kettensystems. Während der Aufstiege hatte ich daher den Eindruck, als würde ich nach hinten gezogen, dem Tal entgegen, dem ich zu entkommen suchte. In Iowas Hügelland war mein Velomobil kein Hai. Es erinnerte bestenfalls an einen schwerfälligen Wal, der darauf wartete, von den Strömungen vorwärtsgetrieben zu werden.

Schob sich ein neuer Hügel in mein Blickfeld, wusste ich, was mir bevorstand. Die Straße klappte nach oben hin weg, eine Dreiviertelstunde lang schnaufte ich bergauf, ehe ich fünf Minuten lang talwärts brauste, als sei der Leibhaftige hinter mir her. Nur um kurz darauf wieder am nächsten Hang zu kleben. Acht Mal wiederholte sich dieses Prozedere am heutigen Tag. Ich kam kaum voran. Die Straße war voller Steinchen, zuweilen verdeckten sie ein größeres Schlagloch. Wenn ich auf einer Abfahrt mit meinen 40 oder 50 Kilometern pro Stunde dort hineinrauschte, würde ich meinem weißen Wal vermutlich die Achse brechen. Vielleicht würde er mich zur Strafe in den Straßengraben schleudern oder einem Baum entgegen. Ich musste in jeder Sekunde wachsam sein. Trotzdem war es ein ziemliches Holterdiepolter abwärts und eine schweißtreibende Plackerei aufwärts.

Als Ausgleich dazu durfte ich auf diesem Streckenabschnitt gleich drei Kleinode besuchen. Sie würden dafür sorgen, dass sich meine Stimmung trotz der widrigen Umstände rasch besserte.

McGregor liegt spektakulär an der Mündung des Wisconsin in den Mississippi. Im 19. Jahrhundert war das heute völlig unscheinbare Dörfchen über Jahrzehnte hinweg der weltgrößte Umschlagplatz für Getreide. Die Bauern aus Nah und Fern luden das „essbare Gold" auf die Mississippi-Dampfer, die es nach Saint Louis und New Orleans brachten. Von dort wurde es in die ganze Welt verschifft. Heute besticht vor allem der nahe gelegene Aussichtspunkt, von dem aus man die beiden Flüsse sieht.

In Guttenberg, einem wundervollen, dem Fluss zugewandten Ort abseits der großen Straßen, legte ich zwei längere Pausen ein. Eine davon nutzte ich, um das Städtchen zu erkunden. Langsam fuhr ich die einladende Flusspromenade entlang, die gesäumt wird von Picknicktischen, Baldachinen, einer gepflegten Wiese und zwei Campingplätzen. Übermütig knipste ich Selfies vor bemalten Wänden, auf denen Dampfer flussabwärts zogen und geschminkte Damen ihre Miniaturhunde spazieren führten.

Gegenüber von einem Damm, den die US Army an dieser Stelle errichtet hatte, trieb mich der Hunger in eine Sportbar. Zwei geschmeidige Kellnerinnen huschten im Halbdunkel des Restaurants umher. Ansonsten waren ausschließlich Männer da, die in ihre Gläser blickten. Nur an den extragroßen Tischen inmitten des Raums saßen zwei Familien. Das erschien mir seltsam: Waren an allen vier

Wänden doch überdimensionierte Flachbildschirme angebracht, auf denen Dinge zu sehen waren, die für Drei- bis Sechsjährige nicht wirklich geeignet waren. Drei von ihnen strahlten ein Free Fight Match aus, eine verschärfte Form des Boxens, bei der man seinen Gegner treten und niederringen kann und selbst dann noch auf ihn einschlägt, wenn er bereits auf dem Boden liegt. Das Blut der Kämpfer spritzte umher und einmal wurde einem der beiden bei einem besonders harten Schlag etwas, das vermutlich ein Stück Zahn war, aus dem Gesicht geschleudert. Das vierte Programm brachte Baseball, wurde aber hin und wieder unterbrochen von Werbung für die Serie Fear the Walking Dead. In einer Großaufnahme konnte man erkennen, wie Zombies ihrem Opfer die Gedärme herausrissen.

In dieser anheimelnden Atmosphäre tänzelte eine der Kellnerinnen an meinen Tisch und stellte sich formvollendet vor: „Hi, my name is Stacy, and I'll be your waitress today.“

In Ordnung, Stacy, oder wie auch immer du im echten Leben heißen magst, gerne nehme ich eine Portion Chicken Wings. Kurz darauf brachte „Stacy“ das Bestellte. Wie immer war es zu einem kunstvollen Turm aufgeschichtet, neben dem die obligatorischen Flaschen Ketchup, Senf und Mayonnaise und die Batterie an Gewürzen geradezu mickrig wirkten. Ich bediente mich großzügig. Die Strecke hatte mich am heutigen Tag gefordert und es sah nicht so aus, als sollte sich ihre Beschaffenheit bald ändern.

Als ich die Bar verließ und zurück zu meinem „Meilenfresser“ ging, der im Schatten eines Ginsterbuschs auf mich wartete, merkte ich, dass mir einer der einsamen Männer gefolgt war. Schon baute er sich vor mir auf: ein knapp 30-jähriger muskulöser Kerl, dessen Ziegenbart die lebhaft flackernden Augen darüber zur Geltung brachte. Ein Rottweiler und ein Terrier schmiegten sich an seine Beine. Ich konnte mir mein Gegenüber gut als Sänger einer Rock-Combo vorstellen oder noch besser als kreativen Kopf einer Metal-Band, die einen Namen wie „Todesschwadrone in deinem Vorgarten“ oder „Morgen wirst du zersägt“ trug und andauernd von Dämonen, Teufelsfratzen und grausamen Todesarten sang.

Stattdessen fragte er mich höflich, ob er sich dieses seltsame Ding mit den drei Rädern mal anschauen dürfe. Er sei selbst Radfahrer, meinte er, heiße Ron und wohne eigentlich in Cedar Rapids. Er habe aber gute Freunde in Guttenberg, mit denen er in einer Band spiele.

Ha! Also doch. Ich hatte es ja geahnt. Schon fragte ich Ron, welche Art von Musik sie fabrizierten, und erwartete im selben Augenblick, dass mein Gegenüber jetzt richtig vom Leder zog, mir seine Liebe zu Korn oder Slayer gestand und mir gleich darauf ein paar Luftgitarrenriffs vormachte. Stattdessen reagierte Ron ganz anders. „Deutsche Lieder“, meinte er, und bevor ich mit letzter Hoffnung fragen konnte, ob er damit wenigstens Rammstein oder „Die Toten Hosen“ meinte, fuhr er fort: „Traditionals, weißt du. Walzer und Polka, so ein Zeugs eben. Die Zuhörer in Iowa lieben das. Sehr viele von ihnen stammen von Deutschen ab.“

Ich stellte mir vor, wie vier oder fünf Typen, die ähnlich aussahen wie Ron, mitsamt ihren Tätowierungen und ZZ-Top-Bärten auf die Bühne kamen. Wie sie etwas riefen wie „Seid ihr bereit?“ und dann den Donauwalzer spielten, den neuen Hit von Helene Fischer oder zünftige Oktoberfestmusik.

Von dieser Geschmacksverirrung abgesehen war Ron ein netter Kerl. Er schoss noch ein paar Fotos, wünschte mir eine gute Fahrt und betonte, dass er selbst immer schon etwas Derartiges hatte machen wollen – „einmal längs durch die USA, das ist eine verdammt gute Idee“. „A fucking great idea“, das sagte er wirklich so, wie die Schauspieler in den amerikanischen Serien, kurz bevor sie einen kniffligen Kriminalfall lösten oder aus Versehen einen Einbrecher erschossen.

Als ich, wenig elegant, in mein selbst gewähltes Hartschalengefängnis stieg, kramte Ron eine Radkarte aus seiner Westentasche. „Für dich“, meinte er und drückte mir das zusammengefaltete Papier in die Hand. „Die wirst du brauchen können. Die Straße wird von hier an Richtung Süden nämlich immer schmaler.“

Überraschungen in Balltown und Dubuque.

Ich zögerte, als ich an Guttenbergs südlichem Campingplatz vorbeifuhr. Das bodenständige Städtchen am Fluss hatte es mir angetan. Es war seit meiner Abfahrt der erste Ort, an dem ich länger als geplant hätte bleiben wollen.

Zumal die Gegend südlich davon vorerst wenig Aufregendes zu bieten hatte. Die Dörfchen, durch die ich gelangte, bestanden gerade mal aus drei Häusern und waren meist nach dem Einzigen benannt, das in ihrer Umgebung passierte. „Ferry Landing“, hieß einer jener Orte, kurz darauf kam ich nach „Buena Vista“, das sich folgerichtig auf der Spitze eines Hügels befand.

Und dann erreichte ich Balltown. Eine halbe Stunde zuvor war ich in eine Regenfront geraten. Hinter einem Bergrücken hatte sie mir aufgelauert und war heimtückisch herabgeglitten, als ich gerade damit begonnen hatte, auf eine der Erhebungen hinaufzufahren. Im Rückspiegel hatte ich ihre tief hängenden schwarzen Wolken näher kommen sehen, ohne dass ich ihnen bergauf hätte davonfahren können. Kurz darauf hatte mich eine dunkle Wand verschluckt. Wo das Dach auf der Karosserie auflag, tropfte es in das Velomobil hinein. Die Bremsen schrien wie junge Ferkel, wenn ich sie betätigte.

Ich erwartete nicht viel von Balltown, nicht mehr jedenfalls als von Ferry Landing und Buena Vista. Obgleich

ich neugierig war zu erfahren, welchem Umstand das vor mir liegende Städtchen seinen anrüchigen Namen verdankte. Statt dieses Rätsel zu klären, erhob sich, kaum dass ich die ersten (und gleichzeitig letzten) Häuser passiert hatte, ein Gasthaus vor mir, das ähnliche Ausmaße aufwies wie die Hamburger Markthalle oder das Münchner Hofbräuhaus. Über der Eingangstür stand „Mit Gottes Segen" auf Deutsch, daneben „Komm als Gast, geh als Freund" und das Wort „Bieer Goarden" in ungewohnter Schreibweise.

Was war das schon wieder? Hatte mich das Unwetter durch ein Wurmloch hindurch nach Bayern bugsiert? Würde man mich demnächst mit einem herzlichen „Servus, ois guad?" begrüßen? Nun, jedenfalls würde ich in diesem seltsamen Palast wohl einen Kaffee bekommen, mit etwas Glück auch eine Mahlzeit oder zumindest einen Kuchen.

Als ich eintrat, kam ich an einer Bartheke vorbei, um die herum Männer und Frauen saßen, tranken und schwatzten. Im Raum dahinter machte ich Tische aus, dorthin ging ich. Obwohl er beinahe so groß wie das Innere einer Kathedrale war, strahlte der Raum etwas Gemütliches aus. Dafür sorgten nicht nur die rustikalen Holztische und -stühle, die nach all der provisorisch anmutenden Plastikeinrichtung der letzten Restaurants eine Wohltat waren, sondern auch die verzierten Holzbalken an der Decke und nicht zuletzt der Chef des Hauses. Er hieß Breitbach. Also: mit Nachnamen. Sein Urgroßvater war von Rheinland-Pfalz ausgewandert und hatte das Wirtshaus aufgebaut.

„Warum gerade hier?", wollte ich wissen, „Warum nicht in Cedar Rapids oder gleich in New York?"

„Nun, es hat ihn halt hierher verschlagen, in das vorletzte Loch von Iowa. Zwei Mal ist unser Wirtshaus bis auf die Grundmauern niedergebrannt, beide Male hat meine Familie es größer und schöner wieder aufgebaut und jetzt hängen wir eben an diesem Fleckchen Erde."

Was der Chef des Hauses höflich verschwieg: Das „Breitbach“ war inzwischen eines der bekanntesten Gasthäuser Iowas. Seine Besucher kamen von Dubuque und Davenport, manchmal gar von Minneapolis hierher, um sich lukullisch verwöhnen zu lassen. Das Breitbach war eine jener Erfolgsgeschichten, die den Ruf des Landes ausmachten und trotz nicht weniger Gegenbeispiele den amerikanischen Traum aufrechterhielten. Sie sorgten für die nachhaltige Anziehungskraft der Vereinigten Staaten.

Als ich bezahlen wollte, winkte der junge Breitbach ab. Er lächelte mir zu und ich wusste, was er damit sagen wollte. Kurz vor unserem Abschied sagte er es dann auch: „Heute Mittag haben 500 Leute hier gegessen. 80 weitere sind für heute Abend angemeldet. Da fallen dein Kaffee und dein Schokokuchen nicht ins Gewicht.“

Die Breitbachs konnten es sich leisten, großzügig zu sein. Sie hatten einst den richtigen Riecher gehabt, ein stabiles Geschäft hochgezogen und es über die Jahrzehnte hinweg am Laufen gehalten. Keine geringe Leistung an einem Ort, der gerade mal 43 Einwohner aufwies.

Schokokuchengestärkt erreichte ich einige Stunden später Dubuque, die erste größere Stadt seit Langem. Ihre 60.000 Einwohner machen sie zum Wirtschaftsmotor in der Tri-State-Area, dem Gebiet, in dem die Ausläufer Iowas, Wisconsins und Illinois' zusammenkamen. Benannt ist sie nach Julien Dubuque, einem französischen Pelzhändler, der diese Gegend 1785 durchstreift hatte.

Als unweit der heutigen Stadt reichhaltige Bleivorkommen entdeckt wurden, strömten Siedler, Glücksritter und Halbkriminelle in Scharen herbei. Die Indianer vom Stamm der Fox, die seit Jahrhunderten in der Region gelebt hatten, wurden in die umliegenden Steppen vertrieben – umso mehr, als die Regierung den Bergleuten von Dubuque kurz darauf erlaubte, Land auch westlich des Mississippi „in Besitz zu nehmen“.

Diese Formulierung lernen die Kinder bis heute in den Schulen – eine mehr als nur beschönigende Wortwahl angesichts einer zuweilen von Rassendenken begleiteten Vertreibung, die mancherorts genozidähnliche Züge aufwies. Da Dubuque eine Schlüsselrolle bei der Besiedlung des oberen Mittelwestens spielte, nennt man die Stadt auch Key City.

Heute ist Dubuque zweigeteilt: Die reich gewordenen Bewohner bauten auf einem anliegenden Felsgebiet eine zweite Stadt und lassen sich seither mit einem 57 Meter hohen Aufzug dorthin bringen. Der Rest haust in den „Unterstadt“.

Nur ich wusste nicht recht, wo ich Unterschlupf finden konnte. In den vergangenen Tagen hatte ich meist in Dörfern übernachtet, in denen mir diese Suche nie schwergefallen war. In der Regel hatte es ohnehin nur ein einziges Motel oder einen Campingplatz gegeben. Dubuque musste dagegen voller Hotels, Motels und B&Bs sein – nur fand ich keines davon. Erst später sollte ich erfahren, dass diese sich am anderen Ende der Stadt aneinanderreihten – eine amerikanische Besonderheit übrigens, die ich bis heute weder praktisch noch sonderlich geschäftstüchtig finde.

Eine Dreiviertelstunde lang kurvte ich durch die Straßen der Stadt und fand lediglich Wohnblocks vor, hier und da eine Kirche wohl auch, und schließlich sogar einen Supermarkt, in dem mir eine Verkäuferin glaubhaft versicherte, nicht zu wissen, wo man in Dubuque übernachten konnte.

Der Regen hatte aufgehört, doch auch die Sonne hatte an Kraft eingebüßt. Unmotiviert lugte sie über die westlich gelegenen Hügel. Als falle es ihr schwer, überhaupt noch die Augen offen zu halten. Ich konnte es ihr nachempfinden. Auch ich hatte mich verausgabt im Auf und Ab der heutigen Strecke. Die Beine waren mir schwer geworden, als ich wieder und wieder die ungewohnt steilen Straßen von Dubuque hinauf- und hinunterfuhr, um eine Bleibe zu finden.

Irgendwann lehnte ich mich erschöpft an eine Hauswand und sah zu, wie sich die letzte Helligkeit des Tages Rückzugsgefechte mit dem Dunkel der Nacht lieferte. Die Gebäude hatten das Sonnenlicht bereits verloren gegeben. Lediglich auf den Straßen waren noch kleiner werdende Lichtreste zu sehen. Es hatte beinahe den Anschein, als kreierten diese immer neue Figuren, während die Nacht von überall her an ihren Rändern knabberte. Zeitgleich damit verkleinerte sich auch meine Hoffnung, in Dubuque ein brauchbares Zimmer zu finden, in dem ich mich von den Strapazen des heutigen Tages würde erholen können.

Da fiel mein Blick auf das gegenüberliegende Haus. Von einem allerletzten Sonnenstrahl beschienen, blinkten einige über der Eingangstür angebrachte Buchstaben herüber: The R...hard's Ho...e, stand dort geschrieben. Einige Buchstaben waren wohl der Witterung zum Opfer gefallen, doch mit etwas Glück konnte ich die übrig gebliebenen zu The Richard's House zusammenstellen. Warum sollte jemand eine solchen Namen über die Eingangstür schreiben, wenn es sich nicht um eine öffentliche Einrichtung handelte? Vielleicht konnte man mir dort drinnen ja Auskunft darüber geben, wo sich das nächstgelegene Bed and Breakfast befand. Ich parkte meinen „Meili“ neben dem Haus, ging die Stufen zur Eingangstür hinauf und suchte erfolglos nach einer Klingel. Probeweise drückte ich gegen die Tür, die sich anstandslos öffnen ließ. Schon stand ich im Inneren des Gebäudes, just als es draußen erneut zu tröpfeln begann.

„Hallo?“, rief ich fragend ins Halbdunkel und bekam keine Antwort.

Ob hier überhaupt jemand wohnte? Ob der Hausherr vielleicht einen Wachhund damit beauftragt hatte, während seiner Abwesenheit nach dem Rechten zu sehen? Lag dieser vielleicht irgendwo auf der Lauer, stürzte er im nächten Moment aus dem Hinterhalt? Ich schob den Gedanken daran beiseite: Kein Hund würde so etwas tun, nicht einmal in den USA. Stattdessen hätte er mich längst angeknurrt oder gekläfft, dass sich die Scheiben bögen. Nein, über The Richard's House wachte kein Hund. Wer aber dann? Und worum handelte es sich überhaupt? War ich in ein Museum geraten – oder gleich ins 19. Jahrhundert? Ich sah fünf Meter hohe Räume, Treppenspiralen und Holzschiebetüren mit kunstvoll bemalten Scheiben. Ich sah antiquarische Kronleuchter, seltsam gebogene Stühle und einen offenen Kamin, vor dem Holzscheite aus Fichte und Buche bereitlagen. Ich sah einen massiven Esstisch für zwei Dutzend Personen, Gemälde mit ernst dreinblickenden Männern an den Wänden und Teppiche mit verblichenen Mustern.

„Hallo?", fragte ich noch einmal. Vermutlich klang meine Stimme etwas unsicher. Vorsichtshalber fügte ich hinzu, dass ich Deutscher sei auf der Durchreise und dass ich lediglich nach einer günstigen Übernachtungsmöglichkeit suchte. Mein Akzent bürgte für die Wahrheit meiner Aussage, das hatte ich mittlerweile mitbekommen. Spätestens nach dem dritten Wort hatte man meine Herkunft zielsicher analysiert; da halfen keine kaugummiartig in die Länge gezogenen Vokale, „aau" und „aain", und auch keine beiläufig eingestreuten Ausdrücke wie „Meet you in five!" oder „What the heck?!", die ich aus US-amerikanischen Vorabendserien kannte. So würde es auch diesmal sein. Da konnte man nichts machen.

„German?", tönte es fragend vom ersten Stock herab, ehe ein etwa 70-jähriger Mann gemessenen Schrittes die Treppe herunterkam. Hätte er sich auch gemeldet, wenn ich eine andere Nationalität angegeben hätte? Aber ja doch, wiederholte ich, und ich sei auch gleich wieder weg, ich hätte lediglich während der vergangenen Stunde verzweifelt nach einem Bed and Breakfast gesucht und bräuchte einen kleinen Tipp, einen Schubser nur, der mich auf den richtigen Weg führen würde. Daraufhin begann der Mann zu lachen.

Das war eine interessante Reaktion. Gut, mein Akzent mochte seltsam anmuten, gerade hier im Hinterland, in dem man durchreisende Deutsche nicht jeden Tag sah. Trotzdem hätte ich ein wenig Mitgefühl erwartet.

Schon wollte ich leicht genervt mit den Schultern zucken und meinen Weg fortsetzen, da fiel mir auf, dass mein Gegenüber mich gar nicht ausgelacht hatte. Sein Lachen hatte vielmehr befreit gewirkt, ganz so, als zöge er gleich eine Lösung für mein Problem aus dem Zauberhut, eine Lösung allerdings, auf die ich auch selbst hätte kommen können.

Meine Vermutung sollte sich als richtig erweisen. „Willkommen im Richard's House", erklärte mir mein Gönner gespielt pathetisch, „dem bekanntesten Bed and Breakfast von Iowa!"

In seinem fünfstöckigen Palast habe er beinahe alles im Originalzustand erhalten, erklärte mir der Inhaber, das Haus stamme aus dem späten 19. Jahrhundert. Ob mir aufgefallen sei, wie die Spiegel an den Wänden und die gläsernen Scheiben in den Türen das spärliche Abendlicht reflektierten und die Räume clever ausleuchteten? Er kam richtig ins Schwärmen. „Alle Zimmer sind heute Abend noch frei", meinte er und ließ es sich nicht nehmen, sie mir nacheinander zu zeigen. Ich entschied mich für ein geräumiges, mit einem vorsintflutlich anmutenden Röhrenfernseher, einem Radio aus den Dreißigern und einem Bett, in dem ich, einmal eingesunken, kaum je wieder herauskommen würde. Überzeugend fand ich vor allem die frei stehende Badewanne.

Gemeinsam mit dem Besitzer der Unterkunft schob ich das Velomobil in den hauseigenen Innenhof. Ich versteckte es unter einem Blätterdach (die Gegend sei nicht die beste, meinte mein Gastgeber), stellte einen abgelegten Tannenbaum vor das Ensemble und deckte das Ganze zur Sicherheit mit einer Malerplane zu. Dann erst machte ich es mir im warmen Wasser der Wanne bequem. Ich zog meine amerikanischen Kurzgeschichtenbände hervor und vertiefte mich so lange in die geschilderten Erlebnisse meiner Helden, bis die Haut an meinen Füßen schrumpelig und das Badewannenwasser trotz mehrfachen Nachfüllens eiskalt geworden war. Dann erst begab ich mich in das watteweiche Doppelbett und schlief wie ein Murmeltier. An der hundertjährigen Wanduhr konnte ich gerade noch ablesen, dass es ein Uhr morgens war.

Außen hart und innen ganz weich.

„Um ein Uhr morgens schaltete Carl, der Nachtportier, die letzte der drei Tischlampen in der Haupthalle des Windermere Hotels aus. (…) Die Sessel füllten sich mit Schattengestalten. In den Ecken hingen Erinnerungen wie Spinnengewebe."

So poetisch beginnt Raymond Chandlers Erzählung „Ich werde warten". Dann beginnt ein Verwirrspiel, bei dem niemand weiß, wer am Ende wen aus dem Weg räumen wird. Nur dass am Ende jemand ins Gras beißen wird, das wird einem schon nach wenigen Zeilen klar. Ansonsten aber lässt der Autor vieles im Ungefähren und leuchtet dafür vermeintliche Kleinigkeiten grell aus – wie es eben der Stimmung entspricht, die um ein Uhr morgens in einem Hotel herrscht. An diese Geschichte musste ich denken, gerade heute und gerade hier, im Richard's House. Vielleicht lag es an dem Doppelbett, das sich, kaum hatte ich mich hineingelegt, sofort über mir schloss, mich gewissermaßen in sich aufnahm.

Nicht nur Raymond Chandlers Hotelbewohner geisterten in jener Nacht in meinem Kopf herum. Die Geschichten weiterer Großmeister hatten sich in meinen Gehirnwindungen verhakt und das war kein Wunder. Das hier war ihr

Land. All die Hügel, die ich hinaufgeschnauft und hinabgerollt war, die Sonnenstrahlen und die heimtückischen Wolken darüber gehörten ihnen. Ich schneite hier nur herein, war der „Deutsche auf der Durchreise". Sie aber hatten dieses Land aufgesogen, hatten seine Güte und Gewalttätigkeit erfahren, die Macken und Schrullen seiner Bewohner beschrieben und die ganze Gegend literarisch vermessen. Sie haben sie fruchtbar gemacht für kraftstrotzende Erzählungen aus dem echten Leben und waren daher auf ihre Weise Pioniere.

Es dürfte kein Zufall sein, dass eine der allerersten Geschichten aus dem Mittleren Westen wie ein Reisebericht beginnt. Ja, mehr noch: Moderner als viele ihrer Nachfolger fängt sie mit einem filmreifen Zoom an, der uns über das Land fliegen lässt, das man gerade erschloss, bis Washington Irving uns seinen Helden Rip van Winkle vorstellt:

„Wer einmal den Hudson hinaufgefahren ist, erinnert sich wohl der Kaatskillberge. Sie sind ein vielverzweigter Ast in der Familie der Appalachen und man sieht sie vom Fluss aus gegen Westen liegen; da steigen sie zu stattlicher Höhe an und beherrschen das ganze Land ringsum. Jeder Wechsel der Jahreszeiten, jeder Wetterwechsel, ja, jede Stunde des Tages verändert die zauberischen Farben und Formen dieser Berge und alle Frauen nah und fern halten sie für das sicherste Barometer."

So konkret und greifbar verortet Washington Irving seinen Protagonisten Rip van Winkle. Er spricht, liebt, hasst und verhält sich so, wie er es tut, weil er hier und nirgendwo anders lebt. Seine Geschichte hält einige mit bösem Humor beschriebene Tricks parat, mit denen es Rip van Winkle gelingt, „seinen Hals aus der Schlinge der Ehe" zu ziehen. Rückblickend gilt Washington Irving, der die Erzählung 1819 in seinem *Skizzenbuch* veröffentlicht hatte, als Wegbereiter der amerikanischen Kurzgeschichte.

Rip schlenderte durch meine Träume, als ich mich in den Daunen des Doppelbetts hin- und herwarf, aufgehoben und gleichzeitig gefangen wie im Inneren einer Auster. Ich stellte ihn mir etwas zerschlissen vor – Rip, meine ich –, das Gesicht von der Sonne verbrannt, mit kräftigen Oberarmen und dem Schalk im Nacken.

Man versteht viel von den Amerikanern, wenn man annimmt, dass die beiden konträren Vorstellungen von einem einfachen, ruhigen und wiederum derben, wilden und ungezügelten Leben ihrer Vorfahren seit jeher in ihnen rumoren und mal die eine, mal die andere die Oberhand behält. Die Kurzgeschichten, von denen so viele herausragende westlich des Atlantiks entstanden sind, dienen nicht umsonst als Wegweiser zu diesen Empfindungen.

Derb und direkt sind sie, die Amerikaner, da sind sich die Geschichtenschreiber einig. Hinter ihrer knallharten Fassade aber sind sie nicht selten Kinder geblieben, die von geringsten Anlässen aus der Bahn geworfen werden und auf Lob ebenso hilflos reagieren wie auf Kritik.

Eine Kurzgeschichte, die dieses weitere Zwittertum der Amerikaner aufgreift, heißt „Miggles". Darin beschreibt Bret Harte eine Bande harter Burschen, die in einer Kutsche vorfahren und eine Bleibe für die Nacht suchen. Dröhnend sind sie, angeberisch und vorlaut; ständig versuchen sie einander zu übertrumpfen – bis sie vom unerwarteten Anblick einer Frau völlig aus der Fassung gebracht werden. Auf einmal stehen sie wie Schulbuben herum und wissen nicht mehr, was sie sagen sollen.

„Wann ist ein Mann ein Mann?", wollte Herbert Grönemeyer dereinst wissen und beschrieb unser Geschlecht als „außen hart und innen ganz weich". Auf die Männer in Bret Hartes Erzählungen trifft das in besonderer Weise zu. So zum Beispiel auf jenen armen Tropf, der sich in den „Verstoßenen von Poker Flat" für seine Freunde aufopfert: „Am Eingang der Schlucht aber, an einer der stärksten Fichten, fand man mit einem Buschmesser an die Rinde gespießt eine Treffas-Spielkarte. Auf ihr stand in fester Handschrift geschrieben: Unter diesem Baum ruht John Oakhurst. Er zog am 23. November 1850 eine schlechte Karte und bezahlte am 7. Dezember 1850 seinen Einsatz."

Amerikanische Kurzgeschichten handeln in aller Regel auch von der Freiheit des Einzelnen, sich falsch zu entscheiden. Ihre Protagonisten sind jederzeit fähig zu unfassbaren Heldentaten und grandiosen Albernheiten. Immer aber sind sie ganz und gar präsent; sie sind hier und jetzt greifbar. Das lässt die Erzählungen so verblüffend modern erscheinen. In ihnen wird nie lange gefackelt; da wird gespuckt und gekotzt, verflucht und erschossen, was das Zeug hält. Immerhin geht es um Auswanderer, um Glücksritter und Herumstreicher; es geht um Huren, Diebe und Mörder. Überspitzt gesagt haben genau diese die Vereinigten Staaten gegründet.

Im Gegensatz zu vielen anderen wussten die amerikanischen Autoren, wovon sie da schrieben. Die meisten waren weit gereist und haben das Beschriebene selbst erlebt. Dass Mark Twain längere Zeit durch Europa zog, ist bekannt. Sherwood Anderson lebte eine Zeit lang in Paris, wo er unter anderem Gertrude Stein kennenlernte. Jack London, der unangefochtene Held meiner Jugend, unternahm Abenteuerexkursionen nach Alaska und durchsegelte die Südsee. Auch zu Deutschland haben viele Autoren ein besonderes Verhältnis: Stephen Crane versuchte, im Schwarzwald von der Tuberkulose zu genesen. Bret Harte arbeitete jahrelang als Konsul in Krefeld. Alle waren sie wirklich vor Ort. Sie haben erlebt, wovon sie erzählen, und das merkt man ihren Geschichten an. Vermutlich läge es ihnen nicht, wie Karl May, dem wir einen Großteil unseres Amerikabildes verdanken, in einem sächsischen Gefängnis Geschichten über Geschichten zu erfinden, ohne jemals einen Fuß in die beschriebenen Gebiete getan zu haben.

Eine ganze Weile noch flogen die wahren amerikanischen Helden durch meine Träume. Längst waren sie ungewöhnliche Kombinationen eingegangen: Rip van Winkle legte mit Dorothy Parker eine Polka aufs Parkett, John

Robb lauerte Bret Harte im Windermere Hotel auf und John Oakhurst grüßte noch rasch Mark Twain an Bord eines Mississippi-Dampfers, ehe er den Einsatz für seine miese Karte bezahlte.

Als ich aufwachte, stand die Sonne bereits hoch am Himmel. Heute Nacht, in der daunenweichen Muschel des Richard's House, war ich weiter gereist als an allen anderen Tagen meiner USA-Tour.

Kleine Freuden und herbe Enttäuschungen.

Der Inhaber des Richard's House lächelte mir entgegen, als ich gegen zehn Uhr in den Frühstücksraum geschlurft kam.

„Kann nicht immer früh losgehen, was?"

Er hieß John, aber so hießen sie ja alle hier, John oder Brad oder Bob oder Jack. Bloß nichts Mehrsilbiges, das auszusprechen man länger als einen Wimpernschlag benötigen würde. Amerikanische Männernamen knallen wie Peitschenhiebe. Nur den Frauen ist es gestattet, dass man sich länger mit ihnen beschäftigt, wenn man ihre Namen ruft: Sie heißen Amanda, Laura, Monica und Robin.

Während John den Tisch deckte, fragte er mich beiläufig, was ich von dem aktuellen Wahlkampf mitbekommen hätte. Im Herbst würde ein neuer Präsident ins Weiße Haus einziehen.

„Oder eine Präsidentin?", fragte ich.

„Auf keinen Fall!", brach es da aus meinem Gastgeber heraus. Auf einmal klang seine Stimme eine Quinte höher als bisher. „Diese korrupte Bonzin Hillary Clinton wird unser Land niemals anführen!" „Unser Land": John sagte das so, als ob er in der nächsten Sekunde losstürmen würde, mit gezückter Pistole aus dem 19. Jahrhundert zur Tür hinaus, um die heilige Erde seiner Vorfahren gegen die Invasoren aus Washington zu verteidigen. Vermutlich meinte er es auch genauso.

Eben noch war mein Gastgeber sanftmütig um den Frühstückstisch herumgeschlichen und hatte mich gefragt, ob ich lieber Erdbeer- oder Himbeermarmelade mochte. Im nächsten Augenblick aber hatte er sich in einen Berserker verwandelt, in einen politischen Hazardeur, der alles niederzuwalzen drohte, was seinem Weltbild in die Quere kam. Obama? Ein Kommunist und ein Moslem obendrein, das sei mehrfach bewiesen worden, wetterte er. Niemals hätte dieser Mistkerl Präsident werden dürfen. Überhaupt seien die Demokraten eine Bande kultivierter Gauner, die das einfache Volk bluten ließen, um Geld zu scheffeln und ihre Kinder auf die besten Schulen des Landes schicken zu können. Die Medien unterstützten sie dabei; sie entstünden an den linksverseuchten Küstenmetropolen, wo sowieso kaum noch echte Amerikaner … So ging es eine ganze Weile weiter. Mir dämmerte langsam, was John so auf die Palme brachte: Der Mann hatte Angst.

Angst davor, dass fremde Leute nach Dubuque kamen und Bekannte wegzogen. Angst vor neuen Technologien, die er nicht mehr verstand.

Angst davor, sich ändern zu müssen. Angst vor allem, was seine Gewohnheiten gefährdete. Die Gewohnheiten, in denen er sich eingeigelt hatte, um einen langen Winterschlaf zu halten – am liebsten bis zu seinem Lebensende.

John wetterte gegen die Zuwanderer und Neubürger. Weniger, weil er sie hasste, als vielmehr, weil sie ihn zwangen, seine eigenen Werte zu relativieren. Und zu allem Überfluss erinnerten sie ihn auch noch daran, dass es einem wie ihm, der sich doch so gern beschwerte, eigentlich recht gut ging.

Das B&B weitgehend so zu belassen, wie es im vorigen Jahrhundert war, das war Johns sichtbarer Versuch, die Vergangenheit gegen eine allzu heftig anbrandende Zukunft zu verteidigen. Auch wenn wir uns, was das betraf, an zwei unterschiedlichen Polen befanden, war mir John letzten Endes nicht unsympathisch. Er war ein guter Gastgeber, der sich für das Wohl seiner Kunden aufopferte, auch wenn ihm das nicht viel einbrachte. Er mochte zu Tiraden neigen, manche seiner Argumente aber konnten auch progressiver eingestellte Zuhörer zum Nachdenken bringen. Dass die demokratische Präsidentschaftskandidatin einer dauerlächelnden Wahlkampfmaschine glich, die im Netz ihrer Berater gefangen war und sich durch die Annahme millionenschwerer Spenden vom Großkapital abhängig gemacht hatte, zum Beispiel. Selten hatte ein Aspirant aufs Präsidentenamt geringere Sympathiewerte vorzuweisen als Hillary Clinton. Oder dass die Landesmitte der Vereinigten Staaten vielerorts ausblutete, Gangs dort das Kommando übernahmen und die Gefängnisse vor Insassen schier barsten. In keinem anderen Land der Welt waren so viele Menschen im Verhältnis zur Bevölkerung weggesperrt wie in den USA. Über 50 Milliarden US-Dollar ließ sich der Staat seine Gefängnisse jährlich kosten.

John mochte durchaus recht haben mit diesem oder jenem. Er konnte aber nicht verleugnen, dass er auf einem Auge blind war. Wohl schon vor langer Zeit hatte er sich entschieden, nur noch die Fakten wahrzunehmen, die ihm zupasskamen. Alle anderen blendete er aus. So sah er sich umzingelt von Feinden, alles wurde ihm zufolge immer nur noch schlimmer und ständig suchte John Bestätigung für seine Ansichten.

„Du und deine Welt, ihr habt euch ganz gut aufeinander eingestellt“: So beginnt ein Lied der Hamburger Band Tocotronic, dessen Text wie folgt weitergeht: „Und das ist es, was mir an euch nicht mehr ganz so gut gefällt.“

Womöglich ist es kein Zufall, dass Facebook, Twitter und Co. allesamt aus den USA stammen, einem Land, in dem Demokratie oft mit einem Meinungsfetischismus einhergeht, der sich anschließend von den Inhalten löst. „Stand to your message“, so nennt man das hier und empfiehlt, die eigene Botschaft wieder und wieder zu sagen. Bis man selbst und immer mehr Anhänger sie endlich glauben. In den sozialen Netzwerken bewegt man sich in Zirkeln voller Gleichgesinnter, genau darin besteht ihr Gefährdungspotenzial. Denn was uns wirklich weiterbringt, sind gegensätzliche Vorstellungen und eine ehrliche Auseinandersetzung mit dem, was unseren Ansichten widerspricht. Letztere sind keineswegs festgelegt, sondern veränderbar, und genau das sollen sie auch sein.

„Wenn sich die Fakten ändern, ändere ich meine Meinung. Was tun Sie, Sir?“, fragte John Maynard Keynes einst provokativ. Und darum geht es: seine Überzeugungen mit Fakten zu beschießen. Überstehen sie den Angriff, sind sie stärker als zuvor. Wenn nicht, ersetzt man sie durch bessere. In beiden Fällen ist man vorangekommen. Dafür aber muss man raus und sich dem Leben stellen, wie es die amerikanischen Kurzgeschichtenschreiber getan haben. Einem Leben, dessen einzige Konstante die Veränderung ist.

Der heutige Tag war geeignet, diesen Umstand zu unterstreichen. Die Stimmung auf den Straßen hatte sich grundlegend gewandelt. Die Passanten bewegten sich zackiger, selbst die Frauen sahen mir länger in die Augen. Leute, die sich unterhielten, taten das mit erhobener Stimme, einige gestikulierten ausladend. Eine Gruppe Motorradfahrer bretterte durch die Stadt. Übermütig drehten sie die Motoren auf.

Von hier an würde ich durch ein anderes Land reisen. Bis gestern noch war ich unbestreitbar im Norden gewesen. Ernst und überlegt waren mir die Bewohner vorgekommen, geprägt von einem entbehrungsreichen Leben, dem sie hie und da ein wenig Spaß abtrotzten – im Eisstadion zum Beispiel oder beim Fischen. Jetzt hingegen war ich wirklich inmitten der Vereinigten Staaten angekommen. In alle vier Himmelsrichtungen folgten mehrere Bundesstaaten und dann im Norden und Süden ein anderes Land, im Osten und Westen das Meer.

Erst wenn ich die Baumwollfelder Mississippis und die Sümpfe Louisianas erreichen würde, sollte ich mich erneut in einem weiteren Land vorfinden: im flirrenden, irrationalen und überbordend lebensfrohen Süden.

Dubuque, das ich gestern Abend im Dunkeln kaum wahrgenommen hatte, wartete mit stattlichen Gebäuden auf, wie es sich für ein Gravitationszentrum inmitten der USA gehörte. An ihren Außenseiten führten, ähnlich wie beim Pariser Centre Pompidou, Treppen hinauf in den ersten Stock, der hierzulande natürlich der zweite war. Ein „Erdgeschoss“ gab es in den USA ja nicht. Trat man in ein solches Gebäude, befand man sich bereits im ersten Stock, was im Grunde genommen logisch war, oder eben im zweiten, sofern man die Treppe emporgestiegen war.

Endlich baute man mal in die Höhe statt nur in die Breite! Dubuque gönnt sich zum Beispiel einen 32 Meter hohen Uhrenturm, der mitten auf der Hauptstraße wie auf Stelzen stand, ein wunderbares Symbol für städtischen Übermut!

Davon abgesehen schien jedes zweite Gebäude eine Kirche zu sein. Im Gegensatz zu den provisorisch anmutenden Reisestationen im Norden erkannte man in Dubuque hie und da die Folgen echter Stadtplanung: Straßen mündeten in ausladende Plätze, Gärten und Parkanlagen wurden ins Stadtbild integriert und das geräumige Hafengelände am Mississippi kam einem Freizeitpark gleich. Es verfügte über ein gewaltiges Museum, in dessen Eingangsbereich die am Mississippi gelegenen Bundesstaaten aufgeführt waren: Minnesota, Wisconsin, Iowa, Illinois, Missouri, Kentucky, Tennessee, Arkansas, Mississippi, Louisiana. Etwa ein Drittel davon hatte ich bereits durchreist. Noch aber wartete ein gutes Stück Weg auf mich.

An den bauplanerischen Entscheidungen konnte man ablesen, dass einem die hiesigen Bedingungen gestatteten, seine Freizeit draußen zu verbringen. Bei aller Sympathie für die verschrobenen Einzelgänger des Nordens, die wie ich mehr Raum um ihre Privatsphäre brauchen als andere, zieht mich dies an südlichen Gefilden magisch an: die Möglichkeiten, seinen Müßiggang öffentlich zu machen, ihn sogar bestenfalls mit anderen zu teilen. Für mich macht gerade das einen Großteil unseres Menschseins aus. Darum halte ich mich so gerne vor Cafés, in Parks und in Fußgängerzonen auf. Dubuque bot mir all dies und ich genoss es an jenem späten Morgen, ehe ich weiter nach Süden zog.

Links und rechts von großen Ausfallstraßen mogelte ich mich aus der Stadt. Bald musste ich einbiegen auf den Highway 52. Das erwies sich als schlechte Wahl. Die Straße war voller Schlaglöcher, auf den ersten Kilometern hatte man Kies und Erde auf dem Standstreifen angehäuft und diesen dadurch unpassierbar gemacht. Dann verschwand er ganz. Es blieb mir nichts anderes übrig, als auf die Schnellstraße zu wechseln und zu hoffen, dass mich die überholenden Pickups und Lastwagen rechtzeitig wahrnahmen.

Trotzdem rauschte ich immer wieder in die Schlaglöcher hinein. Das Velo ließ dann einen metallischen Laut hören, der mir durch Mark und Bein drang. Gleichzeitig bekam ich von unten her einen Schlag versetzt. Ich hob vom Sitz ab, schlug mir den Kopf an der Plexiglasscheibe an, fluchte und musste sofort darauf den Lenker festhalten, um zu verhindern, dass mein Rad im nächsten Augenblick irgendwohin ausbrach. Es war ein groteskes Gehoppel und ich merkte, dass ich diesem wilden Tanz auf Dauer nicht gewachsen sein würde. Meine Fahrt hierher hatte bislang einem langsamen Walzer geglichen. Auf annehmbaren Straßen war ich vorangeglitten. Jetzt aber tanzte ich Rock n'Roll, eine schweißtreibende Angelegenheit, ein Herumwirbeln, das meine ganze Energie in Anspruch nahm.

Immer wieder musste ich kurz vor Bodenunebenheiten scharf abbremsen. Vor veritablen Straßengräben, die sich quer über den Asphalt zogen, kam ich sogar ganz zum Stehen. Alles in allem war ich mit kaum mehr als 20 Stundenkilometern unterwegs, was auf einem Highway, der über keine Seitenstreifen verfügt, nicht ungefährlich ist. Glücklicherweise hielt sich das Verkehrsaufkommen in Grenzen. Gut, dass ich ausgeschlafen hatte und nunmehr zur Mittagszeit unterwegs war!

Mehrmals pro Stunde schmiegte sich die Straße an den Mississippi, der ein gewaltiger Strom geworden war und majestätisch Richtung Süden zog. Dann wieder brach sie unvermittelt ins Hinterland aus, führte mich über gefällige Hügel, durch weite Felder hindurch und an Wäldchen vorbei und kam kurz darauf zurück zu dem Fluss. Es war ein Katz-und-Maus-Spiel, ein Haschmichdoch, das mir trotz des miserablen Straßenzustands zunehmend Freude bereitete.

In den Dörfern, die ich unterwegs besuchte – in San Donatus, Bellevue und Green Island –, winkte man mir aus Autos zu, grüßte mich vom Straßenrand und lud mich spontan zu einem Schwätzchen in die heimische Bar ein. Das heißt, nicht jeder tat das, sondern auffällig viele Damen „im besten Alter“, welche die Irrungen ihrer Jugend definitiv hinter sich gelassen, aber noch einige Jahre bis zur Rente vor sich hatten. Auf diese 40- bis 50-jährigen Frauen schien ich geradezu eine magische Anziehungskraft auszuüben. Vermutlich hatte ich diesen Umstand der Art meiner Fortbewegung zu verdanken: Ein fremder Mann in einem seltsamen Dreirad weckte wohl zuverlässig ihren Mutterinstinkt.

Als ich zweien von ihnen in eine Bar folgte, fiel mir auf, wie forsch sie waren. Laut und bestimmt redeten sie, dabei tranken sie Bier und lachten, dass sich die Balken bogen. Wenn sie aufstanden oder den Geldbeutel zückten, um zu bezahlen, kamen mir ihre Bewegungen ungewohnt zackig vor. Sie hatten den Charme von Haifischen oder von Wölfen: nicht unbedingt jemand, an den man sich kuscheln möchte, aber auch niemand, der Süßholz raspelt und anschließend hinter dem Rücken schlecht über einen spricht. Wer in dieser Gegend geblieben war und sich nicht in jungen Jahren an die Ost- oder Westküste aufgemacht hatte, dem sah man die damit verbundenen Entbehrungen und Kämpfe, die kleinen Freuden und herben Enttäuschungen deutlich an.

Folgen Sie diesem ... ähm ... Dings!

Sabula ist eine Insel inmitten des Mississippi. Als ich sie über eine unscheinbare, nur wenige Meter oberhalb des Flusses verlaufende Brücke erreichte, verfolgte mich ein verschmierter Chevrolet. Auffällig nah fuhr er hinter mir her. Wenn ich in den Rückspiegel sah, kam es mir zuweilen vor, als berührte seine Stoßstange das Hinterrad meines Velomobils. Dabei war die Brücke zwar schmal, aber doch breit genug für ein nicht allzu gewagtes Überholmanöver.

Die Limousine blieb an mir kleben, selbst als ich der Hauptstraße durch das Städtchen folgte. Als ich an ihrem Ende nach links abbiegen wollte, ertönte hinter mir eine Hupe. Der Kopf einer Frau erschien aus dem geöffneten Wagenfenster. Sie lächelte, winkte mir zu und zeigte dann unmissverständlich nach rechts. Offensichtlich wollte sie, dass ich dorthin fuhr.

Was sollte das nun wieder? War die Dame eine Zivilpolizistin und gab es in diesem Städtchen ein Linksabbiegeverbot für Ausländer? Oder erwartete mich, wenn ich der rechten Abzweigung folgte, etwas Wunderbares, ein Grillfest vielleicht oder ein Ehrengastempfang durch den hiesigen Bürgermeister? Gab es so etwas wie einen Bürgermeister überhaupt auf Sabula?

Vielleicht lohnte es sich ja, der Sache auf den Grund zu gehen. Ich lächelte meiner vermeintlichen Gönnerin zuckersüß entgegen, dann bog ich demonstrativ nach rechts ab und folgte dem Chevrolet, der nunmehr übertrieben langsam vor mir herfuhr. Nach wenigen Dutzend Metern kam er zum Stehen – direkt vor dem B&B, das ich mir heute Morgen als Bleibe für die Nacht ausgesucht hatte. Die Fahrerin sprang aus dem Sitz und führte ein eigenwilliges Straßentänzchen vor mir auf.

„Ha, du bist es wirklich! Das ist ja ein Ding! Unser Sheriff hat mir gesagt, dass du zu uns kommst. Da bin ich gleich losgefahren, um dich abzuholen und dich zu begleiten. Willkommen in meinem kleinen Hotel!“

Richtig, der Sheriff: Vor einer guten Stunde hatte er mich angehalten. Mittlerweile hatte ich, was Polizeikontrollen betraf, eine gewisse Routine entwickelt: rechts ranfahren, Velodach öffnen, Hände sichtbar auf den oberen Rahmen meines Gefährts legen und abwarten, was als Nächstes geschah. Heute war es ein netter Bursche gewesen, der, als er an meine Seite getreten war, sofort gesagt hatte, dass ich nichts falsch gemacht hätte, er wolle lediglich mein Fahrzeug näher betrachten, da er so etwas noch nie gesehen hätte. Fünf Minuten später hatte er Selfies mit mir und dem Velo geknipst, dann war er davongefahren, Sabula entgegen. Wie ich jetzt wusste, war er schnurstracks zur Inhaberin des B&B gefahren. Vermutlich hatte er ihr die eben geschossenen Fotos gezeigt und ihr ausgemalt, was für ein lustiger Kerl da unterwegs zu ihr sei. Daraufhin war die Herbergsmutter losgefahren, um sicherzugehen, dass ich mich auch wirklich für ihre Bleibe entschied. Nicht dass es auf Sabula diesbezüglich allzu viel Konkurrenz gegeben hätte, doch man konnte ja nie wissen.

Das B&B jedenfalls war das bei Weitem schönste meiner bisherige Reise. Oberhalb eines gepflegten Wohnraums öffnete sich eine Suite, in der vermutlich ein Großteil der Bevölkerung Sabulas Platz gefunden hätte. Direkt unter meinem Zimmerfenster rauschte der Mississippi gen Süden. Lastkähne schnauften flussaufwärts oder fuhren mit der Strömung in die Gegenrichtung.

Auch Sabula konnte sich sehen lassen. Es war meiner Stimmung zuträglich, dass ich, egal wohin ich lief, nach spätestens zehn Minuten wieder auf den Mississippi stieß. An seinen Ufern hatte man Bänke unter Kastanien und Platanen aufgestellt. Mit einem Mal war der Fluss schön geworden: Er hatte sich von einer zweckmäßigen Arbeitsgelegenheit zu einem gepflegten Lebensraum entwickelt.

Am nächsten Morgen erwartete mich eine weitere Überraschung. Ich hatte eben mein Frühstück aufgegessen und wollte mich von der B&B-Inhaberin verabschieden, als ein Teenager zur Tür hereinschneite. Er nickte der Herbergsmutter kurz zu und setzte sich sofort darauf mir gegenüber an den Frühstückstisch. Sein Name sei Scott, versicherte er mir, er arbeite für den Clinton Herold und wolle ein Interview mit mir führen.

Woher er denn wisse, dass ich hier sei, wollte ich von ihm wissen. Nun, antwortete er, der hiesige Sheriff habe ihm einen Wink gegeben, er sei bereits gestern bei ihm gewesen …

Am Ende unterhielten wir uns eine geschlagene Stunde lang, ehe Scott ein paar Dutzend Fotos vom Velo und mir schoss. Am folgenden Tag würde mein Porträt auf der Titelseite erscheinen. Von nun an würde kaum ein Tag vergehen, an dem kein Redakteur oder Fernsehteam auf mich wartete.

Das wusste ich natürlich noch nicht, als ich Sabula gegen halb elf verließ. Ich hatte mir einiges vorgenommen für diesen Tag. Zwei Tage später schon wollte ich in Missouri ankommen, dem nächsten Bundesstaat auf meiner Reise. Knapp 250 Meilen fehlten mir bis dorthin. Das entsprach etwa 400 Kilometern und war folglich kein Pappenstiel. Ich aber hatte mir in den Kopf gesetzt, in zwei Tagen das Städtchen Hannibal zu erreichen. Nicht nur, weil Mark Twain dort seine Kindheit verbracht hatte, sondern weil Hannibal, der Ort mit dem so grausig klingenden Namen („Quid pro quo, Doktor Lector!“), ziemlich genau die Mitte meiner Reise markierte. Hannibal lag, egal von welcher Himmelsrichtung man ausging, wirklich im Zentrum der Vereinigten Staaten von Amerika.

Ein überdimensionales Tauziehen.

Zunächst aber fuhr ich von Sabula aus über eine Brücke hinüber nach Illinois. Das war eine wenig Vertrauen erweckende Angelegenheit: Durch die schachtartigen Gitterplatten hindurch konnte ich auf das Wasser des Mississippi sehen, das gut ein Dutzend Meter unter mir dahinzog. Selbst das vergleichbar geringe Gewicht meines Velomobils sorgte dafür, dass der Boden heftig ratterte. Die ganze Brücke schien im Wind zu schwanken. Ich war froh, als ich am östlichen Ufer des Flusses Savanna erreichte.

Dort stieß ich auf etwas, das eine Ahnung davon zu geben vermag, was man aus dem ansonsten stark vernachlässigten Mississippi River Trail machen könnte, wenn man dem Fahrrad im Land der dicken Autos denn eine Chance einräumte. Zum ersten Mal seit meinem Aufbruch durfte ich einem separaten Fahrradweg folgen. Und das 80 Meilen weit. Was für eine Wohltat nach all den Kämpfen mit den ungleich größeren Pickups und Lastwagen, mit unbefestigten Standstreifen und fehlenden Wegmarkierungen!

Der Radweg – der R a d w e g! – brach immer wieder ins Hinterland aus. In den dortigen „Wetlands“ traf ich auf Adler und Kraniche, auf Gänse und auf Füchse. Eichhörnchen sprangen über die Straße. Bei Thomson, das, wenn ich richtig gezählt habe, aus vier Häusern besteht, hatte man Pflöcke in den Boden gerammt, um sicherzustellen, dass der dahinter liegende Schotterweg auch wirklich nur von Radfahrern genutzt wird. Mein Liegerad war genau zweieinhalb Zentimeter zu breit für die Lücke zwischen zwei dieser Pfosten. Ich musste aussteigen und das Gepäck einzeln aus der Luke herausholen. Dann stemmte ich das Velo mit beiden Armen empor und hievte es über die gut einen Meter hohen Hindernisse hinweg.

Ich wurde reich dafür belohnt. Was folgte, war ein fantastischer Weg, der reizende Wäldchen passierte, sich durch Felder schlängelte und mich immer wieder zum Ufer des Mississippi führte. Die Häuser der Ortschaften (Fulton und Govina, wer hatte die eigentlich so genannt, wer wohnte dort überhaupt und was tat man an einem solchen Ort?) warfen sich in die Brust. Herrschaftlich muteten sie an mit ihren Erkern und Giebeln, verspielt und mit sich im Reinen. Jedes von ihnen wurde von einem gepflegten Vorgarten umflossen. Eigens eingerichtete Zufahrten führten zu prunkvollen Eingängen.

Mit seinem Radweg und dem Hauch von Süden, der die Häuser zu umwehen schien, hatte Illinois mich im Sturm erobert. Beinahe verzieh ich diesem Bundesstaat, dass er für den ersten Wolkenkratzer der Welt, ein Versicherungsgebäude zudem, verantwortlich zeichnete. Der entstand dereinst in Chicago, auf demselben Breitengrad, aber knapp 250 Kilometer östlich von hier. In einer Stadt also, die Al Capone und Walt Disney hervorgebracht hat, und die bis heute meint, ihren Bürgern gesetzlich untersagen zu müssen, in einem brennenden Restaurant zu essen.

Illinois nennt sich selbst Land of Lincoln, obwohl der 16. Präsident der USA gar nicht von hier stammt. Er wurde in Kentucky geboren. Mit 21 zog Abraham Lincoln dann aber nach Illinois, wo er bis zu seiner Wahl zum Staatsoberhaupt blieb. Er ist in der Hauptstadt des Bundesstaats, Springfield, beigesetzt. Nein, das ist nicht das Springfield aus der Fernsehserie „Die Simpsons“. Es gibt 64 Städte dieses Namens in den USA, was Matt Groenings Genialität unterstreicht, der mit seinen gelbstichigen Zeichentrickfiguren ein Zerrbild der Durchschnittsamerikaner zeichnen wollte.

Dafür kann der Bundesstaat, der aus „Chicago und dem Rest“ besteht (beinahe die Hälfte der Bevölkerung lebt in der drittgrößten Stadt der USA), ganz andere Gewichte in die Waagschale werfen. Port Byron etwa ist eine dem Fluss zugewandte angenehme Stadt. Auf dem Hafengelände begrüßte mich die Stahlfigur eines Radfahrers, dem man in einem Anflug eigenwilligen Humors den Namen Will B. Rowling gegeben hat. „Will be rolling“ also, „wird fahren“. Vergnügt blickt Will die Schienen entlang Richtung Norden. „Keep a distant eye on the horizon“: Er „hält ein wachsames Auge auf den Horizont gerichtet“, wie sein Namensvetter William Turner der angebeteten Elisabeth in Walt Disneys Pirates of the Carribean entgegenschmachtet, ehe er für zehn volle Jahre entfleucht. So sind sie nun einmal, die Männer: Den Blick in der Ferne verhaftet, übersehen sie nicht selten die Annehmlichkeiten in ihrer unmittelbaren Umgebung.

Die jungen Männer von Port Byron haben indessen andere Wege gefunden, um die Damenwelt zu erobern. Dazu brauchen sie keine schmalztriefenden Halbgedichte. Stattdessen spannen 20 von ihnen jedes Jahr ein 820 Meter langes und 340 Kilogramm schweres Seil über den Fluss hinüber nach Le Claire, Iowa. Anschließend versuchen sie, die dortigen Kontrahenten beim Tauziehen ins Wasser zu zerren. Bislang steht es achtzehn zu elf für Port Byron. Übereinstimmenden Berichten zufolge steigen die Chancen beim schönen Geschlecht nach erfolgreich absolvierter Tauzieh-Schlacht exponentiell.

Auch südlich von Port Byron legte sich der Radweg mächtig ins Zeug. Ich passierte einen weitläufigen Park, in dem gefällige Picknicktische mit Baldachinen und Pavillons um die Gunst meiner Blicke buhlten. Hier kam mir erstmals seit meinem Aufbruch ein leibhaftiger Radfahrer entgegen. Beinahe erschrak ich, als ich ihn sah. Bislang hatte ich den Weg für mich allein. Ich grüßte ihn linkisch und drehte mich kurz darauf nochmals nach ihm um. Wenig später begegnete ich Skateboardern und Inlineskatern. Sie brausten an mir vorbei, Port Byron entgegen, und waren gleich wieder hinter den nächsten Büschen verschwunden.

Aus dieser ländlichen Idylle, kaum 60 Kilometer östlich von hier, aus einem Nest namens Tampico, stammt Ronald Reagan, was überschaubare Touristengruppen, nicht selten bestehend aus Burschenschaftlern mit gegelten Haaren und hyperkonservativen Tea-Party-Anhängern, in die Gegend bringt. Eine der originelleren Ideen, Geld mit dem berühmten Sohn des Dörfchens zu verdienen, hatte ein Friseur. Sein Laden heißt: „Hair Force One".

Überhaupt stammen ja praktisch alle Berühmtheiten der USA entweder aus Illinois oder aus Tennessee. Illinois ist die Heimat so illustrer Persönlichkeiten wie Hillary Clinton und Michelle Obama, Oprah Winfrey und Michael Jordan, Harrison Ford und Ernest Hemmingway.

Die Quad Cities, in die ich im Folgenden gelangte, demonstrierten eindrucksvoll, dass man mehr erreichen kann, wenn man sich zusammenschließt. Vier für sich genommen kleine Städte östlich und westlich des Mississippi haben sich zu einem urbanen Zentrum zusammengetan, das äußerst erfolgreich Industrien und Dienstleister anlockt. Der Zusammenschluss hat Moline und Rock Island in Illinois sowie Bettencourt und Davenport in Iowa sichtlich gut getan. Bestes Beispiel dafür ist die Zentrale des Agro-Riesen John Deere, die sich in Moline kilometerweit erstreckt.

Die markanten grüngelben Traktoren reihten sich entlang dem Radweg aneinander, als konkurrierten sie mit den Parks und eingestreuten Steppen, die ich immer wieder passierte. Dann führte mich der Weg in einem schwer nachvollziehbaren Zickzackkurs durch die Ausläufer von Rock Island. Immerhin hielt er mich auf Abstand zur motorisierten Konkurrenz. Wären die Brücken über den Fluss nicht doppelt so groß wie bisher, erhöben sich neben mir nicht meterhohe Schornsteine und stünden nicht an jeder Ecke Lastwagen und Fabrikhinweisschilder, wäre ich der Illusion verfallen, durch ein beschauliches Dorf zu fahren.

An einer Tankstelle schnappte ich mir mit einer gewissen Routine zwei Pizzastücke. Natürlich waren sie riesengroß, bestanden hauptsächlich aus Öl und drehten wohl schon seit geraumer Zeit ihre Runden in der beheizten Auslage. Ich hatte mich an diese Art Junk Food gewöhnt und genoss die Kombination aus Zusatzstoffen ungeniert, während mir frisches Obst mittlerweile wohl Bauchschmerzen bereitet hätte. Davon ging ich zumindest aus. Wissen konnte ich es nicht, da es nirgendwo Obst zu kaufen gab. Das Junk Food pflegte ich mit einem gekühlten Kaffee von Starbucks hinunterzuspülen. Insofern war es ohnehin beinahe egal, was ich aß, ich war inzwischen ein Stück weit angekommen in den USA.

Zurück auf dem Radweg, machte ich eine unscheinbare Brücke aus, die parallel zu einer weitaus größeren über den Fluss führte. Auf der wollte ich hinüber nach Iowa fahren. Die Räder meines Velos hatten kaum den Boden des schwankenden Bauwerks berührt (alle Brücken hatten bislang merklich geschwankt), als 15 Jogger im Teenageralter direkt hinter mir auftauchten. Sie waren am Ufer des Mississippi entlanggelaufen und setzten nun ihrerseits hinüber auf die Westseite. Wahrscheinlich handelte es sich um eine Schulklasse.

Es gab ein großes Hallo, enorm viel Gekicher und Gegacker und am Ende veranstalteten wir ein Wettrennen, das ich nach leichten Startschwierigkeiten für mich entscheiden konnte. Nachdem mich meine neuen Fans mit High Fives und angedeuteten Rappergesten verabschiedet hatten – ein Mädchen ließ sich sogar zum größtmöglichen Lob verleiten und nannte mich cool, um dann allerdings sofort wieder mit ihrem Smartphone zu verschmelzen –, bog ich erneut in einen Radweg ein, der mich parallel zu einer Ausfallstraße nach Davenport brachte. Dessen Einwohner waren mir auf Anhieb sympathisch, da sie sich auf erfrischend unamerikanische Art für ein Stück Lebensqualität entschieden hatten: Davenport ist die einzige größere Stadt am Mississippi, die sich nicht mit Deichen oder Mauern vom Wasser abgrenzt. Dort hat man daher einen offenen Zugang zum Fluss, eine Rarität in den ansonsten recht zugebauten Städten. Die Gebäude Davenports, die unterhalb der Höchstwassermarke der vergangenen 100 Jahre stehen, weisen eine spezielle, gedrungen wirkende Bauweise auf, die sie vor Überschwemmungen schützt, so das Figge Art Museum und das John O'Donnell Stadium. Davenport lebt mit dem großen Strom, es ist ihm erkennbar zugewandt. Zu den bedeutsamsten hier stattfindenden Festen gehören das Mississippi Valley Blues Festival und die Mississippi Valley Fair.

Und Davenport hielt, was es auf den ersten Blick versprochen hatte: Die Stadt empfing mich mit einem reizenden Erholungspark, ließ mich eine schwungvoll gebogene Fußgängerbrücke passieren, um hinüber auf eine kleine Insel zu gelangen, kredenzte mir dichtes Buschwerk und gaukelte mir vor, dass ich in einer Art Urwald herumfuhr, statt durch ein urbanes Zentrum zu streifen.

So schön konnte Radfahren in den USA also sein.

Muscatine Man.

Die Sonne, ein brennender Ball kurz oberhalb der Horizontlinie, neigte sich bedrohlich der Erde zu. Ihre Unterkante musste die ausgedörrten Steppen im nächsten Augenblick in Flammen aufgehen lassen.

So erschien es mir zumindest. Das mochte daran liegen, dass ich frontal auf den Feuerball zufuhr und infolgedessen nichts anderes mehr sah. Nicht die überholenden und mir entgegenkommenden Autos und Lastwagen, nicht die Häuser und Schilder am Straßenrand und schon gar nicht die Tiere, die in der einsetzenden Dämmerung die Straße überquerten. Es war ein Spießrutenlauf bei höchstem Tempo, ein Wettkampf gegen die einsetzende Dunkelheit, die meine Suche nach einer Bleibe erschweren würde.

Südlich der Quad Cities knickt der Mississippi Richtung Westen ab. Stur war er auf den zurückliegenden 1000 Kilometern nach Südosten geflossen. Hier aber zeigte er unvermittelt zur Abendsonne hin und die Straßen folgten ihm. 60 Kilometer lang sollte das so weitergehen. Dann erst würde der Fluss einen bauchigen Bogen schlagen bis zum wiederum südöstlich gelegenen Saint Louis.

Die Indianer behaupten, dass die Landschaft um Muscatine so schön sei, dass der Fluss nicht umhinkomme, sich die Gegend noch einmal genauer anzuschauen, ehe er dem Golf von Mexiko entgegenstrebt.

Vorerst konnte ich nicht überprüfen, ob das stimmte, da ich weiterhin auf die Sonne zuhielt und damit in einer Art Blindflug unterwegs war. Immerhin gelangte ich unfallfrei ins nächste Dorf, Buffalo. Dort erwarb ich an einer Tankstelle ein weiteres Pizzastück, das wie erwartet aus zwei Teilen Fett und einem Teil Öl bestand. Natürlich ertränkte ich den Geschmack sofort in eisgekühltem Kaffee, ein Umstand, für den mich vermutlich jeder Italiener vierteilen würde. Vermutlich hatte ich ohnehin einige Promille Koffein intus, das sich immer stärker als mein eigentliches Antriebsmittel zu erkennen gab. Außerdem lud ich an der Tankstelle die Batterien des Elektromotors auf. Die Lampen an seinen Seiten hatten bedrohlich geblinkt, seit ich Davenport verlassen hatte.

Außer mir befand sich lediglich ein weiterer Gast in der Tankstelle, ein vielleicht 25-jähriger, der krampfhaft versuchte, möglichst locker zu wirken. Er war groß und schlaksig, beinahe hager, stellte einen wild wuchernden Bart zur Schau und sah sich immer wieder um. Irgendetwas passte nicht zusammen bei ihm. Etwas störte die Harmonie seiner Erscheinung, ohne dass ich hätte sagen können, was genau es war. Beinahe erwartete ich, dass er im nächsten Augenblick wie in einer dieser schlecht inszenierten Serien ein Messer aus der Hosentasche zog und etwas extrem Dämliches rief. „Das ist ein Überfall!", zum Beispiel, als wäre das nicht ohnehin jedem auf diese Weise Bedrohten klar, oder „Rück' dein Geld raus!", was ebenfalls irgendwie auf der Hand lag.

Stattdessen sprach der Mittzwanziger auf den Tankwart ein. Der war ein dicklicher, gemütlicher Bär, dreimal so breit wie der Schlaksige, aber einen Kopf kleiner. Die beiden gaben ein lustiges Bild ab. Allerdings sprachen sie mit einem Akzent, der mir augenblicklich klarmachte, dass mein Schulenglisch mir heute Abend keine allzu große Hilfe mehr leisten würde. So merkte ich erst, als der Große immer wieder mit fahrigen Bewegungen auf mich zeigte, worüber sich die beiden so angeregt unterhielten: Ihr Gesprächsthema war offenbar ich.

Jetzt wurde mir doch ein wenig mulmig zumute. Was mochten die beiden Männer aushecken? Verwendeten sie diesen Kaugummi-Akzent vielleicht absichtlich, um ihre Pläne vor mir geheim zu halten? Würden sie im nächsten Augenblick auf mich zukommen und auf unhöfliche, aber nachdrückliche Art um meine Wertsachen bitten?

Nichts dergleichen geschah. Stattdessen bezahlte der Hochgewachsene die Rechnung, winkte mir zum Abschied zu, verließ dann den Raum mit federnden Schritten und brauste kurz darauf in einem vier mal drei Meter großen Pickup-Monstrum davon, mit dem er eine Herde Bisons in die Flucht hätte schlagen können. Als ich kurz darauf an der Reihe war zu bezahlen, lachte mich der Tankwart an: „Already done", sagte er ohne allzu ungewöhnlichen Akzent. Vielleicht unterdrückte er diesen absichtlich, um sicherzugehen, dass ich ihn verstand. „Schon erledigt. Tom hat für dich gezahlt."

Ich stand wie vom Donner gerührt da. Tom also. Warum hatte der Schlaksige das getan? Wir hatten doch nicht einmal miteinander gesprochen. Was hatte er davon, mir zu helfen?

„Du bist Gast in unserem Land“, meinte der Tankwart, als ich ihn fragte. Als sei das eine Erklärung. „Du sollst dich hier wohlfühlen. Willkommen in Muscatine, man!“

Nun war ich vollends verwirrt. Auch weil mir spontan durch den Kopf schoss, was für ein gelungener Songtitel diese beiden letzten Worte ergäben: Muscatine Man. Ich stammelte Dankesworte und beeilte mich, meine Siebensachen zu packen. „Wenn Tom oder ich mal nach Deutschland kämen, würdet ihr dort das Gleiche tun, right?“ Wenn er sich da mal nicht täuschte.

Immer wieder sollte mich die Großherzigkeit vieler Amerikaner auf meiner Reise überraschen. Sie entstand ansatzlos und ohne dass ich mir eine konkrete Ursache dafür denken konnte. War doch vieles, beinahe alles in diesem Land darauf ausgerichtet, mir das Geld aus der Tasche zu ziehen. Und, bei Gott, sie schafften es immer wieder, die Marketingstrategen und Werbeplaner, die Verkäuferinnen und die Schnäppchenanbieter. Mal um Mal gelang es ihnen, mir unnötige Dinge anzudrehen oder mich auf andere Weise zum Zahlmeister zu machen. Bei alldem war mir bewusst, dass ich gerade ausgenommen wurde. Es gab absurde Regelungen und abstruse Steuern, die erkennbar nur einen Zweck hatten: möglichst viel Geld aus Gästen und Kunden herauszuholen. Dies alles korrespondierte gut mit der Mentalität der Amerikaner. Geld zu horten oder gar einen Sparplan aufzustellen war vielen fremd. Stattdessen zelebrierte man die Lust am Geldausgeben; man stellte sie in den Dienst der eigenen Spontaneität und Lebensfreude. Ohnehin bezahlte man so gut wie alles per Kreditkarte und wurde erst Tage, manchmal gar Wochen später darüber informiert, was dieser oder jener Kauf mit dem eigenen Konto angestellt hatte. Mit Bargeld zu bezahlen tut entschieden mehr weh. Findige Warenanbieter, Marketingexperten und Finanzdienstleister hatten diese Hemmschwelle folgerichtig abgeschafft. Mit verheerenden Folgen: So rasch wie viele Amerikaner verschuldet man sich in Europa selten.

Aus den USA stammen sie, die neuen Marketingstrategien, die davon ausgehen, dass man alles verkaufen kann, alles: zum Beispiel auch Schlagzeilen. Oder Wasser. Oder Schulbildung. Oder Anerkennung. Hier hängen die Verkäufer nicht gelangweilt herum und hadern mit ihrem Schicksal, sondern umkreisen den Kunden wie ein Tier, das man einfangen muss, ehe es andere tun. Allzu oft haben sie einfaches Spiel: Die Kunden sind dank einer medialen Dauerberieselung längst willig geworden. Wenn sie merken, dass ein Produkt nur halb so viel Fett enthält wie zuvor, denken sie: „Prima, dann kann ich ja doppelt so viel davon essen!“, und greifen zu den King-size- oder den Xtra-large-Behältern. Bequem sind sie. Trotz aller New! And better!-Attacken bleiben sie den Marktführern treu – Kellogg's bei Müsli, Campbell bei Suppen, Wrigley bei Kaugummis und Del Monte bei Fruchtsäften. Sie parken grundsätzlich in erster Reihe und interessieren sich beispielsweise für den Komfort auf den Toiletten.

Manche, in den USA wiederum sehr wenige, sind der Meinung, dass dieses System, in dem jeder kauft, was er gerade sieht, bald an sein Ende kommen muss. Spätestens wenn man zu fett zum Einkaufen geworden ist oder all die schönen Produkte zu Hause stehen hat. Das ist ein Trugschluss. Findige Produktplaner haben solche Gefahren längst erkannt. Sie entwerfen Waren, zum Beispiel Glühbirnen und Kopfhörerkabel, mit eingebauten Sollbruchstellen. Diese Produkte sind darauf angelegt, rasch kaputtzugehen. Anderes ist mit einem Mal „nicht mehr kompatibel“ oder gilt plötzlich als „unmodern“. Und viele Waren lässt man sich inzwischen sowieso nach Hause liefern.

Parallel zu den Verkäufermaschen und den kapitalistischen Marotten aber gedeihen eben auch Großherzigkeit und ein ausgeprägter Sinn für Gerechtigkeit, die sich, wenn man es am wenigsten erwartet, offenbaren und nicht selten mein eben mühsam errichtetes Bild der „Amerikaner“ kurz und klein schlagen. Ich jedenfalls kam unterwegs immer wieder in den Genuss des vergleichsweise sorglosen Umgangs mit Geld. Und sei es, dass ein wildfremder schlaksiger Bärtling mein Abendessen ohne Gegenleistung bezahlte.

Es ist schon interessant, dass wir uns von unseren Vorbildern jenseits des Atlantiks weniger die großen Werte abschauen, die Kreativität zum Beispiel, den Optimismus und den Sinn für Eigenverantwortung, sondern die Verkaufstricks nachäffen und dabei doch niemals dieselbe Meisterschaft erreichen können.

Als ich aus der Tankstelle trat, leuchtete mir der Himmel orangerot entgegen. Die ganze Gegend schien entflammt zu sein. Ich hielt weiterhin auf die Sonnenreste zu. Schnurgerade verlief die Straße. Auf den folgenden 20 Kilometern mobilisierte ich die letzten Kräfte. Meine Beine vollführten einen irren Tanz aus kleinen Kreisbewegungen; beinahe erwartete ich, dass die Pedale im nächsten Augenblick zu qualmen anfingen. Die Karosserie meines Liegerads ächzte, als ich knapp oberhalb des Bodens vorwärtsbrauste, Muscatine entgegen.

In dieser Stadt, in der Samuel Clemens, besser bekannt unter seinem Künstlernamen Mark Twain, für eine Zeitung geschrieben und der deutsche Einwanderer J. F. Boepple die weltgrößte Fabrik für Perlmuttknöpfe aus Süßwassermuscheln aufgebaut hat, in einer solchen Stadt musste es eine Bleibe für mich geben.

Die Sonne war jetzt kaum noch zur Hälfte zu sehen. Sie befand sich aber direkt vor mir. Wir waren sozusagen auf Augenhöhe und ich hoffte, dass die Autofahrer mehr sahen als ich, der ich nicht einmal mehr Schlaglöcher oder Bodenunebenheiten ausmachen konnte. Also: Augen zu und durch!

Verglichen mit den Verkehrsteilnehmern um mich herum kroch ich trotz aller Anstrengung vorwärts wie eine Karettschildkröte. Die wurde zumindest alt und das hatte ich trotz der Sichtweite von einem Dreiviertelmeter ebenfalls vor.

Wenn mir die anderen nur keinen Strich durch die Rechnung machten. Ein rostroter Truck überholte mich und streifte dabei beinahe mein linkes Vorderrad. Hatte sein Fahrer mich nicht gesehen?

Vermutlich flog mein Schutzengel eine Extrarunde, als ich mit 30 Kilometern pro Stunde nur Zentimeter über dem Boden vorwärtsschoss oder -kroch – je nach Sichtweise. Vielleicht verfluchte er heimlich den Tag, an dem er mir zugeteilt worden war.

Dann aber erreichte ich völlig unvermittelt das Ortsschild von Muscatine. Was natürlich den Umständen geschuldet war. Das Schild jedenfalls stand vermutlich schon länger an genau dieser Stelle.

Muscatine war, ähnlich wie beinahe alle Städte dieser Gegend, eine Aneinanderreihung gesichtsloser Straßen und ausladender Plätze. Vom Highway 61 und vom Highway 38 in zwei Teile zerschnitten kann man sagen, dass der größte Vorteil von Muscatine darin besteht, dass man von hier rasch wieder wegkommt. Entsprechend viel los war auf den mehrspurigen Straßen. Zu jener späten Stunde hatten alle Autos das Licht angeschaltet. Nur ein Licht bewegte sich nicht. Es strahlte heller als die anderen und sein Schriftzug lautete: Muskie Motel.

Das Muskie Motel war vermutlich die günstigste Art, eine Nacht in Muscatine zu verbringen. Gut, seine Lage ließ zu wünschen übrig. Wenn man davon absieht, dass es ohnehin wenig stichhaltige Gründe gab, in Muscatine zu übernachten. Dafür aber bekam ich für eine Handvoll Dollar ein halbwegs sauberes Zimmer mit Flachbildschirm und schnellem Internetanschluss.

Links und rechts von mir hatten sich Arbeiter eingenistet. Meist buchten sie ein Zimmer für vier Wochen oder gleich für zwei Monate, je nachdem, wie lange ihre Arbeitskraft auf einer nahe gelegenen Baustelle, in einer Markthalle oder auf einer Farm benötigt wurde. In der Regel waren es grundehrliche Burschen, auf deren Schultern die Vereinigten Staaten mit all ihren Eskapaden und Verrücktheiten aufgebaut worden waren. Ohne die Straßen und Brücken, ohne die Tiefkühltransporte und Schlachtereien, um die sie sich tagtäglich kümmerten, ja: ohne die elementare Grundbedürfnisbefriedigung, die sie gewährleisteten, wären all die Stars und Sternchen, die die USA im Eiltempo hervorbringen, schlichtweg nicht möglich. Die Arbeiter, die neben mir Unterschlupf gefunden hatten, stellten den Nährboden für solche Berühmtheiten bereit: Denn nur wer einigermaßen satt ist, kann es sich leisten, sich für all den Gossip, den Klatsch, zu interessieren, der vielerorts längst jede sinnvolle Berichterstattung ersetzt hat.

Außer einem Monstrum von Auto und ein paar Habseligkeiten darin hatten meine Nachbarn wenig Besitz. Trotzdem sollte man sie nicht unterschätzen. Viele von ihnen verdienten, wenn es die Auftragslage zuließ, mehr als die meisten europäischen Angestellten. Dafür nahmen sie es in Kauf, abends an einem Ort wie dem Muskie Motel zu stranden, fernab der Millionenmetropolen mit ihren schillernden Freizeitparks, den bauchfreien Strandnixen, den Kinokomplexen und den Cocktailbars. Ihre prekäre Arbeit verdammte sie zum Nomadentum, aber sie ermöglichte ihnen auch eine Freiheit und Flexibilität, eine Beweglichkeit im Geiste, die so manchem Festangestellten oder Beamten in Europa fehlt.

Norma Jean und Donald Trump.

Gegenüber dem Muskie Motel stand eine Tankstelle. Tankstellen gewährleisteten seit einigen Tagen meine Grundversorgung. In aller Regel waren sie geöffnet und boten mir Wasser und Kekse, mitunter sogar ganze Abendmenüs und hin und wieder einen Plausch mit dem Inhaber. Oder mit Gästen wie Peter (gesprochen: „Pidööö"), einem nervösen Nachtvogel, der sein Buch *Tobacco Road* von Erskine Caldwell, das konnte ich gerade noch erkennen, sofort zuklappte und wie eine Sprungfeder aufschnellte, als ich den Laden betrat. Fehlte nur noch, dass er mich mit militärischen Ehren begrüßte.

„Willkommen in Muscatine, mein Freund!", sagte er stattdessen und hielt mir seine lange dünne Hand hin. Seltsam filigran erschien sie mir, beinahe wie eine überdimensionierte Frauenhand. Dabei arbeitete Peter als Wachmann, wie er mir im nächsten Satz anvertraute, als seien wir alte Kumpels. Ob es in Muscatine überhaupt etwas zu bewachen gebe, wollte ich von Peter wissen.

„Nope. Drum arbeite ich drüben in Moline, Illinois, bei John Deere. Das tun fast alle hier. Der ist in unserer Gegend der größte Arbeitgeber."

Das hätte ich bemerkt, entgegnete ich, ich sei eine Viertelstunde am Hauptgebäude vorbeigefahren.

„Dabei hast du lediglich einen Bruchteil gesehen. Das Museum zum Beispiel nicht, das ich nachts bewache. In einer guten Stunde beginnt meine Schicht. Der Job ist okay, weißt du. Ich kann nachts sowieso nicht schlafen."

Das konnte ich mir gut vorstellen. Obwohl wir erst wenige Sätze miteinander gewechselt hatten, hatte Peter mir drei Mal auf die Schulter geklopft. Fünfmal war er sich mit der Hand übers Gesicht gefahren, als wolle er imaginäre Fliegen von dort vertreiben. Ständig tigerte er umher. Das ganze Unglück der Menschen rühre daher, dass sie nicht ruhig in einem Zimmer bleiben könnten, erkannte Blaise Pascal einst. Das stimmte mit Blick auf Peter bestimmt. Vielleicht war das Buch ja eine Art Therapie, ein Medikament, das ihm sein Psychiater verschrieben hatte. Hier, Tobacco Road, nehmen Sie das dreimal täglich zu sich. Aber steigern Sie die Dosis nur langsam.

„Und du, bro, was führt dich hierher?“

Peters Frage riss mich aus meinen Gedanken. Ich sei lediglich auf der Durchreise, meinte ich lapidar.

„Auf der Durchreise? Das geht nicht! Nein, das geht nicht!“

Inzwischen hatte ich kapiert, dass mein Gesprächspartner Dinge, die ihm am Herzen lagen, gern wiederholte. Er sprach schnell, die Silben purzelten nur so aus ihm heraus; zuweilen löste sich eine aus der Reihe und preschte nach vorn. Dann brach die ganze Formation zusammen, Peter nahm einen neuen Anlauf und schoss den gleichen Satz nochmals ab. Zwischendrin fragte er immer wieder nach, ob ich dies und jenes auch wirklich verstanden hatte – „Right, bro, right? “ –, wartete meine Antwort aber nicht ab, sondern hechelte bereits wieder verbal seinen Gedanken hinterher. Dass die in seinem Kopf Pirouetten drehten, konnte man richtiggehend sehen. Zuweilen verzog Peter das Gesicht für Sekundenbruchteile zu einer Grimasse, ehe er es wieder in die reguläre Form zurückbrachte. Vermutlich wäre er ein miserabler Pokerspieler. Und wahrscheinlich war er Single.

„Zumindest Riverside musst du noch besuchen, Mann. Du musst!“

Dabei schnaubte Peter durch die Nase wie ein Pferd. Die Sache schien ihm wirklich wichtig zu sein.

Was es denn dort zu sehen gebe, fragte ich.

„Nichts, gar nichts. Und alles! Es wird nur noch zwei Jahrhunderte dauern. Dann aber wird James T. Kirk, der Captain des Raumschiffs Enterprise, dort geboren werden. Phaser auf Betäubung!“

Peter ahmte einen Phaserschuss nach und setzte zur Sicherheit gleich eine ganze Salve hinterher. Misstrauisch blickte der Tankwart zu uns herüber.

„Am 22. März 2228 wird es so weit sein. Oh ja. Dann wird Kirk nur ein paar Kilometer westlich von hier das Licht der Welt erblicken. Das ist verbürgt, weißt du?! Und darum feiern wir bereits jetzt jährlich am 22. März das Treck Fest. Faszinierend, nicht wahr?“

Peter versuchte, den sinnlich-weitschweifenden Denkerblick des legendären Captains nachzuahmen. Ich stellte mir vor, wie Jahr für Jahr Hunderte blasser Nerds, als Vulkanier oder Klingonen verkleidet, in der Gegend einfielen.

„Und dann erst Oquawka!“

Gesundheit, Peter!

„Nein, Oquawka! Das klingt vielleicht wie ein schwer heilbarer Schluckauf, ist aber der Ort, an dem Norma Jean starb. Kennst du die überhaupt?“

Ha, und ob ich die kenne, behauptete ich. Jeder wisse doch, dass Marylin Monroe mit bürgerlichem Namen Norma Jeane Baker geheißen habe und später dann Mortenson. Stolz warf ich mich in die Brust.

„Alles schön und gut, bro. Die Norma Jean, die ich meine, war aber nicht ganz so elegant wie Marylin. Sie war nämlich ein Elefant.“

Das änderte die Sachlage. Warum aber huldigte man hier einem toten Elefanten?

„Also, das kam so“, begann Peter und warf sich in Pose. Die Sache machte ihm sichtlich Spaß. „Am 17. Juli 1972 kam ein Zirkus nach Oquawka.“

„Wohin, Peter? “

„Na, nach Oquawka. Was kann ich für die indianischen Namen? Mississippi klingt doch auch gut. Egal. Jedenfalls hatte der Zirkus eine Elefantendame dabei, Norma Jean eben, und die band man mit einer Eisenkette an einen Baum. In den schlug der Blitz ein. Norma Jean fiel sofort tot um. Man begrub sie noch an Ort und Stelle. Mit einigem Aufwand, wie du dir denken kannst. Findige Leute stellten daraufhin einen Grabstein auf. The grave of Norma Jean, schrieben sie darauf. Jedes Jahr feiert die Gemeinde ein Fest, da gibt es dann einen Elephant Walk und Gebäckstücke mit Elefantenohren."

Nicht schlecht, das musste ich den Einwohnern des Dorfes lassen. Wer nicht auf monumentale Naturdenkmäler oder auf urbane Sehenswürdigkeiten zurückgreifen konnte, der erzählte eben gute Geschichten. Langsam wurden mir die Bewohner dieses Landstrichs richtig sympathisch. Das meinte ich zumindest, bis ich den Fehler beging, Peter zu fragen, wen er im Herbst wählen werde.

„Trump, natürlich, Trump. Wen sonst?"

Er zuckte mit den Achseln, als sei bereits meine Frage ein Frevel gewesen. Wo die Antwort doch so offensichtlich war. Ehe ich mich versah, war mir eine Entgegnung entschlüpft, obwohl ich mir vorgenommen hatte, unterwegs nicht allzu viel über Politik zu reden; das könnte nur mein halbwegs positives Menschenbild verderben. Ohnehin hörte ich lieber zu.

„Hm, was würde Erskine Caldwell dazu sagen, Peter? War der nicht Baumwollpflücker, Lastwagenfahrer und Koch, bevor er sich als Reporter und als Schreiberling geradeso über Wasser halten konnte?"

„Na und, sag ich, na und? The Donald spricht halt wie einer von uns, das ist keine von diesen Marionetten, die nur das machen, was ihnen eine Armada Berater einflüstert. Der steht zu dem, was er macht."

„Und er ist ein Rassist, oder?"

Jetzt, da der Zug schon auf dem Gleis war, hatte ich nichts mehr zu befürchten: Mein Ruf war sowieso ruiniert. Peter bestätigte das sofort.

„Das versteht Ihr Europäer eben nicht."

Wie oft sollte ich das zu hören bekommen: Ihr und wir. Wir und die. Die, die uns nutzen, und die, die uns ausnutzen.

Wer nicht für uns ist, der ist für die Terroristen. Grenzen überall, Mauern in den Köpfen und Hass auf den Zungen. Schon bevor er vielleicht wirklich das höchste Staatsamt ausüben würde, hatte Donald Trump das Land tiefer gespalten, als es alle Islamisten und erklärten Amerikafeinde jemals vermocht hätten. Die Medien feierten ihn dafür mit überbordender Berichterstattung.

US-Fernsehanstalten sind keine Nachrichtensender, sondern Flakgeschütze für eine jeweilige Meinung. Die Reporter lagen in ihren Schützengräben und waren nicht fähig, diese zu verlassen: Zu einfach und einträglich war dieses Geschäft. Fox News feuerte für die Republikaner, CNN für die Demokraten. Um Inhalte oder gar Argumente ging es dabei nicht wirklich. Was zählte, war die richtige Haltung und das Einstehen für die eigene Meinung, ganz egal, worauf diese fußte oder wie haltbar irgendwelche Behauptungen waren. Wenn sie in den Kram des Senders passten, wurden sie gesendet. Je tumber und beharrlicher, desto besser.

Das brachte Konsequenzen mit sich. Gemäß der antirassistischen Vereinigung Southern Poverty Law Center gab es in den USA mittlerweile 926 aktive Gruppierungen mit eindeutig rassistischen Positionen. Welcome to America!

Für das Präsidentenamt der USA hatten sich wiederum schon einige illustre Kandidaten aufstellen lassen. Mit denen verglichen erschien der Twitter-Wüterich Donald Trump geradezu spießig. Henry Krajewski zum Beispiel, ein Bauer, der kostenlose Milch für Schulkinder und Freibier für Männer forderte und dessen Markenzeichen ein Schwein war, das er stets unter dem Arm mit sich herumtrug. Oder Homer Tomlinson, Gründer der Church of God, der, als er 1964 nur 24 Stimmen erhalten hatte, nach Jerusalem ging und sich dort zum „König der Welt“ erklärte. Und dann war da noch Jonathan Sharkey, der von sich behauptete, Vampir zu sein und das Blut seiner Freundinnen zu trinken. Er verlor 2008 gegen George W. Bush.

Davon abgesehen dürfen Wahlberechtigte grundsätzlich weitere Kandidaten vorschlagen. Der am häufigsten vorgeschlagenen Kandidat? Mickey Mouse!

Ich müsse langsam gehen, meinte ich zu Peter, der daraufhin ansatzlos dazu überging, dem Tankwart wild gestikulierend seine Positionen zu erläutern. Seine Bewegungen kamen mir mittlerweile beinahe fahrig vor. Ob ich einem wie ihm wohl ein Museum anvertrauen würde – und sei es auch nur nachts?

Andererseits konnte ich ihn ein Stück weit verstehen. Einer wie Peter gehörte ins flirrende New York oder zumindest in eine überschaubare Metropole wie Saint Louis. Für Muscatine war er eindeutig zu umtriebig, zu agil und zu unberechenbar.

Was hielt ihn hier? Ich meinte es zu ahnen, als ich mich auf dem Weg zum Hotel umdrehte und ihn durch die Glasscheibe der Tankstelle hindurch noch immer mit dem Tankwart diskutieren sah. Die Lebenshaltungskosten in New York waren legendär, auch Saint Louis war kein günstiges Pflaster. Amerikanische Großstädte zogen ihren Einwohnern recht unverblümt das Geld aus der Tasche, in einem Ausmaß und mit einer Dreistigkeit, wie wir es in Deutschland (noch) nicht kennen. Nicht einmal in München. Natürlich wählte einer wie Peter, der sich die Nächte in einem ungemütlichen Schreibtischstuhl um die Ohren schlagen musste, Donald Trump, der versprach, alles anders zu machen als die etablierten Politiker. Bernie Sanders, der linke Senator aus Vermont, und Donald Trump waren die Politnarren, die so sehnsüchtig erwarteten Fehler im System, die Pfeffer in den Wahlkampf trugen. Der Rockmusiker Kid Rock lobte Donald Trump im Wahlkampf denn auch für seine Fähigkeit zur Unterhaltung: Der Milliardär sei „entertaining as shit".

Vielleicht sollte ich in einem Jahr nochmals nach Muscatine kommen, dachte ich noch, ehe ich das Miniaturzimmer meines Hotels betrat. Mal sehen, was Peter dann meinte, nachdem sein Held dafür gesorgt haben würde, dass ihm die Krankenversicherung entzogen worden wäre und die Jobs wegen mangelnder Nachfrage aus dem Ausland verschwunden sein würden.

Meine abendliche Stimmung drohte zu kippen. Ich suchte Trost und fand sie im Film Snatch, in dem Brad Pitt einen nuschelnden Zigeuner spielt und Benicio del Torro einiges auf die Mütze kriegt. Mut zum Wahnsinn, unbeschwerte Lust auf Klamauk: Das können sie gut, die Amerikaner. Besser als die Europäer mit ihrer schweren Filmkost und ihren mäßig unterhaltsamen Serienversuchen. Da sind die Filme von jenseits des großen Teichs einfach verständlicher: Sie sprechen uns auf einer ganz anderen Ebene an, weniger im Kopf als vielmehr in dem, was uns als Menschen ausmacht. Anders ausgedrückt, sind sie einfach „entertaining as shit“.

„Das ist die Erde, Fremder!“

Natürlich war niemand mehr da, als ich das Muskie Motel am folgenden Morgen gegen halb acht verließ. Um diese Zeit arbeiteten die Gäste der vergangenen Nacht längst in den Fabriken und auf den Baustellen ringsumher. Vielleicht steuerten einige von ihnen bereits auf die erste Frühstückspause zu, die Postboten zum Beispiel und die Bäckergesellen.

Eine kaum befahrene Straße führte mich hinaus auf offenes Farmland und blieb dort kleben. Dreieinhalb Stunden lang schmiegten sich rechts und links Felder an den Weg. An manchen Stellen schoben sich Ähren durch den Straßenbelag. Immer wieder musste ich liegen gebliebene Weizenstängel umrunden und Erdklumpen ausweichen.

Was für eine Fahrt, eine Entgrenzung aller Sinne, ein waagrechter Sturz ins Bodenlose! Das hier waren nicht die netten Vierecke, die man bei uns „Äcker“ nennt. Um mich herum wogten bis zum Horizont Felder. Seltsam gleichförmig waren ihre Bewegungen, als streiche die Hand eines unsichtbaren Riesen darüber. Ab und an kreuzten Mähdrescher meinen Weg. Sie schienen größer als manche Dörfer, durch die ich gekommen war. Der Wind pfiff ungewohnte Lieder, er umkreiste das Velomobil, umstellte es mit Böen und fuhr immer wieder probeweise in seine Flanken. Das hier war sein Reich, hier konnte er schalten und walten, wie es ihm beliebte: Im Umkreis von Dutzenden Kilometern stellten sich ihm kein Haus und kein Baum in den Weg.

Die Luft war erfüllt von Getreidestaub. Sonnenstrahlen ließen die Partikel tanzen. Selbst durch das Dach hindurch brannte sie auf meiner Haut. Hier hatte ich den Norden definitiv hinter mir gelassen. Und ich genoss es: Ich begann, im Rhythmus der Umgebung zu schwingen. Keinen halben Meter über der Straße zerschnitt ich die Ackerparade wie ein Rasiermesser.

Auf den folgenden 65 Kilometern kam mir ganze zwei Mal ein Auto entgegen. Der Fahrer stutzte dann. Er trat auf die Bremse, hielt an und beschied mir, es ihm gleichzutun. Wir plauderten einige Minuten, ehe er mich ein gutes Dutzend Mal fotografierte und erkennbar verwirrt weiterzog. Es war schon eine seltsame Gegend, in der Mähdrescher im Hochhausformat alltäglich waren und niemand etwas daran fand, wenn ein Sechsjähriger auf einem viereinhalb Tonnen schweren Traktor herumfuhr, aber alle schier den Verstand verloren, wenn ihnen ein Fahrrad begegnete.

In den Stunden, in denen ich die Straße mit niemandem teilen musste, tagträumte ich dahin. Die Zeit tropfte unhörbar um mich herum zu Boden. Die Erde hatte aufgehört, sich zu drehen. Blickte ich nach einer ganze Weile auf, hatte sich nichts erkennbar geändert. Die Zeit schien stehengeblieben zu sein, als sei Meister Hora wie schon bei MOMO erneut eingeschlafen, während ich, mit einer „Stundenblume“ ausgerüstet, durch die zu Feldern erfrorene Landschaft radelte. Vielleicht fuhr ich auch nur immer wieder dieselbe Rille einer Schallplatte entlang: unfähig, voranzukommen oder auch nur eine Änderung herbeizuführen.

Dann waren unvermittelt Häuser da, ein paar Dutzend vielleicht. Sie waren aus dem Nichts gekommen. Ich starrte sie an wie eine Erscheinung. Ein durchgestrichenes Ortsschild folgte ihnen. Oatville stand darauf, die „Haferstadt“, das passte, zumindest der erste Teil des Wortes. Und schon war ich wieder draußen im Feldermeer.

Erst gegen zwei Uhr nachmittags erkannte ich die Umrisse einer echten Siedlung. Natürlich suchte ich dort sofort die beste Tankstelle auf. Dieses Prädikat verlieh ich ihr gern, da es die einzige ihrer Art war. Ich parkte mein Dreirad-Alien neben dem Eingang, hechtete in das kleine Konsumparadies und stand wohl etwas unschlüssig im Inneren herum. Zu plötzlich war der Wechsel vom Vorwärtsbrausen durch wogende Felder zum ungewohnten Überfluss in Stillstand über mich gekommen.

„You're in Burlington“, erinnerte mich die Bedienung sicherheitshalber. Ihre Stimme flatterte durch den Raum. Als ich mich zu ihr umdrehte, sah ich, dass sie halb hinter der Theke kauerte. Ich war ihr erkennbar nicht geheuer. Wahrscheinlich hielt sie eine Hand in die Nähe des Panikknopfs, den manche Tankstellen und U-Bahnhöfe aufweisen. Gerüchten zufolge dienen diese Knöpfe, auf denen Dinge stehen wie „Bei Gefahr drücken“, ausschließlich der Beruhigung. Wenn man sie betätigt, geschieht gar nichts. Aber man musste sie in aller Regel ja niemals ausprobieren.

Im Tonfall, in dem die Bedienung mir gesagt hatte, wo ich mich befand, hätte sie auch „Das ist die Erde, Fremder“ sagen können. Offenbar hielt sie mich entweder für einen kurzzeitig orientierungslosen Abenteurer oder für einen kompletten Volltrottel. Um sie auf Ersteres einzuschwören, bestellte ich in reizendem Tonfall einen Kaffee und fragte dann, ob es in ihrem Laden auch etwas zu essen gebe. Nein, bedauerte sie. Jetzt sah sie mich mitleidig an wie einen kranken Hund, das war immerhin ein Fortschritt. Ihre Hand wich vom Panikknopf zurück. Essen anzubieten habe sich nicht gelohnt, es gäbe einfach zu wenige Leute hier. Ich könne mein Glück ja in der Innenstadt versuchen. Das sagte sie wirklich so, „Downtown", als wären wir in Chicago oder in Salt Lake City. Dabei deutete sie vage zur Eingangstür hinaus.

Als ich im Folgenden mit offenem Dach durch Burlington fuhr, um etwas Essbares aufzutreiben, überholte mich ein Auto. Natürlich war es zwei Meter hoch und röhrte wie ein ganzes Rudel brünftiger Hirsche. Das war hier so üblich und störte niemanden. In solchen Karossen konnte man wohl einen Atomkrieg überleben, zumindest aber den einen oder anderen Tornado. Das alles stand in wunderbarem Kontrast zum heutigen Tag, der mir weiterhin mit angenehmen Temperaturen und einer weichgezeichneten Sonne schmeichelte.

„Can I talk to you for a minute?"

Wenn ein kompakter und bärtiger Mann, der sich zwei Meter über einem befindet, eine solche Frage stellt, ist man gut beraten, die richtige Antwort darauf zu geben.

„Of course you can."

Wie sich herausstellte, war mein neuer Gesprächspartner der Herausgeber der örtlichen Zeitung. Ob ich Lust hätte, ihm ein Interview zu geben? Aber sicher doch, behauptete ich. Jetzt sah ich meine Chance gekommen. Am liebsten täte ich das in einer Bar oder einem Restaurant. Ob er vielleicht eine solche Einrichtung kenne?

„Na klar, gehen wir doch ins Diggers Rest. Das ist eine australische Bar mit den allerbesten Burgern der Stadt. Gut, dieses Prädikat verleihe ich ihr gerne, da kann man wenig falsch machen, weil sie nämlich ..."

„... die einzige weit und breit ist, schon klar."

Eine Stunde lang löcherte mich der Journalist mit seinen Fragen. Dafür werde er am Ende die Rechnung übernehmen, meinte er, ganz egal, wie viel ich äße. Falls er überrascht war, dass dies angesichts mangelnder Möglichkeiten bedeutete, dass ich mir drei Portionen einverleibte und zwei Nachtische verdrückte, ließ er es sich nicht anmerken. Immer wieder traten Grüppchen in den Laden. Dann standen wir auf und mein Gönner schoss Fotos von uns. Am Ende war ich umringt von zwei weiteren Journalisten und drei jungen Frauen.

„Das war das Aufregendste, was seit einem Monat in Burlington passiert ist!“, behauptete eine agile Thailänderin am Ende. Ich wusste nicht, ob ich das als Kompliment auffassen sollte, und bohrte lieber nicht nach, was eigentlich vor einem Monat hier los gewesen war. Am folgenden Tag sollte mein Foto auf der Titelseite der Zeitung „The Hawk Eye“ prangen. Ein langer Artikel würde daraufhin meine bisherige Reise ganz gut zusammenfassen.

Erst gegen halb fünf entkam ich dem einsetzenden Starruhm. Von Burlington an wurden die Straßen zunehmend breiter. Zunächst führte mich ein teilweise überwucherter Weg aus dem Ort heraus. Anschließend folgte ich einer gut ausgebauten Asphaltstraße, die schließlich in den Highway 61 mündete. Kurz darauf kam ich in Fort Madison an.

Der heute unscheinbare Ort war einst der erste Militärposten der USA am oberen Mississippi und Austragungsort zahlreicher Kämpfe und kriegerischer Auseinandersetzungen. Zu Beginn des 19. Jahrhunderts baute man hier eine Festung, um die umliegenden Indianerstämme in Schach zu halten und dadurch den Handel ins Landesinnere abzusichern. Kurz darauf folgten die Festungen Bellefontaine bei Saint Louis und Osage in der Nähe des heutigen Kansas City. Sie alle fußten auf dubiosen Verträgen, die man den Indianern im Jahr 1804 abgerungen hatte. In seiner Autobiografie aus dem Jahr 1882 beschreibt Häuptling Black Hawk, auf den der Spitzname der Gegend zurückgeht, wie die Festung unter falschen Angaben errichtet worden war:

„Viele Menschen gingen hin, um zu sehen, was da passierte, ich war unter ihnen. Bei unserer Ankunft sahen wir, dass da ein Fort errichtet wurde. Soldaten waren emsig mit dem Sägen von Holz beschäftigt und ich beobachtete, dass sie ihre Waffen mitführten, wenn sie in den Wald gingen. Alles an ihrem Handeln entsprach dem Verhalten in einem Feindesland." Zwar beteuerten die Offiziere, dass sie das Gebäude für einen Händler bauten. Die Soldaten seien nur zu seinem Schutz da. Aber die Häuptlinge trauten dem Frieden nicht und waren besorgt.

Bereits kurz nach ihrer Fertigstellung wurde die Festung von den Sauk und weiteren Indianerstämmen angegriffen. 1809 und 1812 wurde das Fort beinahe gestürmt. Als sich die Indianer im Jahr darauf mit den Briten verbündeten, musste die US-Armee die Festung aufgeben. Häuptling Black Hawk schrieb: „Wir kamen mit Kanus den Mississippi herunter, bis wir die Stelle erreichten, an der Fort Madison gestanden hatte. Es wurde von den Weißen aufgegeben und abgebrannt und nichts als die Reste der Schornsteine waren noch zu sehen. Wir waren erfreut, dass die Weißen nun das Land verlassen hatten."

Dies wiederum erwies sich als ein tragischer Irrglaube. Nach dem Britisch-Amerikanischen Krieg bauten die Siedler ihre Häuser direkt neben den Ruinen der einstigen Festung wieder auf. Bald benannten sie die entstehende Stadt nach dem alten Fort. Und bis heute verbindet man Fort Madison mit Gewalt: Hier steht ein Staatsgefängnis mit knapp 1000 Insassen aller Sicherheitsstufen und mit über 500 Beschäftigten.

Auf der Suche nach einer Unterkunft streifte ich durch den Historic District, in dem einige Gebäude aus dem 19. Jahrhundert stehen. Ich ließ die Fort Madison Toll Bridge, die letzte am Mississippi betriebene Drehbrücke, links liegen und gelangte anschließend durch die Stadt. Diese verwirrte mich mit seltsamen Straßennamen, die geeignet waren, entfliehenden Häftlingen das Entkommen zu erschweren. Die Wege hießen Avenue G und F und P, und dann auf einmal K.

Fort Madison ist eine lang gezogene, gänzlich hotelfreie Stadt. Ich wurde von Passanten immer weiter geschickt, ehe ich weit hinter dem Ortsende-Schild ein unscheinbares Motel fand. Immerhin hatte ich dadurch einen Teil der weiteren Strecke bereits geschafft. Das war gut: Am nächsten Tag nämlich wollte ich einen entscheidenden Abschnitt meiner Tour in Angriff nehmen. Es sollte hinausgehen aus Iowa und hinein nach Missouri.

Am kommenden Abend wollte ich wollte ich den Ort erreichen, in dem Mark Twain seine Kindheit verbracht hatte.

Durch diese hohle Gasse muss er kommen.

Früh am Morgen verließ ich das Motel, doch die Sonne hatte den Boden bereits aufgewärmt. Bis dato unbekannte Herausforderungen stellten sich mir in den Weg: Nicht länger musste ich fürchten, dass mir die Finger erfroren, dass sich Schnee von unten in das Velomobil drückte und sich in meinen Hosenbeinen sammelte oder dass ich auf der vereisten Fahrbahn die Balance verlor. Stattdessen packte ich, wenn ich losfuhr, mindestens fünf Liter Wasser ein. Ich zog kurze Hosen und ein ärmellosen Shirt an und türmte auf meiner Haut Schichten von Sonnencreme und Insektenspray aufeinander.

Dass mich am heutigen Tag trotzdem zweimal ein Moskito stach, höchstwahrscheinlich war es beides Mal derselbe, begrüßte ich frenetisch. Großzügig blickte ich über den Kollateralschaden hinweg: Ging er doch mit dem Sommer einher. In den vor mir liegenden Tagen sollte die Sonne verlässlich mit mir aufstehen und sich erst kurz vor mir zur Ruhe begeben. Tagsüber würde sie mein treuer Begleiter sein.

Auch die Pflanzen merkten das. Die Bäume schickten Pollen zur Erde, die Büsche hatten sich ein Kleid aus Knospen übergeworfen. Keck neigten sich die Blumen im Wind. Der fuhr nicht mehr wie ein Rasiermesser durch die Pampa; er war kein Halbstarker mehr, der beweisen musste, was in ihm steckte. Stattdessen ruhte er sich in den Talmulden aus, er schmiegte sich an kleine Hügel und ruckelte neckisch an den Baumspitzen.

Alles um mich herum wirkte sanfter und weicher als in den vergangenen Wochen. Würde mir hier und jetzt etwas zustoßen, ein Unfall vielleicht oder ein Achsenbruch, könnte ich notfalls mein Zelt im angrenzenden Wäldchen aufstellen und eine zwar ungemütliche, aber zumindest ungefährliche Nacht dort verbringen. Während meiner ersten Fahrtage wäre das hingegen nicht so einfach möglich gewesen. So aber fuhr ich vorwärts in einer vielleicht trügerischen, nichtsdestotrotz aber wirkungsvollen Blase gefühlter Sicherheit.

Um nach Hannibal zu gelangen, das sich eigentlich südlich von Iowa befindet, musste ich noch einmal hinüber nach Illinois. Den direkten Weg hinunter nach Süden durfte ich nicht nehmen, der dortige Highway war Autofahrern vorbehalten.

Immerhin gab es in Illinois einmal mehr einen Radweg. Er nahm mich an der Hand und führte mich jenseits der großen Straßen durch unendlich scheinendes Farmland. Überall um mich herum erstreckte sich „John-Deere-Gebiet“: eine Kulturlandschaft, die von Traktoren und Mähdreschern geformt und intensiv bewirtschaftet wurde. Etwa alle 30 Kilometer traf ich auf eine Handvoll Häuser, die die Tatsache, dass sie gegen alle Vernunft hier draußen standen, triumphierend hinausposaunten. „Welcome to Marcelline“, vermeldete ein Ortsschild großspurig. Sein Pendant am Ortsausgang sah ich noch im selben Augenblick.

Kurz darauf belehrte mich ein weiteres Schild, dass ich nunmehr nach Ursa käme, der „Heimat von Adams Weingut“. Ob die wohl auch einen Hinweis auf den örtlichen Lehrer geben, „Der Ort, in dem Herr Schmidt Mathe unterrichtet“, oder auf die heimischen Eichhörnchen verweisen, „Die schnellsten in ganz Illinois“? Das fragte ich mich einen Sekundenbruchteil lang. Doch ehe ich eine Antwort fand, war ich bereits wieder auf offener Strecke.

Und das bedeutete wiederum: Felder ringsumher und Wälder, mehr und mehr. Die Bäume sind bereitet, die Räume sind geweitet. Röhrende Traktoren beschwören Aug' und Ohren. Auf der leeren Straße spielen Fuchs und Hase. Weht der Wind von hinten, gibt's schneller Rinderschinken. Der Acker wird beackert, aus Baggern wird ge … Wie dem auch sei. Jedenfalls brauste ich übermütig und gut gelaunt südwärts. 18 Meilen pro Stunde zeigte der Tachometer. Das waren etwa 30 Kilometer pro Stunde und damit ein mehr als annehmbarer Schnitt, den ich trotz einiger außerplanmäßiger Hügel bis kurz vor Quincy halten konnte.

Die Kleinstadt am Mississippi weist passable Ecken auf. Sie verfügt über einen kleinen Park und präsentiert ihren übersichtlichen Stadtkern mit Stolz, immerhin eine Rarität bei amerikanischen Städten, die eher um Kreuzungen herum und an Durchgangsstraßen entlang erbaut werden und nur selten ein identifizierbares Zentrum haben. Leider aber führte der Radweg quer durch ein Industriegebiet. Ratternde Lastwagen bogen direkt vor mir in Fabriktore ein, aus Einfahrten lugten die Spitzen überdimensionierter Trucks. Das Dach meines Velomobils reichte nicht einmal bis zur Hälfte ihres linken Vorderrads.

Eine Dreiviertelstunde musste ich überaus wachsam sein. Ich wich rauchenden Ungetümen aus, grüßte beleibte Fahrer, die dreieinhalb Meter über mir saßen, und stieß am Ende meiner Tortur gleich auf die nächste Gemeinheit: Der Interstate Highway kreuzte meinen Weg. Er war die einzige Autobahn, die man mit einem Fahrrad befahren durfte.

„Mögen täten wir schon wollen, aber dürfen haben wir uns nicht getraut.“: Einmal mehr erwies sich Karl Valentin, der große Münchner Wortkünstler, als Prophet. Erlaubt war es zwar schon, sich als Radfahrer die sechsspurige Straße mit dahinfliegenden Autos, Motorrädern und mehrstöckigen Lastwagen zu teilen. Ratsam aber war es nicht.

Das half aber nichts: Es führte kein anderer Weg nach Hannibal. Und das war immerhin der Ort, an dem Mark Twain seine Jugend verbracht hat. Seine Eltern waren hergezogen, als er vier Jahre alt war. Hier blieb er bis zu seinem 17. Lebensjahr, ehe er als Lotse auf dem Mississippi anheuerte und den Fluss mit seinen Stimmungen und Gestalten so eindrucksvoll beschrieb, dass wir ihn bis heute durch seine, Mark Twains, Augen sehen. Wir erleben den Mississippi durch seine Geschichten, selbst wenn wir ihn nie gesehen haben.

Auf dem holprigen Standstreifen der Brücke von Hannibal fuhr ich hinüber nach Missouri. Dort angekommen, öffnete ich das Dach meines Liegerads und ließ mich hinab in das Städtchen rollen.

Samuel Langhorne Clemens.

Natürlich war in Hannibal alles nach dem berühmten Sohn des Ortes benannt. Es gab das Mark Twain Riverboat, die Mark Twain Brewery und natürlich ein Mark Twain Museum. Zum 100. Geburtstag hatte man ihm zu Ehren auf dem angrenzenden Hügel einen kleinen Leuchtturm gebaut. Alljährlich richtete man einen Zaunstreichwettbewerb aus, um an den bekannten Buchanfang von „Tom Sawyer“ zu erinnern. Mark Twains eigentlicher Name tauchte hingegen in der ganzen Stadt nicht auf.

Samuel Langhorne Clemens, eine Frühgeburt, war das sechste Kind eines Marshalls aus Virginia und seiner Frau aus Kentucky. Ihre Vorfahren waren aus England und Irland eingewandert. Der kleine Sam wuchs in einfachen Verhältnissen auf. Trotzdem hielten seine Eltern noch Sklaven, die, wenn sie sich schlecht benahmen, „den Fluss hinab“ verkauft wurden. In die Südstaaten, wo sie auf den Baumwollfeldern von Mississippi und den Plantagen von Louisiana schuften mussten.

Als sein Vater starb, begann Sam mit gerade mal elf Jahren eine Ausbildung zum Schriftsetzer beim Missouri Courier. In einer Lokalzeitung, die seinem Bruder gehörte, veröffentlichte er erste Artikel und Reiseberichte. Kaum volljährig, heuerte er als Lotse auf den Mississippi-Dampfern an. Bald kannte er die Strecke zwischen Saint Louis und New Orleans praktisch auswendig. Die Fahrt dauerte damals 25 Tage, danach machte das Schiff eine Woche lang am Kai fest, wo es be- und entladen wurde. Hier kam Sam mit den unterschiedlichsten Menschen in Kontakt. Er sammelte Eindrücke und notierte Begebenheiten, noch ohne sie zu veröffentlichen.

Aus dieser Zeit stammt auch sein Pseudonym: „Mark Twain!“, riefen die Lotsen auf den Flussschiffen, um anzuzeigen, dass das Lot zwei Faden tief ins Wasser getaucht worden war. Dann hatte das Schiff zwölf Fuß, also gut dreieinhalb Meter Wasser unter dem Kiel und konnte seine Reise unbeschadet fortsetzen.

Wahrscheinlich wäre der junge Clemens gerne noch länger auf dem Strom herumgetingelt, doch 1861, nur vier Jahre nach dem Beginn seiner Lotsenausbildung, begann der Amerikanische Bürgerkrieg und die Schifffahrt auf dem Mississippi kam fast vollständig zum Erliegen.

Was war geschehen? Mit Abraham Lincoln war ein Sklavengegner zum Präsidenten der Vereinigten Staaten gewählt worden. Daraufhin traten die Südstaaten, deren Reichtum und Lebensart größtenteils auf der Ausbeutung importierter

Afrikaner beruhten, aus dem Staatenbund aus. Vier Jahre lang kämpften die Unionisten und die Konföderierten erbittert nicht nur um den militärischen Sieg, sondern auch um die Deutungshoheit über den amerikanischen Lebensstil. Im Norden waren insbesondere Kaufleute, Bankiers und Handwerker ansässig, nach Erz- und Kohlefunden am Ohio River hatte sich dort eine Schwerindustrie etabliert. Im Süden setzte man hingegen auf Plantagenwirtschaft und verkaufte vor allem Baumwolle nach England.

In Wahrheit hatte sich die Sklavenhaltung der damaligen Zeit bereits als unrentabel erwiesen: Während die Preise für Sklaven stiegen, sank die Produktivität auf den ausgelaugten Feldern. Tatsächlich war der Norden dem Süden nicht nur industriell überlegen. Selbst die Feldarbeit war in den Nordstaaten effizienter. Statt Sklaven beschäftigte man Tagelöhner und setzte ansonsten auf maschinelle Verfahren, die jeder menschlichen Arbeitskraft überlegen waren. Unter Umständen war dies auch der Grund, warum man im Norden auf Sklaven verzichten konnte: Man hatte schlichtweg effizientere Methoden der Ackerbewirtschaftung gefunden.

Als im Jahr 1863 die Emancipation Proclamation die Abschaffung der Sklaverei besiegelte, waren die Südstaaten bei ihren Landsleuten im Norden hoch verschuldet. Nach der Ausbeutung der vergangenen Jahre wollte man ihnen nun auch noch ihre Art zu leben nehmen: So interpretierten viele im Süden das neue Gesetz. In den darauf folgenden Auseinandersetzungen setzten insbesondere die Nordstaaten moderne Waffensysteme ein. Der Sezessionskrieg war einer der brutalsten Kämpfe, die auf amerikanischem Boden geführt worden waren. In keinem weiteren Krieg starben mehr Amerikaner als in jenen vier Jahren. Der Sieg des Nordens führte nicht nur zur Abschaffung der Sklaverei. Er leitete auch eine umfassende Industrialisierung ein, die den Grundstein legte für den Aufstieg der USA zur größten Macht der Welt.

Das neue Selbstbewusstsein der Nation zeigte sich auch geografisch. Schon 1867, nur zwei Jahre nach dem Krieg, kauften die Amerikaner Louisiana von Napoleon und Florida von den Spaniern. Sie annektierten Texas und erwarben noch im selben Jahr Alaska. Faktisch hatten sie ihr Staatsgebiet dadurch in etwa verdoppelt.

In dieser Phase der religiös-missionarisch vorangetriebenen Expansion und des sprunghaft ansteigenden Bedeutungszuwachses veröffentlichte Mark Twain die Bücher, die ihn zu einem der meistgelesenen Schriftsteller der Welt machen sollten. Die gesellschaftliche Entwicklung spielte ihm dabei in die Hände: Bis dahin war Bücher lesen vor allem ein Zeitvertreib der reichen Oberschicht, die in Zirkeln und Theatern an der Ostküste zusammenkam, um philosophische Gedankengänge nachzuvollziehen und über die Ansichten eines angesagten Literaten zu diskutieren.

Mark Twain packte seine Romane ganz anders an. Er schrieb über die Typen, die er auf seinen Flussfahrten getroffen hatte. Und er schrieb in ihrer Sprache: Statt geschliffener Formulierungen, welche die oberen Zehntausend in Entzücken versetzten, erzählte Mark Twain von Jungen mit Flausen im Kopf, von Gescheiterten und Sonderlingen. In seinen Romanen geht es ihm darum, zu zeigen, dass das echte, das einfache und ehrliche Leben im Mittleren Westen dem von Kultur und gesellschaftlichen Konventionen geprägten Ostküstendasein überlegen ist. Gesunder Menschenverstand sticht intellektuelle Belesenheit. Der ungehobelte, aber bauernschlaue Naturbursche triumphiert über den gebildeten Kunstsachverständigen und er handelt meist auch humaner und moralischer als der aufgeplusterte Großverdiener.

Ein anderer, in Europa deutlich unbekannterer Autor hat diesen Gegensatz vielleicht am allerbesten auf den Punkt gebracht. In seiner Geschichte *Der seltsame Schiffbruch der Thomas Hyke* lässt Frank Stockton einen Sachbearbeiter im Seeamt einen ganz und gar seltsamen Schiffbruch erleben. Auf wundersame Weise wird man im Verlauf der Geschichte von jenem Sachbearbeiter, der anfangs einige kluge Fragen stellt, auf die Seite des Seemanns hinübergezogen, bis Letzterer am Ende fragt: „In welche Ihrer Kategorien gehört mein Schiffbruch?“ Und der Angestellte nur noch antworten kann: „Es ist vier Uhr, und da wird dieses Amt geschlossen!“.

Genau darum geht es bei Mark Twain wie bei Frank Stockton: um den Triumph des Erlebten über den Bürojob, die Bedeutung des Individuellen gegenüber der Statistik und den Sieg des Unberechenbaren über die Kontrolle. Stocktons *Der seltsame Schiffbruch der Thomas Hyke* ist nichts anderes als eine Reise vom amerikanischen Osten in den Westen, ein Go West! für Leser.

Stockton sollte über die Vereinigten Staaten hinaus kaum bekannt werden. Immer wieder und bis heute wurde und wird aber auch Mark Twain unterschätzt. Als bloßen Humoristen sehen ihn viele, als netten Kerl, der Anekdoten zum Besten gibt und vor allem für seine Aphorismen bekannt ist.

Dabei übersieht man gerne, wie genau er seine Umgebung beobachtete und wie zielsicher er seine Sätze zuspitzte, bis sie erkennbar übertrieben daherkamen und trotzdem immer auf eine tieferliegende Wahrheit oder einen Missstand deuteten.

„Eine gute Rede hat einen guten Anfang und ein gutes Ende. Und beide sollten möglichst dicht beieinander liegen.“

„Man muss die Tatsachen kennen, bevor man sie verdrehen kann“.

„Zuerst schuf der liebe Gott den Mann, dann schuf er die Frau. Danach tat ihm der Mann leid und er gab ihm Tabak.“

„Nehmen wir an, verehrter Leser, Sie wären ein Idiot. Und nehmen wir an, Sie wären Kongressabgeordneter. Aber ich wiederhole mich ...“

Für seine treffsicheren Aphorismen feiert man Mark Twain bis heute und wird ihm doch nicht gerecht als Romanautor und Geschichtenerfinder. Der Schriftsteller Waldo Frank, ein Zeitgenosse Mark Twains, zeigt dieses Dilemma überdeutlich. Ihm zufolge trat Mark Twain, als er bereits im ganzen Land bekannt war, auf einer Wohltätigkeitsveranstaltung für Blinde wie folgt auf: „Er öffnete seinen Mund. Er zögerte. Und dann hörte man den lang gezogenen, nasalen Klang seiner Stimme. Mark Twain – der Humorist – Amerikas Spaßmacher! Was er sagte, klang traurig und scheu. Aber alles lachte. (…) Fünf Minuten rang seine traurige Seele mit der Wirklichkeit um ihn, mit dieser Wirklichkeit, die lachen wollte. Sein Gesicht wirkte angespannt, sein Körper locker und nervös, seine helle Stimme wich allmählich vor dem stumpfen Vergnügen seiner Zuhörer zurück. Und dann gab er es auf. Er entspannte sich. Er fing an, Späße zu erzählen. (…) Langsam und ohne Lust kamen die Witze. Er stand fast ganz still, den Rücken den Blinden zugewandt; plump fielen die Scherze von seinen Lippen. Und die Zuhörer fraßen sie, schlürften sie, brüllten vor Vergnügen."

Das Leben Mark Twains ist keineswegs eine Abfolge rauschender Erfolge. Ganz im Gegenteil. Wohl hatte er erreicht, was er früh als sein Lebensziel benannt hatte: Er wurde von den Massen gelesen. Das aber hatte einige Zeit in Anspruch genommen. Die Erzählung von Tom Sawyer zum Beispiel, Mark Twains „Hymne auf die Kindheit", erschien 1876 in einer Auflage von 5000 Exemplaren. Es dauerte 25 Jahre, ehe sie nachdrücklich erfolgreich werden durfte und allein in den USA zwei Millionen Mal gelesen wurde.

Im Nachfolgewerk *Huckleberry Finns Abenteuer* lässt Mark Twain seinen Huck selbst sprechen: ein Kunstgriff, der damals vergleichsweise neu war und es dem Autor ermöglichte, zur Geltung zu bringen, was er am besten konnte: ganz nah an der gesprochenen Sprache spannende

Gegebenheiten erzählen. Erstmals setzte ein hochrangiger Romancier Dialekt in einem Buch ein. Erst mit Huck Finn wurde Mark Twain zum weltweit erfolgreichen Schriftsteller. Im Jahr 1960 überstieg die Gesamtauflage seiner Werke die Grenze von 10 Millionen Exemplaren.

Woher kam die Durchschlagskraft von Mark Twains Texten? Natürlich hatten sich rasch Gleichgesinnte um ihn geschart, die dem englischen Bildungsroman einen genuin „amerikanischen Roman" gegenüberstellten. Eine Bewegung hatte sich formiert. Vor allem aber verkörperten Tom Sawyer und mehr noch Huckleberry Finn mitten in der amerikanischen Industrialisierung mit ihren neuen Anforderungen und den ständigen Veränderungen des eigenen Lebens den sympathischen Taugenichts, der von der Hand in den Mund lebt. Was für ein wohltuendes Gegenmodell zu einer effizienzmaximierenden Gesellschaft, die Unternehmergeist fordert und Konkurrenzdenken fördert! War es doch beruhigend, dass es inmitten der neuen Fabriken, der dienstfertigen Warenanbieter einen kleinen Anarchisten gab, einen faulen Hund, der in den Tag hinein lebte und den Geschäftsleuten in Sachen Lebenslust meilenweit voraus war.

Huck Finn verkörpert Mark Twains Sehnsucht nach Einfachheit und Unabhängigkeit. Es ist schon eklatant, wie eindeutig und variantenreich der Einzelne, der Außenseiter, in Mark Twains Werk über das System triumphiert. Und damit trifft er unseren Nerv. Dienen wir doch alle ebenfalls allzu rigiden Systemen, gegen die wir uns so gern auflehnen würden, wenn wir nur den Mut dazu aufbrächten und bereit wären, die dadurch entstehenden Nachteile in Kauf zu nehmen. Tom und Huck übernehmen das stellvertretend für uns.

Damit sind wir bei den Widersprüchen, die Mark Twain umgeben wie kaum einen zweiten Schriftsteller. Und wenn wir ehrlich sind: Diese sind es doch, die einen Menschen erst interessant machen. Es sind ja nicht die Erfolgreichen, die niemals straucheln und sich immer unter Kontrolle haben, über die man in Büchern und Filmen spricht. Die Leidenschaften und Wendepunkte erst geben einem Leben die Würze, auch wenn man in dem Moment, in dem man sie erlebt oder von ihnen beinahe verschlungen wird, vielleicht gerne auf sie verzichtet hätte.

Mark Twain jedenfalls war ein Nutznießer der Entwicklung, gegen die er so leidenschaftlich anschrieb. Dass die Massen im Zuge der Industrialisierung etwas Geld bekamen, um sich davon beispielsweise Bücher zu kaufen, war die Grundvoraussetzung für seinen Erfolg. Auf der einen Seite kritisierte er die Auswüchse des neuen Reichtums und attackierte die Brüder John D. und William Rockefeller, die behauptet hatten, dank Gottes Hilfe reich geworden zu sein, während ein Großteil ihres Vermögens auf der Schließung Hunderter Kleinbetriebe und auf Spekulationen basierte. Auf der anderen Seite gab es Jahre, in denen Mark Twain sich fast ausschließlich seinen eigenen unternehmerischen und spekulativen Geschäften widmete und kaum noch schrieb. Dabei bewies er nicht immer ein glückliches Händchen. Allein im Jahr 1888 verpulverte er 46.000 Dollar: Er hatte sie in neue Druckmethoden und in Einklebe-Alben investiert, in Hosenknöpfe, spiralförmige Hutnadeln und in einen unhandlichen Dampfflaschenzug.

Mark Twain war ein Kind seiner Zeit, ein Sohn des Industriezeitalters, von dem er sich schreibend so gerne absetzte. Erfindungslust und Pioniergeist hatten Besitz von ihm ergriffen. Bereits 1880 hatte Twain Anteile an einer vermeintlich bahnbrechenden Schriftsetzermaschine erworben. Ab 1885 gab er monatlich 3000 US-Dollar hinzu und malte sich aus, dass die Zeitungen der Welt bald auf diese neue Maschine angewiesen sein würden. Als er merkte, dass ein Konkurrenzprodukt doch besser war als das seine, hatte er 200.000 US-Dollar „verspielt".

Durch solche Aktionen verlor er einen Großteil der Einnahmen aus seinen Büchern. Er schmälerte das Vermögen seiner wohlhabenden Frau und stand mehrmals kurz vor dem Bankrott. 1895, 60 Jahre alt und hoch verschuldet, beschloss er, nochmals neu anzufangen. Er reiste ein Jahr lang durch Australien, Neuseeland, Indien und Südafrika und trug dort seine Bücher und Erzählungen vor. Die Reise wurde ein Triumphzug. In ihrem Gefolge entstanden das Buch *Dem Äquator nach* und zahlreiche Zeitungsartikel und er konnte seine Gläubiger auszahlen.

„Solange ein Buch sich selbst schrieb, blieb ich stets sein treuer, interessierter Gehilfe", behauptete Mark Twain, als er gefragt wurde, wie er es bewerkstelligte, so viele Bücher und Erzählungen zu veröffentlichen. „Sobald es aber meinem Gehirn die Mühe aufbürdete, Situationen zu erfinden, Abenteuer auszuhecken und Dialoge zu kreieren, legte ich es beiseite und strich es aus meinem Gedächtnis. Dann prüfte ich meine unvollendeten Werke, um festzustellen, ob unter ihnen vielleicht eines war, das im Verlauf einiger ruhiger, müßiger Jahre wieder Interesse an sich selbst gewonnen hatte und bereit war, mich erneut als seinen Schreibgehilfen zu akzeptieren."

Da er immer an mehreren Büchern gleichzeitig schrieb, blieben einige seiner Werke unvollendet. Seine Stärke lag im Augenblick und in der Improvisation, in der lustvollen Beschreibung menschlicher Schwächen, den frischen Dialogen und in der Verbindung von wachsamer Beobachtung und dem Sinn für gelungene Pointen. Manchmal erscheinen seine Geschichten dadurch etwas ziellos. Sie treiben umher, wie Tom und Huck sich treiben lassen, und bei aller Sympathie vermisst man hie und da eine ordnende Hand, die dem Ganzen einen sinnfälligen Rahmen verleiht. Ja, Mark Twain ließ sich in der Tat von seinen Figuren führen; er ließ sie die Romane schreiben und manchmal führten sie ihn so tief in ihre Geschichten hinein, dass es ihm schwerfiel, von dort wieder herauszukommen.

Es waren weniger die unternehmerischen Fehlschläge, die Mark Twain zeitlebens verfolgten wie ein Fluch, sondern die persönlichen Schicksalsschläge. Sein erstes Kind starb mit zwei Jahren, seine Tochter Susy raffte 1896 eine Meningitis dahin. In den folgenden Jahren starben drei seiner weiteren vier Kinder und seine Frau Olivia. Nur Tochter Clara überlebte ihn.

Wie sehr Mark Twain an seinem Ruf als Lieferant lustiger Texte gelitten hat, ist nicht bekannt. Von zahlreichen Äußerungen wissen wir aber, dass er aktiv in das gesellschaftliche Leben eingreifen wollte. Er wollte es verändern und wesentlich sein. Unter anderem unterstützte er den von Gorki vorangetriebenen Umsturz in Russland und rief die monarchisch regierten Völker in Europa – etwa in seiner Erzählung *Ein Yankee aus Connecticut an König Arthus' Hof* – zur Revolte auf. Vor dem Hintergrund seiner Schicksalsschläge und der mangelnden Anerkennung als ernsthafter Literat kann man Mark Twains Aphorismen auch anders auffassen: Beim zweiten Lesen bekommen sie mitunter einen zynischen Unterton.

„Wenn du einen verhungernden Hund auflfiest und machst ihn satt, dann wird er dich nicht beißen. Das ist der Grundunterschied zwischen Hund und Mensch."

„Ein Bankier ist ein Mensch, der seinen Schirm verleiht, wenn die Sonne scheint, und ihn sofort zurückhaben will, wenn es zu regnen beginnt."

„Manche deutschen Wörter sind so lang, dass sie eine Perspektive haben. Diese Dinger sind keine Wörter, das sind alphabetische Prozessionen."

„Eine Angewohnheit kann man nicht aus dem Fenster werfen. Man muss sie die Treppe hinunterprügeln, Stufe für Stufe."

Eines bleibt bei allen Widersprüchen eindeutig: Die Hauptfiguren Mark Twains heißen nicht Tom Sawyer oder Huckleberry Finn. Sie heißt auch nicht Mark Twain oder Samuel Langhorne Clemens. Das, worum sich so gut wie alles in den Romanen dieses weltläufigen Provinzlers dreht, ist der Mississippi und alles, wofür der große Fluss steht.

4.
Cowboysuche jenseits der Straßen: Von Hannibal nach Memphis.

Der wilde Fluss.

Mark Twains Bonmot „Nachdem wir das Ziel aus den Augen verloren hatten, verdoppelten wir unsere Anstrengungen“, das vielleicht tatsächlich von ihm stammt (bei einem Gutteil der ihm zugeschriebenen Aphorismen ist man sich da nicht so sicher), zog mit mir, als ich Hannibal verließ und bei besten Bedingungen südwärts zog. Ein paar versprengte Wölkchen verpassten der Sonne einen Bart, andere formierten sich für wenige Minuten zu Luftschlangen und Fabeltieren. Davon abgesehen erstrahlte der Himmel in einem beinahe schon kitschigen Meeresblau. Es herrschten stabile 22 Grad und dieses Mal handelte es sich um Celsius, nicht mehr um Fahrenheit. Gemeinsam mit der motorisierten Konkurrenz ließ ich mich vorwärtstreiben, Saint Louis entgegen.

Das Ziel jedoch, das hatte ich fürs Erste aus den Augen verloren. Tagelang war ich dem Ort entgegengefahren, an dem Mark Twain seine Jugend verbracht hatte. Hannibal, das Mark Twain als Vorlage für sein Saint Petersburg diente, war die erste wirklich touristische Station auf meiner bisherigen Reise gewesen. Man hatte den historischen Stadtkern mit Liebe zum Detail und Sinn fürs Geschäft herausgeputzt, hatte Gehsteige angelegt, Fassaden geschmückt und überall kleine Läden und Cafés angesiedelt.

Wenn man sich Zeit lässt, hat man das alles in einer halben Stunde gesehen. Und doch schafft es das Städtchen, einen zu bremsen und in den schlendernden Gang des Müßiggängers zu versetzen. Es ist kein Zufall, dass man sich hier zuweilen zurückversetzt fühlt in Zeiten, in denen der kleine Sam Clemens am Ufer stand und den Mississippi-Dampfern hinterherschaute.

Jetzt aber lag Hannibal hinter mir, und ich war unterwegs in Missouri, das den wenig schmeichelhaften Beinamen Puke State trug, der „Kotzstaat“ also. Vermutlich war das darauf zurückzuführen, dass die Siedler und Abenteurer dereinst hier überwintern mussten, ehe sie weiter nach Westen zogen. Einige Zeitgenossen mögen hinzufügen, dass der Titel auch dem Umstand geschuldet sein könnte, dass die Bewohner dieses Bundesstaates als besonders konservativ und misstrauisch gelten. Und dass hier so viele Hinrichtungen wie in kaum einem anderen US-Bundesstaat vollzogen werden. Seit 2014 hat lediglich Texas mehr Menschen exekutiert als Missouri.

Einmal mehr fuhr ich an jenem Morgen für kurze Zeit hinüber nach Illinois, wo ich eine kleine, sich durch Felder windende Straße fand, die während der folgenden Stunde mir allein gehören sollte. Immer wieder brachte sie mich in die Nähe des Stroms, der zu meiner Rechten gemächlich nach Süden floss. Hier prägt der Mississippi das Land kilometerweit: Er spendiert ihm fruchtbare Böden und eine üppige Flora und Fauna. Wenn ich an seine Ufer gelangte, konnte ich kaum glauben, dass dies wirklich derselbe Fluss sein sollte, den ich im nördlichen Minnesota zu Fuß überquert hatte. Immer länger und höher fielen die Brücken aus, die über ihn führten. Mittlerweile verfügten sie über vier Fahrbahnen und zogen sich kilometerlang dahin.

Endgültig angekommen war ich an dem Teil des Mississippi, an den die Menschen dachten, wenn sie seinen Namen hörten. Hier spielten die Geschichten, hier waren die Legenden geboren worden, hier, wo der Fluss mächtig ist und launisch, wo er Dörfer und Menschen prägt, seit Generationen schon. Sieht man ihn seines Weges ziehen, springen einen augenblicklich Bilder an und man kann nichts dagegen tun. Man denkt an Bauwollpflücker, die traurige Lieder singen, und an Lasso schwingende Rassisten zu Pferde, an adrette Damen mit federgeschmückten Hüten, deren schlechte Manieren man erst entdecken muss, und an rauchende Gentlemen, die in Windeseile Pokerkarten austeilen konnten und mit dem Revolver schneller waren als mit dem Mundwerk.

Das hier war der Strom, den Mark Twain, Hermann Melville und William Faulkner so eindrucksvoll beschrieben haben: Der Unterlauf war ihre Muse, ihr Sehnsuchtsort gewesen. Ein Stück Weite und das Versprechen einer aufregenden, undurchsichtigen Welt inmitten der Kornkammerprovinz.

So muss es gewesen sein, damals im industriell explodierenden Amerika. Ich las es in Mark Twains Büchlein *Leben auf dem Mississippi*, in dem er dem Strom sein persönliches Denkmal baut. Kein anderer Fluss Nordamerikas entwässert ein so gewaltiges Becken: Holt sich der Mississippi sein Wasser doch aus 28 Bundesstaaten und damit aus einem Gebiet mit 45 Längengraden. Zählt man die Nebenflüsse hinzu, so ist die von ihm geprägte Region größer als Deutschland, Frankreich, Spanien, Italien, Großbritannien und die Türkei zusammen.

Die gewaltigen Ausmaße des Stroms zeigen sich vor allem hier, wo der Missouri in den Mississippi mündet, jener wilde „Fluss, der in rasendem Lauf, durch ein unermessliches, unbekanntes Land der Barbarei herunterkommend, seine trüben Fluten in den Schoß seines sanften Bruders ergoss“. Noch ein Zitat, das Mark Twain zugeschrieben wird.

„Ein außergewöhnlicher Fluss ist er schon insofern, als er anstatt sich zur Mündung hin zu verbreitern schmaler wird, schmaler und tiefer.“ Es klingt anerkennend, beinahe neidvoll, wenn Mark Twain in seinem Buch *Leben auf dem Mississippi* die Eigenwilligkeit des Flusses beschreibt. Bevor man dem Strom durch Begradigungen und Kanäle die Wucht genommen hatte, war es oft vorgekommen, dass sich der Mississippi neue Wege suchte. Er hatte hier eine Schlaufe durch die Landschaft gezogen und dort eine Abkürzung gefunden. Die bananenförmigen kleinen Seen in der Nähe seines heutigen Verlaufs zeugen noch immer davon. Zuweilen hatten sich ganze Städte damals binnen weniger Jahre „auf dem Trockenen“ wiedergefunden, meilenweit entfernt vom Fluss, der nunmehr andere Orte zum Erblühen brachte, die bislang ein Schattendasein gefristet hatten.

Die Folgen der Unberechenbarkeit des Mississippi konnten sogar noch gravierender sein. Da der Fluss in der Regel die Grenze zwischen den Bundesstaaten markierte, kam es vor, dass man eben noch sein Häuschen in Iowa aufgebaut hatte und am nächsten Morgen fand man sich unvermittelt nach Illinois verfrachtet. Mark Twain schreibt: „Passierte so etwas in der alten Zeit am Oberlauf, konnte das einen Sklaven von Missouri nach Illinois abschieben und zum freien Menschen machen."

Ja, damals war der Mississippi ein unsteter Bursche, von dem niemand sagen konnte, was er als Nächstes anstellte. Er war ein Teil des Wilden Westens, auch wenn er sich an dessen östlichem Ende befand. Es war die Zeit, in der Samuel Mason, ein Flusspirat, die ersten Dampfer durch schwieriges Gelände leitete und sie absichtlich auf Grund laufen ließ, damit seine Bande die Passagiere in aller Ruhe ausrauben konnte. Die Indianer glaubten, dass sich ein Dämon im Fluss befand. Mark Twain vermutet, dass es sich um den Mississippiwels handeln könnte, der ein Gewicht von immerhin 250 Pfund auf die Waage bringt.

Sicherlich war nicht alles rosig in jener aufregenden Zeit der Dampfer und der Piraten. Aber wer bekommt nicht Lust auf das echte, das pralle Leben, von dem Mark Twain so ungemein anziehend erzählt?

Als ich Mark Twain las und dabei abdriftete in die unberechenbaren Abenteuer vergangener Zeiten, mit denen verglichen mir vieles in unserer überzivilisierten Gegenwart so fade und vorgegeben vorkommt, merkte ich, dass die Lesestimme in meinem Kopf einem Amerikaner gehören musste.

Schon als 16-Jähriger, als ich das erste Mal New York besuchte, die Appalachen entdeckte und durch North Carolina streifte, war mir klar geworden, dass ich am besten alles, was ich jemals im Englischunterricht gelernt hatte, über Bord warf. Stattdessen flocht ich Werbesprüche und Sätze aus Kinofilmen in meine Sprache ein. Damit fand ich mich erstaunlich gut zurecht. Es genügte eigentlich, die Wörter zusammenzuknautschen, konsequent die Satzenden zu verschlucken und den verbliebenen Rest im Mund mehrmals hin- und herzurühren, bis er zu einem zähen Brei geworden war, den man am besten irgendwo kurz hinter dem rechten Eckzahn sammelte, ehe man ihn seinem Gegenüber entgegenschleuderte.

Mit einem solchen Akzent las ich Mark Twains *Leben auf dem Mississippi* und danach unzählige seiner Kurzgeschichten, die allesamt ähnlich funktionieren: Sie enthalten pfiffige Dialoge, sind ungemein angenehm zu lesen und steigern sich unweigerlich in witzige Übertreibungen hinein. Nicht wenige davon sind verfilmt worden, am besten gefällt mir „Die Eine-Million-Dollar-Note".

In der vermeintlich autobiografischen Geschichte *Journalismus in Tennessee* erhält der Erzähler eine Stelle als Hilfsredakteur beim örtlichen Käseblatt „Morgenglorie und Kriegsschrei". Weitere Blätter heißen bei Mark Twain „Halbwöchentliches Erdbeben", „Morgengeheul" und „Das tägliche Hurra". Es ist eine wunderschöne Medienschelte am Rande der eigentlichen Erzählung! Der zugereiste Hilfsredakteur wird im Verlauf der Geschichte mehrmals angeschossen, ein normaler Vorfall in Tennessee.

Am Ende bleibt dem Verfasser nur noch zu konstatieren: „Die journalistische Tätigkeit in Tennessee ist zu aufregend für mich." Dorthin war ich nun also unterwegs.

„Alienflitzer" und „Dickbacke".

Genauer gesagt war ich auf dem Weg nach Griggsville, der „Hauptstadt der Purpurschwalbe". So stand es in großen Lettern auf dem örtlichen Wasserturm, „Purple Martin Capital of the Nation".

„Das Männchen trägt ein metallisch glänzendes dunkelblaues Gefieder, das Weibchen weist oberseits schwarzblaues und unterseits graues Gefieder auf“, belehrten mich Hinweisschilder.

Nichts gegen Schwalben, aber musste man wirklich beidseitig der Straßen Vogelhäuschen aufstellen? Musste man diesem Vogel tatsächlich durch ein eigenartiges Denkmal im Stadtzentrum huldigen? Was war das nur für ein seltsamer Kult? Waren die wirklich coolen Attribute (Hauptstadt der Fliegenfischer, größte Wildwestsiedlung in Amerika, Hometown of Johnny Depp) alle vergeben gewesen, hatte man sich darum mit einem eher unscheinbaren Vogel beholfen?

Zugegeben: Die Purpurschwalbe mit dem gegabelten Schwanz ist ein wahrer Flugkünstler, der beim Fliegen sogar trinkt, indem er mit offenem Schnabel dicht über die Wasseroberfläche hinweggleitet. Außerdem war diese Schwalbenart in der Gegend einst so gut wie ausgerottet, ehe man sie mit Erfolg neu angesiedelt hatte. Insofern weist der seltsame Beiname von Griggsville primär auf die großartige Leistung seiner Einwohner hin und weniger auf den Vogel.

Allerdings liegt das Geheimnis ganz woanders: Eine ausgewachsene Purpurschwalbe vertilgt nämlich bis zu 2000 Moskitos – am Tag! In den Feuchtgebieten zwischen dem Mississippi und dem Illinois schlüpfen in den Frühsommermonaten Abermillionen der lästigen Insekten. Da kommt es auf jede Purpurschwalbe an. Diese werden daher frenetisch begrüßt.

Vorerst war die Lage hinsichtlich der Moskitos in Missouri, wohin ich kurz hinter einem Dörfchen namens Atlas gelangte, nicht wesentlich schlimmer als in Illinois. Lediglich die Straße war, verglichen mit den paradiesischen Tagen am Ostufer des Mississippi, in einem erbärmlichen Zustand. Ich holperte durch Schlaglöcher, musste Ästen ausweichen und schlingerte um Bodenunebenheiten herum. Mit jeder Meile, die ich zurücklegte, nahm die Verkehrsdichte zu. Saint Louis kündigte sich an, die zweite

Metropole auf meinem Weg. Die erste waren die Zwillingsstädte Minneapolis-Saint Paul gewesen.

In Clarksville war ich noch weitgehend allein auf weiter Flur. Übermütig zog ich immer wieder zur Straßenmitte hin, legte Schlangenlinien ein und fuhr zeitweilig minutenlang freihändig. In Elsberry zwang mich der einsetzende Verkehr bereits, am rechten Rand zu fahren, auch wenn sich dort kein Standstreifen befand. In Kingston hupte man mich an den Ampeln an, schoss Fotos von mir und drehte Kurzvideos. Als ein Lastwagen direkt neben mir eine infernalische Tonfolge hören ließ, erschreckte ich dermaßen, dass ich um ein Haar in den Straßengraben gerauscht wäre.

Die meisten Autohupen weltweit sind auf den Ton F gestimmt, das wirkt nachdrücklich gefährlich. Dass die Amerikaner das Autofahren lieben, darauf deuten nicht nur die 34 Millionen Strafzettel pro Jahr hin. Auch zahlreiche Redewendungen zeugen von der Fahrlust der Bürger beziehungsweise deuten sie auf deren Bequemlichkeit hin. „Autobubbling“, „Autoblubbern“, sagt man hierzulande, wenn man eine Spritztour unternimmt. Auf der Straße gibt es „Gas Guzzlers“ („Benzinsäufer“), „Rattletraps“ („Klapperfallen“, also sehr alte Autos) und „Road Hogs“ („Straßenkeiler“, die eine Fahrspur blockieren).

Natürlich brauchte ich im Land der klingenden Kosenamen und abgefahrenen Abkürzungen ebenfalls einen brauchbaren Titel für meinen fahrbaren Untersatz. In den vergangenen Wochen hatten mein Velo und ich uns ja intensiv kennengelernt. Wir waren entlang rauschenden Feldern vorwärtsgebraust, hatten Eis und Schnee die Stirn geboten. Bislang hatte mein Gefährte alle Herausforderungen, die an ihn herangetragen worden waren, mit Bravour gemeistert. Da wurde es allerhöchste Zeit für einen anerkennenden Beinamen.

Zunächst dachte ich an VELO, das ich wahlweise zu „Verrückte Ereignisse liegend observieren“ oder zu „Voller

Elan liegend obsiegen“ oder zu „Voll easy Liegen optimieren“ komplettierte. Eine Weile liebäugelte ich mit „Vorwärtshaster“, mit „Alienflitzer“ und sogar mit „Der weiße Hai“.

Schließlich aber beschloss ich, meinen dreirädrigen Freund und Helfer von nun an „Meilenfresser“ zu nennen. Das hatte den Vorteil, dass ich, wenn ich zufrieden mit ihm war, den Namen zu „Meili“ oder auch zu „Nimmersatt“ verniedlichen konnte. Wenn es richtig gut lief, nannte ich meine Flunder auch „Fresserchen“ oder „Dickbacke“.

Ja, „Meilenfresser“ funktionierte und unterstrich eindrucksvoll die Haupteigenschaft meines Velomobils. Noch konnte ich ja nicht ahnen, wie schmählich „Meili“ mich bereits am folgenden Tag im Stich lassen sollte.

In einer Lawine aus Blech und Gummi, einem Potpourri urbaner Missklänge und Verheißungen erreichte ich Saint Charles, den nordwestlich gelegenen Vorort von Saint Louis.

Direkt an der Kreuzung des Highway 79 mit der wesentlich größeren Interstate machte ich ein Motel aus. Die beiden Rezeptionisten (aus Mumbai) klatschten begeistert in die Hände, als sie mein Alienbike entdeckten. Das erinnere sie an ihre Heimat, meinten sie, auch wenn die Räder und Rikschas in Indien derzeit allesamt durch Mopeds und Autos ersetzt werden würden. Sie rieten mir, mein Dreirad direkt unter dem Fenster meines Zimmers abzustellen.

Wenige Schritte weiter rauschte ein Seitenarm des Missouri vorbei. Von hier konnte ich in jeweils weniger als 20 Meilen drei der größten Flüsse Nordamerikas erreichen: den Mississippi, den Missouri und den Illinois.

Little Dixie nennt sich die Region; sie ist unleugbar südlich geprägt. Immerhin befand ich mich inzwischen auf knapp 39 Grad geografischer Breite und damit in etwa auf der Höhe von Lissabon. Hier hatten die Bäume jetzt, im April, bereits ausgeschlagen. Die Sträucher trugen Knospen. Bienen und Hummeln summten in der Luft. Mit jedem Tag, der mich südlich voranbrachte, wurden die Häuser verschnörkelter. Die Zeichen dafür, dass sich ein Gutteil des Lebens im Freien abspielte, mehrten sich. Little Dixie war ein fruchtbares Plätzchen Erde, durchzogen von Wasserstraßen: ein nahezu idealer Ort, um Handel zu betreiben. Saint Louis war an einer nachvollziehbaren Stelle erbaut worden.

Die Katastrophe von Saint Louis – 1. Teil.

Auf jeder echten Reise gibt es ihn: den Tag, an dem sich alles gegen einen verschworen zu haben scheint und Murphys Gesetz wie eine schwarze Wolke mit einem zieht. Die Stunde, in der man sich wieder und wieder fragt, warum zum Teufel man sich das eigentlich antut, statt zu Hause gemütlich auf dem Sofa zu sitzen oder die Luxuskörper an der Copacabana zu betrachten. Der Moment, in dem man sein Gefährt nur noch in den Graben werfen und wegfahren möchte, mit dem erstbesten Zug, dem nächsten Flieger, wohin auch immer, nur möglichst weit fort von hier.

Als ich Frankreich auf einem Postrad umrundete, überschlugen sich die Hiobsbotschaften, als sich in einem Industriegebiet mein Rad zerlegte und ich kurz darauf mitten in einem Wolkenbruch zurück in die Innenstadt laufen musste. Als ich per Liegerad die Türkei durchquerte, nahmen mir zwei kurz aufeinanderfolgende Reifenpannen in der verkehrsüberfrachteten Metropolregion Mersin-Tarsus-Adana für Stunden jeglichen Elan. Und als ich in einer Fahrradrikscha durch Südostasien zog, erlebte ich während eines Anstiegs, den ich illegalerweise auf einer Autobahn in Angriff nahm, in Nordmalaysia kurz vor Taiping einen körperlichen Zusammenbruch – den einzigen, den ich bislang unterwegs erfahren musste.

Jetzt also, heute und hier auf meiner Amerikatour, krachte das Damoklesschwert in Saint Louis auf mich herab, ziemlich genau nach der Hälfte der geplanten Strecke.

Dabei hätte ich vielleicht nur die Zeichen richtig deuten müssen. Die Katastrophe warf ihre Schatten voraus, als ich das Motel an der Kreuzung des Highway 79 mit der Interstate verließ, den indischen Rezeptionisten zuwinkte und mich auf den Weg ins benachbarte Saint Louis machte.

Die Strecke war nicht einmal 50 Kilometer lang, hatte es aber in sich. In alle Richtungen zeigten vierspurige Straßen, auf denen unablässig ungleich größere Fahrzeuge vorwärtsrollten. Folgte ich einer solchen Straße, konnte es passieren, dass sie unvermittelt die Richtung änderte, unter einer anderen Straße hindurch oder über eine andere Straße hinweg führte, sich knotengleich mit ihr verschlang und mich plötzlich wieder nach Norden bringen wollte, von wo ich doch herkam. Ich kam mir vor wie in einem Maislabyrinth.

Nach mehreren Irrwegen und halsbrecherischen Umkehraktionen hatte ich mich in eine Straße eingefädelt, die mich so ungefähr östlich führte. Andauernd wurde ich auf ihr überholt, wurde an- und ausgelacht und an jeder Ampel musste ich einen Reigen an Fragen beantworten, lächeln und für die ausgestreckten Mobiltelefone posieren.

Natürlich ging es hinauf und hinunter. Die Anstiege hielten mich fest; mehrmals musste ich mich vergewissern, dass der Boden nicht mit Zombiehänden nach den Reifen meines Velos grapschte. Ging es bergab, musste ich nachdrücklich bremsen, um nicht in eines der zahllosen Schlaglöcher zu rauschen, die sich auf dem Standstreifen aneinanderreihten, als gehörten sie seit jeher zu dieser Straße dazu. Ich konnte sie nicht alle vermeiden.

Links von mir brauste der Verkehr vorwärts, rechter Hand zogen sich Büsche entlang. So blieb mir nichts anderes übrig, als kurz vor den Löchern scharf zu bremsen, möglichst sanft durch sie hindurchzufahren und sofort darauf das Tempo wieder zu erhöhen. Das war eine anstrengende Art vorwärtszukommen, trotzdem schepperte und holperte es gewaltig. Mein „Meilenfresser" wurde auf der heutigen Strecke deutlich mehr herausgefordert als während der vergangenen Tage, an denen wir dreimal so viele Kilometer zurückgelegt hatten. Wie sich bald herausstellen sollte, war dieser Umstand Teil eines größeren Problems, das sich, ohne dass ich es bisher bemerkt hätte, direkt über mir zusammenbraute.

Für die ersten zehn Meilen des heutigen Tages benötigte ich nicht, wie angenommen, eine halbe Stunde, sondern über zwei. Die Lage wurde nicht besser, als ich die Ausläufer von Saint Louis erreichte. Von dröhnenden Motoren, rufenden Jugendlichen und Krankenwagensirenen wurde ich von Ampel zu Ampel gehetzt. Plötzlich kippte die Straße steil bergab. Kurz vor ihrer tiefsten Stelle, dort, wo sie bereits flacher zu werden begann, bemerkte ich eine Ampel, die im selben Moment von Grün auf Gelb umsprang. Mit voller Wucht trat ich in die Pedale. Das Velo flog bergab, trotzdem kam es mir vor, als näherte ich mich der Ampel wie in Zeitlupe. Ich wusste nicht sicher, ob sie noch gelb oder bereits rot war, als ich wie ein irrer Funke auf die Kreuzung stob. Was ich dagegen genau erkennen konnte, war der Pickup, der im selben Moment von rechts auf die Kreuzung gefahren kam. Würde ich jetzt bremsen, könnte er meinem Hinterteil nicht mehr ausweichen, er würde mich mühelos zermalmen.

Also legte ich alle Kraft in die Pedale. Die drehten sich mittlerweile wie tollkühne Derwische und ich war mir ziemlich sicher, dass ich seit einigen Sekunden schrie. Durch das verschmierte Seitenfenster sah ich, wie sich die Motorhaube des Pickups über mir aufbaute. Riesig war sie und verdunkelte die Sonne. Ich konnte die Prägung DODGE mit ihren massigen Lettern gut erkennen und meinte einen

Augenblick lang sogar, das vor Schock verzerrte Gesicht des Fahrers hoch über mir zu sehen. Vielleicht bildete ich mir das aber auch nur ein.

Ich hatte aber keine Zeit, mich mit den Implikationen dieses bemerkenswerten Umstands auseinanderzusetzen, da mein Verstand noch im selben Moment das Kommando ausgab, den Lenker scharf nach links zu reißen. Deutlich spürte ich, wie sich das Gewicht auf das linke Vorderrad und das Hinterrad verlagerte. Ich sah das rechte Vorderrad sich vom Boden heben und für zwei, drei Sekunden darüber schweben. In halsbrecherischem Tempo schlingerten wir nach links. Die Motorhaube des Riesen rutschte hinter mir über die Kreuzung. Sofort darauf raste ich mit knapp 50 Stundenkilometern in ein gigantisches Schlagloch.

Es knallte wie ein Pistolenschuss. Sofort verlor ich jeglichen Halt. Meine Beine rutschten von den Pedalen und schlenkerten hilflos im Fußraum des Velos umher. Gleichzeitig wurde das Dach emporgerissen. Ich ließ den Lenker los, meine Hände verkrampften sich um die Bremsen. Wieder schlingerte mein „Meilenfresser" gefährlich hin und her. Ich hörte, dass ich angehupt wurde, zweimal, dreimal, dann hatte ich die Kontrolle über mich und das Velo wiedererlangt.

Im Affekt fuhr ich weiter, mechanisch, beinahe wie ein Roboter. Dann erst parkte ich am rechten Straßenrand und stieg aus, um mir die Misere anzuschauen.

Im selben Moment begannen meine Beine heftig zu zittern. Als sei das der Startschuss gewesen, breitete sich Angst in meinem Körper aus. Sie ergriff Besitz von meiner Brust, meinen Armen und Schultern und schließlich von mir. Es war ein Gefühl, als seien überall Türen zugeschlagen worden. Eine ungewohnte Enge hatte sich meiner bemächtigt. Alles zog sich zusammen. Ich hatte das Gefühl, als würde ich von einer unbekannten Kraft in eine Richtung geschoben, in die ich nicht gelangen wollte. Es war zwecklos, sich gegen sie aufzulehnen.

Dieser Zustand hielt nur wenige Minuten an, hinterließ aber einen Nachhall an Zweifeln und Zaudern, der mich aufhorchen ließ. Das also war sie, die Angst.

In einer Asterix-Folge sucht eine Horde Nordmänner die Gallier auf in der Hoffnung, dass diesen ihnen zeigen mögen, wie das ging, „Angst haben". Hatten sie doch erfahren, dass diese einem Flügel verleihe. Ich hingegen hatte vor, auch noch die Reste der verbliebenen Angst aus meinem Körper zu spülen. Und was könnte dafür besser geeignet sein als eine Filiale der Restaurantkette „Popeye", wie ich sie keine fünf Minuten nach meiner Pause am rechten Straßenrand vorfand.

„Popeye" warb mit Spezialitäten aus den Südstaaten. Und wenn das wirklich die berühmte Louisiana cuisine war, tat ich besser daran, mir ein neues Reiseziel zu suchen und einen großen Bogen um New Orleans zu schlagen.

Selbstverständlich waren alle Stühle aus Plastik. Das sah ich sofort, als ich leichtfertigerweise den Laden betrat. Breithintrige Frauen und dickbäuchige Männer saßen darauf und unterhielten sich in quakendem Englisch über den Tratsch der Stadt. Sofort umhüllte mich ein Geruch nach Frittierfett und billigem Putzmittel. Er machte mich, so bildete ich mir ein, zum Teil dieser infernalischen Gesellschaft aus irregeleiteten Zuckersüchtigen.

Ich bestellte ein Hühnchen for here, das die Bedienung – sie mochte 120 Kilogramm wiegen, ihr Arm war beinahe so breit wie mein Oberschenkel – augenblicklich unter labbrigen Pommes frites begrub. Erst als wirklich nichts mehr darauf hindeutete, dass sich auf meinem Plastikteller ein Stück Fleisch befinden könnte, schien sie zufrieden zu sein. Sie stopfte alles in einen Pappkarton, wickelte eine Plastiktüte drumherum und steckte zur Sicherheit noch zwei in Plastikfolie eingeschweißte Soßen in eine separate Tüte. „Enjoy", meinte sie dann und lächelte breit. Ich bedankte mich und wollte eben den Müllberg mit dem Fleischatom schultern, als mir noch etwas einfiel. Ob ich vielleicht ein

Glas Wasser bekommen könne, wollte ich wissen. Meine Frage erwies sich als tollkühne Unverschämtheit.

„A what ...?“ Die Bedienung schien ehrlich schockiert zu sein. Sie deutete auf eine Maschine, die fünf Zapfhähne aufwies, und brummelte etwas, das ich als „Selber herauslassen“ interpretierte.

Nun denn. Ich ging hinüber und sah mir das Angebot an. Es gab fünf Limonaden zur Auswahl, zähflüssiges Zuckerzeug mit 1000 Kalorien pro Schluck. Alles war vollkommen künstlich und leuchtete in ungesunden rosalilapinken Farben. Ich stellte einen Becher unter das am wenigsten eklig aussehende Gemisch und drückte den Zapfhahn hinab. Was unten herauskam, entsprach in Konsistenz und Aussehen ziemlich genau dem Schleim, der aus Aliens austritt, wenn diese von den Predatoren zerfleischt werden. Mit Sicherheit war das kein Wasser. Eher so eine Art besonders fettige Zitronenlimonade. Ich füllte den Becher nur halb. Nach zwei Schlucken musste ich das Gesöff wegwerfen. Ich bekam es einfach nicht herunter.

Anschließend versuchte ich das Hühnchenstück unter den Pommes frites hervorzuholen. Es bestand aus fünf Prozent Fleisch und 95 Prozent Panade. Offenbar war der auch noch Zucker beigemischt worden, denn als ich hineinbiss, schmeckte es unleugbar süß. Ich hatte mittlerweile das Gefühl, dass sich der Frittier-Plastik-Geruch wie Schmutz auf meiner Haut abgesetzt hatte. „Welcome to America!“

Andererseits hatte der Kulturschock wie gewünscht dafür gesorgt, dass sich die Reste meiner Angst aufgelöst hatten. Mit neuem Selbstbewusstsein trat ich hinaus auf den Parkplatz und fand den Meilenfresser von Polizisten umringt. Offenbar waren sie mit drei Streifenwagen gekommen, die sie rund um mein Fahrzeug abgestellt hatten.

„Dir gehört also dieses … Ding da?“, fragte mich einer. „Wo ist denn der Motor?“

„Es gibt keinen. Ich will aus eigener Kraft den Mississippi entlang nach New Orleans fahren.“

Das war natürlich ein Fehler. In der Regel antwortete ich auf solche Fragen, dass ich mir die Gegend anschauen wolle oder unterwegs zur nächsten Stadt sei. Vielleicht hatten mich die Popeye-Pommes doch mürbe gemacht. Ich war nicht so auf Zack wie sonst.

Jetzt gab es natürlich ein großes Hallo. Ob ich da etwa treten müsse, fragte ein anderer Polizist. Ob das nicht furchtbar anstrengend sei. Und ob da wirklich nirgendwo ein Motor …

Ich war drauf und dran, irgendwelche Pferdestärken zu erfinden, damit die Ordnungshüter mich in Ruhe ließen. Zum Glück knackte bald ein Funkgerät, woraufhin sie in ihre Autos stiegen und davonfuhren.

„Wenn es heute Abend dunkel wird, solltest du woanders sein mit deinem, ähm, Fahrrad“, gaben sie mir zum Abschied mit, „das hier ist keine gute Gegend.“

Eben das hätte ich vor, sagte ich. Tatsächlich wollte ich so rasch wie möglich downtown, wo ich mehrere eindrucksvolle Bauwerke, ansehnliche Häuserreihen und eine vorzeigbare Flusspromenade vermutete. Noch ahnte ich ja nicht, welch böse Wendung dieser Tag nehmen würde.

Wohl zeigte eine Polizistin, ehe die Gruppe wegfuhr, noch auf das Hinterrad des Velos. Da stimme doch etwas nicht, meinte sie. Doch, doch, beruhigte ich sie, da sei alles in Ordnung und wie immer. Hätte ich nur auf sie gehört!

Die Katastrophe von Saint Louis – 2. Teil.

So aber zog ich munter weiter hinein in die Stadt. Bald gelangte ich zum Riverfront Trail, ein 15 Kilometer langer Radweg direkt am Mississippi. Kaum war ich auf die belebte Allee eingebogen, begann das Velo zu schlingern. Dabei ließ es ein an- und abschwellendes Knirschen hören, das mir durch Mark und Bein fuhr. „Schschschtt, schschschtt": Es klang wie bei einem Ventil, durch das man Dampf ablässt. Im selben Moment wurde mir klar, dass der Schlauch meines Hinterrads keine Luft mehr enthielt.

Ich stieg aus und sah mir die Bescherung an. Tatsächlich, die Felge des Hinterrads war verbogen. Darum hatte das Rad so rhythmisch auf den Boden geklopft. Vermutlich hatte ich diesen Umstand meinem allzu heftigen Rumpeln durch das letzte Schlagloch zu verdanken.

Mit Mühe drehte ich den vorläufig stillgelegten Meilenfresser auf die Seite. Er sah nun aus wie ein abgestürztes Rieseninsekt. Von seiner Schnittigkeit war wenig übrig. Was nun? Ratlos blickte ich mich um. Es würde nicht einfach werden, das Rad dieses Kolosses aus der Verankerung zu lösen, aus der Hartschalenverkleidung zu schälen und anschließend zu reparieren. So viel war klar.

„Are you in need of some help?"

Ein gemütlich dreinblickender Endvierziger war neben mich gefahren. Sein Fahrrad stand beneidenswert aufrecht neben ihm. Unwillkürlich blickte ich mich um, ob vielleicht von irgendwoher brachiale Posaunenklänge ertönten oder zumindest die Ahnung eines Heiligenscheins sichtbar werden würde. Das war definitiv die richtige Frage zur richtigen Zeit.

Oh ja, er könne helfen, beteuerte ich. Gemeinsam lösten wir das Hinterrad heraus. Wir bennötigten einige Schraubendreher und mehrere Sechskantschlüssel dafür. Dann klopften wir es notdürftig zurecht und zogen einen neuen

Schlauch darüber. Lange würde dieses Provisorium nicht halten. Zumindest aber in die Innenstadt könnte es mich mit etwas Glück bringen.

Erleichtert nahm ich die Fahrt wieder auf. Zehn Minuten lang gab ich mich der Hoffnung hin, dass jetzt alles in Ordnung wäre. Ich malte mir bereits ein Abendessen unter dem Gateway to the West, dem Wahrzeichen von Saint Louis, aus, als es hinter mir plötzlich knallte. Im selben Augenblick fiel ich, in Wahrheit wohl nur gut drei Zentimeter tief, und doch fiel ich, fiel durch meine Illusionen hindurch und stieß unsanft auf den harten Boden der Realität auf.

Der zweite Schlauch war hinüber. In diesem Moment wurde mir klar, dass ich das gesamte Hinterrad würde auswechseln müssen. Ich würde einen neuen Schlauch brauchen, einen neuen Mantel und ein komplettes neues Rad. Noch waren es über zehn Kilometer bis in die Stadt.

„Could you use a helping hand?“

Hilfsbereit waren sie, die Amerikaner, das musste man ihnen lassen. Kaum war mir das Ausmaß der Misere bewusst geworden, hielt bereits ein weiterer Radfahrer neben mir. Dieses Mal aber standen die Chancen, dass dieser Tag doch noch eine günstige Wendung bringen könnte, ungleich schlechter als noch vor einer Viertelstunde.

Das Hinterrad sei hin, meinte ich, und einen weiteren Ersatzschlauch hätte ich nicht dabei.

„Well ...“

Mein vermeintlicher Retter kratzte sich am Kopf. Jetzt konnte er beweisen, was in ihm steckte. Es gäbe ein paar Radläden in der Stadt, meinte er schließlich, in denen könne man mir vielleicht helfen. Wobei keiner von denen über ein solches Ding da verfügen würde. Dabei zeigte er auf das Velo. Ich müsse mich zudem beeilen, schließlich sei Samstagabend.

Samstagabend also. Auch das noch. Morgen würde ich in ganz Saint Louis, wahrscheinlich sogar in ganz Missouri kein neues Hinterrad auftreiben. Ich musste versuchen, noch heute einen der raren Läden aufzusuchen, in denen man mir ganz eventuell würde helfen können.

Zehn Kilometer sind kein Pappenstiel, wenn man auf zweieinhalb Rädern einen holprigen Weg entlangschlingert. Periodisch gab das Velo Warnlaute von sich. Irgendetwas schabte unschön am Rahmen. Anderthalb Stunden lang mühte ich mich voran.

Doch als ich die Innenstadt von Saint Louis erreichte, begann der Wahnsinn erst so richtig. Ich musste eine dreispurige Einfallstraße wählen, die vollgestopft war mit Autos. Immer wieder schlängelten sich Motorräder und Mofas an den Wartenden vorbei.

„How may I assist you?"

Es könnte zur Gewohnheit werden. Immer wenn ich irgendwo strandete, bot mir ein wildfremder Mensch seine Hilfe an. Am heutigen Tag, der so schwarz war für die Tour, die ich mir vorgenommen hatte, am heutigen Tag stiegen die Amerikaner gewaltig in meiner Achtung.

Dieses Mal war es ein vielleicht 25-jähriger Inlineskater, der mir aus der Patsche half. Flugs rief er den Inhaber des nächstgelegenen Fahrradgeschäfts an. Dann drehte er sich zu mir um und hob die rechte Hand mit den zwei zum Siegeszeichen erhobenen Fingern.

„Yeah, Bob erwartet dich", verkündete er, „der schaut sich dieses Teil da gerne mal an. Du musst dich nur sputen, sein Laden macht in 18 Minuten zu. Dann ist es sechs Uhr abends und Bob nimmt seinen Arbeitsschluss sehr ernst."

Jetzt schlängelte ich mich ebenso wie die Motorrad- und Mofafahrer entlang wartender und genervter Autofahrer durch den Pendelverkehr. Mal fuhr ich auf dem mikroskopisch kleinen Gehsteig, dann wieder auf der Straße, wobei ich jedes Mal ausstieg und das Velo hinauf- oder hinunterhievte. Mit jedem Meter wurden die Straßen noch voller. Wir näherten uns eindeutig dem Zentrum.

„Flat tire!", rief mir ein Teenager aus einem Auto heraus zu. Als ob ich nicht wüsste, dass ich einen Platten hatte! Bald aber schrien mir das irgendwie alle hinterher. Mittlerweile machte ich ordentlich Krach. Hinter und unter mir und um mich herum schabte und ratterte, quietschte und kreischte es, als hätte man sämtliche Hunde des Hades losgelassen.

Der Inlineskater zeigte mir unverdrossen den Weg zu Bob. Sonst hätte ich es nicht dorthin geschafft. Nur noch drei Blocks, ermunterte er mich. In diesem Moment krachte es noch einmal unter mir. Jetzt klang es, sobald ich vorwärts fuhr, wie eine besonders lange Kreide, die man über eine Schiefertafel zieht. Es war ein ekelhaftes Quietschen. Parallel dazu schepperte es jetzt ohne Unterlass. Außerdem ließ ich irgendetwas, wohl ein Teil des Schlauchs, hinter mir auf der Straße zurück. Trotzdem fuhr ich eisern weiter. Inzwischen wohl direkt auf der Felge.

Um drei Minuten vor sechs stürzte ich mitsamt dem Velo in den Fahrradladen. Hauptsächlich um sicherzugehen, dass man mir nicht die Tür vor der Nase zuschlug.

„What the heck …?!"

Bob schlug die Hände über dem Kopf zusammen, als er sah, was sein Kumpel ihm da vorbeigebracht hatte. So ein Ding hätten sie nicht im Angebot, meinte er. Er könne das Velo am Montag aber gerne auf Vordermann bringen und auch ein neues Hinterrad montieren, wenn ich ihm eines in passender Größe vorbeibrächte. Nun sei aber Dienstschluss, meinte er dann noch. Er nehme diese Regelung sehr genau.

Bobs Angebot war das Beste, das ich bekommen konnte. Morgen, am Sonntag, würde ich mir die Stadt anschauen und gleichzeitig herausfinden, wo ich am Montagmorgen ein Hinterrad auftreiben könnte. Das würde ich dann Bob bringen und am Montagmittag gen Süden weiterziehen. Saint Louis hatte ich mir ohnehin anschauen wollen.

War es damit ausgestanden, hatte dieser Unglückstag sein Pulver verschossen? Mitnichten! Das Schicksal liebt es nun einmal, den Gewinnern immer noch mehr zu geben und denen, die am Boden liegen, noch eines überzuziehen.

Das war wie die Sache mit den Zinsen: Wer Geld hat, bekommt noch mehr davon. Wem es dreckig geht, der muss blechen.

Wie dem auch sei. Jedenfalls fand am heutigen Samstagabend in Saint Louis ein Motocross-Rennen statt. Im Umkreis von zehn Kilometern um die Innenstadt herum würde ich heute mit Sicherheit kein Zimmer mehr bekommen, meinte Bob, ehe er den Schlüssel im Türschloss seines Ladens umdrehte und davonstiefelte. Durch die Fensterscheibe hindurch sah ich das Velo an. Traurig sah es aus, es neigte sich zum Boden hin. Ob wir ab Montag wohl wieder gemeinsam auf die Pirsch gehen würden? Ob es mir gelingen würde, in dieser Stadt ein Hinterrad für meinen Alien aufzutreiben?

Ich seufzte. Vorerst hatte ich andere Sorgen. Es galt, eine brauchbare Unterkunft zu finden, Bobs düsterer Prognose zum Trotz. Ich schulterte meinen Rucksack, drei Reisetaschen, meinen Schlafsack und das Zelt. Bob hatte darauf bestanden, dass ich das alles mitnahm: „Falls du heute Nacht draußen übernachten musst".

Dann machte ich mich auf den Weg zum American Best Value Inn. Ich hatte es bereits entdeckt, als ich mich gemeinsam mit ein paar 1000 anderer Verkehrsteilnehmer in die Innenstadt gequält hatte. Von außen erinnerte das Motel an ein Playmobilhäuschen. Das war gut, denn Plastik war billig. Massivstein oder Marmor wäre angesichts meines begrenzten Geldbeutelinhalts problematisch gewesen. So aber folgte ich der Spur des schlechten Geschmacks und hoffte, am Ende bei einer zweckmäßig eingerichteten Bleibe anzukommen, die mir dennoch alles bot, wonach ich derzeit verlangte: ein Dach über dem Kopf, vielleicht gar eine Dusche, für möglichst wenig Geld.

Es sollte mir nicht vergönnt sein.

„Are you serious?!", begrüßte mich eine überschminkte Frau an der Rezeption, als ich nach einem Zimmer fragte.

Ob ich das ernst meine. „Weißt du denn nicht, dass in der Stadt ein Motocross-Rennen stattfindet?“ Sie schaute mich an, als sei ich soeben vom Mond gefallen. Ohne mein Rad konnte ich meinen Exotenbonus nicht länger ausspielen. Ich musste einen Großteil meines Charmes einsetzen, ehe die Dame sich bereit erklärte, online nach freien Hotelzimmern „der unteren Preisklasse“ zu suchen.

Mir schwante, was das bedeutete. Was Wucher betrifft, sind die Vereinigten Staaten nach wie vor das Land der unbegrenzten Unmöglichkeiten. Leider hatte ich schon mehrmals in den USA erleben müssen, wie ein ungezügelter Raubtierkapitalismus Preise im Bereich des vollkommenen Wahnsinns erzeugte.

Einmal war ich außerplanmäßig in Boston gestrandet. Ich war durch die Innenstadt gestromert, in der irgendein furchtbar angesagtes Ereignis stattfand, und hatte den Betrag, den ich für eine Bleibe ausgeben wollte, nach jeder Abfuhr in immer schwindelerregendere Höhen getrieben. Das sollte mir indessen gar nichts nützen, da die verlangten Preise parallel dazu immer noch höher gelegen hatten. Beinahe hatte ich zusehen können, wie sie in jeder Minute, die verstrich, mit jedem Schritt, den ich zurücklegte, ins Unermessliche gestiegen waren.

300 Dollar? Für eine Übernachtung im Dreisternehotel? Davon träumst du wohl! Das hier ist Boston, Mann, nicht Bangalore.

Am Ende hatte ich 460 Dollar für ein Zimmer bezahlt, in dem ich von Mitternacht bis sieben Uhr geschlafen hatte. Das bereue ich bis heute.

Die Reise den Mississippi entlang hatte ich ursprünglich auf einem Traktor unternehmen wollen. Lange hatte ich recherchiert und schließlich mit zwei Anbietern telefoniert. Für eine vierwöchige Tour hatten sie zwischen 20.000 und 30.000 Dollar verlangt. Die trug ich gerade nicht bei mir. Ohnehin seien das aber nur die Grundkosten, hatten sie beteuert, hinzu kämen Ausgaben für den am Ende fälligen

Reifenwechsel – 4500 Dollar –, außerdem Benzin und diverse Reparatur- und Transportpauschalen. Allein eine leere Transportkiste in New Orleans zu lagern, während ich unterwegs war, hätte 2500 Dollar gekostet. Und so weiter. Und so fort. Bald hatte ich diese Idee begraben.

Ich war folglich vorbereitet auf das, was mir die bleich geschminkte Frau gleich anbieten würde. Schockiert würde ich sein, aber nicht überrascht.

„Hier haben wir das Comfort Inn – ausgebucht. Dann eben das Motel 6, die haben doch immer … nein, auch voll. Dann bleibt eigentlich nur noch das … oh, echt nicht? Vielleicht das … nope, Fehlanzeige. Hatte ich eigentlich erwähnt, dass heute Abend ein Motocross-Rennen stattfindet?“

Mein Gegenüber schien es ein Stück weit zu genießen, mir immer aufs Neue schlechte Nachrichten zu überbringen. Plötzlich aber bohrte sie ihren rechten Zeigefinger beinahe in den Bildschirm ihres Laptops hinein.

„Ha, hier haben wir was! Sind 350 Dollar okay für dich?“

„Zum Teufel, nein, das ist ganz und gar nicht okay. Gibt es nicht vielleicht ein Motel weiter draußen?“

„Schon. Aber wie kommst du dorthin?“

Einen Moment lang hatte ich vergessen, dass ich nicht in Europa war. Etwas wie ein öffentliches Personenverkehrssystem, das seinen Namen verdiente, gab es hier nicht.

„Für ein Taxi, das dich aus der Stadt bringt, würdest du mehr bezahlen, als wenn du in der Innenstadt schläfst, glaub mir das.“

Seltsam: In diesem Land, dessen Bewohner ständig von Freiheit reden, fühle ich mich immer mal wieder eingesperrt wie nirgendwo sonst. Noch aus jedem laotischen Dorf hinaus oder in den bolivianischen Dschungel hinein hatten mich Busse oder andere Fahrzeuge gebracht. Hier aber, in einer „westlichen“, halbwegs modernen Großstadt, hier gab es offenbar nichts, das mich heute noch irgendwohin bringen konnte.

Zum Glück kam der Rezeptionistin eine Idee. Es gäbe da ein System, das sich gerade in der Probephase befände. Man buche bei einer Firma und bekäme ein Zimmer in einem Hotel zugewiesen, das nicht ganz ausgelastet sei. Das Hotel kenne man beim Buchen natürlich nicht. Man bekäme aber Preisnachlässe von bis zu 80 Prozent. Ob wir das versuchen wollten?

Klar wollten wir. Ich zückte meine Kreditkarte. Bargeld war ja verpönt. Kriminelle bezahlten mit Bargeld, damit niemand Rückschlüsse auf ihre Identität ziehen konnte.

„Yes, yes!", freute sich die Rezeptionistin, „das funktioniert wirklich. Hier habe ich ein Zimmer für 160 Dollar für dich gefunden, in der Innenstadt. Was Besseres bekommst du heute nicht mehr."

Sollte ich mich freuen? Ich hatte mir den gesamten Tag anders vorgestellt.

„Ähm, da kommt dann noch die Mehrwertsteuer drauf, außerdem eine Übernachtungspauschale und ein Sonderentgelt, das diese Gegend hier erhebt. Insgesamt kommst du auf 205 Dollar."

Vielleicht passte das ernüchternde Ende ganz gut zum Rest des heutigen Tages. Der Preis entsprach jenem der vergangenen vier Übernachtungen zusammengenommen. Und die fand ich auch schon nicht wirklich günstig.

Ich nahm mir vor, nach meiner Rückkehr Mario Draghi, dem EU-Haushaltskommissar, einen Brief zu schreiben. Immerhin warf dieser „Währungshüter" seit Monaten Milliarden Euro auf den Markt. Dadurch entwertete er die Währung und sorgte dafür, dass die europäischen Konzerne im Ausland kräftig Gewinne einstrichen, da ihre Produkte dort so schön günstig erschienen. Die Leidtragenden waren vor allem die deutschen Sparer, die auf jegliche Zinsen verzichten mussten, und alle, die auf einen halbwegs realistischen Wechselkurs angewiesen waren. Zum Beispiel ein deutscher Velomobilfahrer in den USA, dem die eigene Währung in den Händen zerfiel.

205 Dollar: Vor einigen Monaten wären das noch um die 140 Euro gewesen. Jetzt hingegen war der Wechselkurs praktisch eins zu eins. Das war bitter, doch was sollte ich tun? Ich hatte mir nun einmal die Vereinigten Staaten als Reiseziel ausgesucht.

„Glückwunsch“, rief die Angestellte, nachdem sie meine widerwillig hergegebene Kreditkarte durch einen Schlitz gezogen hatte. „Du darfst ins Casino Lumière. Da wollte ich immer schon mal hin.“

„Ähm, wohin darf ich?“

„Das ist gleich nebenan, du siehst es sofort, wenn du hinausgehst. Na, haben wir doch noch etwas für dich gefunden. Hey, dafür übernachtest du aber morgen bei uns und erzählst mir, wie es war, einverstanden? Morgen ist hier sowieso nichts los, da sind alle platt von dem Motocross-Rennen. Ich kann dir ein Zimmer geben für … Moment … ah ja, hier: 32 Dollar, mit allem. Wäre das okay für dich?“

Es war verrückt. Kopfschüttelnd buchte ich das Zimmer für morgen, dann verließ ich den Plastikklotz.

Das Casino Lumière war wirklich nicht schwer zu finden. Es war ein gigantischer Gebäudekomplex, der über eine Brücke mit einem Casino verbunden war. Drei livrierte Bedienstete fingen mich gleich in der Lobby ab. Misstrauisch blickten sie an mir herab. Dazu muss man sagen, dass ich noch immer meine Radfahrerklamotten trug. Über meiner kurzen Jogginghose klebte ein verschwitztes T-Shirt, auf dem eine Landschaft aus Ecuador abgebildet war. Vom Hantieren mit der Fahrradkette und dem Hinterrad waren meine Hände und beide Unterarme bis zum Ellbogen hin geschwärzt. Ich musste zugeben, dass ich alles in allem tatsächlich schäbig aussah. Vermutlich ließen die Bediensteten solche Leute auf die Straße werfen, wenn sie sich mal aus Versehen in ihre Lobby verirrten.

Nur mein Akzent konnte mir jetzt noch helfen. „Der ist nicht von hier, vielleicht verhält man sich in seinem Land ja so", mochten meine Gegner denken. Vielleicht hielten sie mich auch für einen halbwegs berühmten Sportler. Jedenfalls bekam ich nach einigem Hin und Her die Suite Nummer 716 zugeteilt.

Und die hatte es in sich. Es gab dort jede Menge unnötigen Schnickschnack. Zum Beispiel zwei Flachbildschirme. Warum zwei? Falls einer mal ausfiel? Aber nichts, das man wirklich brauchen konnte. Wasser zum Beispiel. Das stand in der Minibar, und wenn ich die länger als 30 Sekunden öffnete, wurde mir automatisch eine Pauschale von der Karte abgebucht. Die Programme auf den beiden Flachbildfernsehern waren limitiert. Wollte ich einen wirklich guten Film sehen, so wurde mir das automatisch von der Karte abgebucht.

Langsam erkannte ich in alldem ein Muster. Du willst deine Kleider waschen lassen? Einen Bademantel ausleihen, ein zusätzliches Handtuch ordern? Kein Problem, du zahlst nur eben für jeden kleinen Finger, den wir rühren, einen unsinnigen Preis.

Immerhin: Das Bett war riesig, flauschig und leserfreundlich. Obwohl ich das wohl auch in einer Absteige hätte haben können.

Am folgenden Morgen erwartete mich eine weitere Überraschung. Ein Frühstück? Oh ja, natürlich könne ich das bekommen, versicherte man mir in der Lobby. Ich könne es mir sogar einzeln zusammenstellen. Ein Croissant koste zum Beispiel zehn Dollar, einen Orangensaft bekäme ich schon für acht fünfzig. „Wir buchen den Preis dann ganz einfach von Ihrer Kreditkarte ..."

„Nein! Ihr bucht jetzt gar nichts mehr ab. Am besten vergesst ihr meine Kreditkarte so schnell wie möglich." Das wollte ich dem Halsabschneider am liebsten zurufen. Stattdessen beschränkte ich mich darauf, sein Angebot höflich abzulehnen, und trollte mich schnellstmöglich von dannen.

Bevor ich die Suite Nummer 716 verließ, schaute ich noch kurz auf das Schild, das innen an der Tür angebracht war. Pro Person und Nacht 850 Dollar, stand dort geschrieben. Mittlerweile war ich mir sicher, dass die Inhaber diese Zahlen einfach würfeln ließen. Irgendwo stand bestimmt ein Zufallsgenerator, ähnlich wie die Lotto-Kugelmaschine, der auf Zuruf irgendwelche Zahlen ausspuckte. Null-acht-fünf, wie kombinieren wir das jetzt? Was wollen wir auf dieses Schild da schreiben, 508 Dollar? Oder 850 Dollar? Ach, egal, die Leute zahlen doch sowieso irgendwelche anderen Preise. Und über das Frühstück, das Fernsehen und die Minibar bekommen wir den Rest wieder herein.

Ich beeilte mich, aus der Nepp-Schlepp-Geld-weg-Falle zu kommen. Einen Moment lang war ich versucht, das Bett aufzuschlitzen oder einen der beiden Fernseher aus dem Fenster zu werfen. Stattdessen legte ich mein gesammeltes Kleingeld, vor allem die Ein-Penny-Stücke, auf die Minibar und ging dann, anderthalb Kilogramm leichter als zuvor, hinüber zum Americas Best Value Inn.

Die Schminke der Bediensteten wies einige Gebrauchsspuren auf. Hatte die Rezeptionistin die ganze Nacht über Dienst gehabt? Oder gar auf mich gewartet?

„Wie war's, wie war's?“, rief sie mir entgegen, kaum dass ich die Tür des Motels geöffnet hatte.

„Na ja, du hast eigentlich nicht allzu viel verpasst“, erklärte ich und erzählte von dem eigenartigen Nebeneinander von demonstrativem Überfluss und dem eklatanten Fehlen existenzieller Dinge.

„Wie bitte, kein Frühstück?“, empörte sich die Rezeptionistin. „Dann pass mal auf!“

Damit zog sie eine Reihe von Schubladen auf, in denen ich Muffins und Kekse, Zimtrollen und Zitronenkuchen, Kaffee und Orangensaft ausmachte.

„Bedien' dich“, verlangte sie. „Meine Schicht ist jetzt sowieso zu Ende und wir rechnen hier grundsätzlich mit so etwas wie einem natürlichen Schwund.“ Vergnügt zeigte sie auf ihren Bauch.

Was für ein Unterschied zu den Abzockmeistern gegenüber! Da können mir alle Luxushotels der USA gestohlen bleiben. Die Rezeptionistin eröffnete mir zudem, dass ich mein Zimmer gleich beziehen und mein Gepäck dort verstauen könnte.

Saint Louis, das „Tor zum Westen“ für so viele Siedler, das mein „Tor zum Süden“ hätte werden sollen, hatte mir zur Begrüßung kräftig in den Unterleib getreten. Ohnehin war es eine seltsame Stadt: Der glitzernden Downtown mit ihren hermetischen abgegrenzten Hotels und himmelhohen Häuserschluchten standen Vororte im Norden und im Osten gegenüber, in denen die Kriminalitätsrate legendär war.

Vielleicht aber, so hoffte ich an jenem Sonntag, als die Sonne ihr Reich vollständig von der Nacht zurückerobert hatte, vielleicht würde mir diese janusgesichtige Metropole nach dem turbulenten Empfang am heutigen Tag ja ausnahmsweise auch mal ihre Schokoladenseite zeigen.

Unsicherheit und Kreativität.

Großes ist entstanden in dieser zweigeteilten Stadt, die sich jahrelang in einer Art Zwischenreich befand: Eingeklemmt zwischen dem halbtoleranten Norden und dem offen rassistischen Süden, durchlebte Saint Louis die Zeit der Diskriminierung und der Rassentrennung auf ganz besondere Art und Weise. Natürlich gab es sie, hier und in ganz Missouri: die Unterdrückung Andersfarbiger, bis hin zu Straßenjagd und Lynchmord. Noch im Jahr 2017 warnte die nationale Bürgerrechtsbewegung NAACP Schwarze vor Reisen in diesen Bundesstaat, nachdem ein farbiger US-Bürger auf einer Straße fälschlich links abgebogen und kurz darauf unter mysteriösen Umständen in einer Zelle verstorben war.

Und doch perfektionierte Josephine Baker hier ihren Tanz- und Flirtstil, der ihr später in Paris so viele Türen öffnen sollte, avancierte Miles Davis zu einem der epochenprägenden Jazzmusiker des 20. Jahrhunderts, erfand Chuck Berry das weltberühmte Gitarrenintro zu Johnny B. Goode. Der Rapper Cornell Haynes Junior, besser bekannt als „Nelly", nennt Saint Louis auf seinem gleichnamigen Album nicht ganz unbescheiden Nellyville. Sie alle hatten am Ende überwältigenden Erfolg in einer Gesellschaft, die ihnen in weiten Teilen nicht wohlgesinnt war.

Die Philosophin Natalie Knapp sieht Unsicherheit als Grundvoraussetzung für Kreativität. Wenn alles feststeht oder weitgehend vorgegeben ist und man ohne große Gefahr von Brüchen und Spannungen durchs Leben getragen wird, tendiert man dazu, es sich bequem zu machen. Auf sich wandelnde Umstände und eine nicht festgelegte Zukunft reagieren die Menschen dagegen unterschiedlich: Manche resignieren oder steigern sich in Angstfantasien. Andere, Stärkere, entfalten ungeahnte kreative Fähigkeiten. Das werden nicht selten die Literaten, Musiker, Regisseure und Künstler, von denen auch spätere Generationen noch reden.

Miles Davis bekam in Saint Louis als Neunjähriger von einem Freund seines Vaters seine erste Trompete geschenkt. Mit 13 unterrichtete ihn Joseph Gustat, der Solotrompeter des Saint Louis Symphony Orchestra. Mit 17 trat Miles Davis erstmals auf: in Saint Louis, in einer Band namens Blue Devils. Immer wieder zog es ihn zurück in diese Stadt. Mithilfe seines Vaters überwand er hier seine erste Drogensucht.

Was auf Miles Davis' Jugend in Saint Louis folgte, hat Einzug gefunden in die Geschichte des Jazz, des Rock und des Pop: Nefertiti (ein für die damalige Zeit völlig irres Stück, in dem die Rhythmusgruppe die Improvisation übernimmt und die Bläser in einem Ostinato verharren), zweieinhalbstündige Livekonzerte ohne jede Pause, elektrisch verstärkte Trompetenklänge, wummernde Wah-Wah-

Effekte, Loop-Wunderwerke der Postproduction – und bei alldem sagenhafte 100 Alben, von denen einige – Kind of Blue, Bitches Brew – bis heute als bahnbrechend gelten. Keine schlechte Bilanz eines schwarzen Trompeters inmitten der amerikanischen Rassenunruhen.

Fast zeitgleich begann Chuck Berrys Weltkarriere in Saint Louis. Auf der hiesigen Summer High School lernte er, Gitarre zu spielen. Hier trat er erstmals auf: im Huff's Garden, einem überschaubaren Innenstadt-Club. Auf der folgenden Tournee präsentierte er den staunenden Zuschauern seinen Entengang („Duckwalk") und hob die Gitarre in den Rang des wichtigsten Instruments. In seinen Songs, darunter die Welthits Roll over Beethoven und Sweet Little Sixteen, setzt er auf Powerchords und Double Stops, auf hohe Licks und zweisaitige Bendings. Sein berühmtester, zigfach gecoverter Song Johnny B. Goode wurde später als Beispiel für irdische Musik mit den Voyager-Raumsonden ins Weltall geschossen. Die Liste derer, die angeben, von Chuck Berry maßgeblich inspiriert oder gar erst zur Musik gebracht worden zu sein, liest sich wie das Who's who des Rock: Elvis Presley, Buddy Holly, Jimi Hendrix, die Beatles, die Stones, Status Quo, AC/DC und viele mehr.

Siedler und Indianer.

Wie würde sich die janusgesichtige Stadt mir präsentieren? Was würde sie für mich bereithalten? Würde sie mich am morgigen Tag überhaupt davonlassen?

Einstweilen lag das Zentrum von Saint Louis schläfrig ausgebreitet unter einer morgendlichen Sonne, die von Minute zu Minute an Kraft gewann. Natürlich, das merkte ich bereits nach den ersten Schritten, war auch Saint Louis nicht für Fußgänger gebaut worden. Keine Stadt im Landesinneren der USA war das.

Rechts und links mehrspuriger Straßen reckten sich vielstöckige Häuser empor. Immerhin hatte man am Ufer des Mississippi einen Grünstreifen angelegt und zudem einige weitläufige Plätze in das Stadtbild integriert, die gut mit den Fassaden der Gebäude und den lang gezogenen Straßen harmonierten. Der Himmel erschien dadurch weiter als in anderen Städten der Vereinigten Staaten, in denen man immer nur einen winzigen Ausschnitt, einen halben Sonnenstrahl, die Ahnung einer Wolke über sich ausmachen kann.

Saint Louis strebt nach oben: Seine Bauwerke zeigen es, seine Geschichte als Grenzstadt zwischen dem besiedelten Osten und dem „Wilden Westen". Und am meisten wohl jener immense Bogen, auf den ich am heutigen Tag stieg, um mir einen Überblick zu verschaffen.

Ein antiquiert anmutender Aufzug brachte mich hinauf in das fensterbestückte Stockwerk des Gateway Arch. 1965 hatte Eero Saarinen den Torbogen aus Edelstahl erbauen lassen. 192 Meter oberhalb des Mississippi eröffnete sich mir eine spektakuläre Aussicht auf die Altstadt, deren Gebäude noch weitgehend aus dem 19. Jahrhundert stammen. Weiter entfernt machte ich Fabrikanlagen aus, dazwischen hingen entweder die gepflegten Vororte der Weißen mit ihren Gärtchen voller Trampoline und Planschbecken oder aber die unübersichtlichen Gegenden der Schwarzen, in denen die Häuser bestenfalls zweistöckig waren und die Wege schief verliefen.

„You're awful, I like you", „Du bist hässlich, ich mag dich": So nannte die Rockcombo Ludo aus Saint Louis ihr erstes Album. Das fasste es ganz gut zusammen.

Die Stadt, die sich unter mir ausbreitete, war keine Perle. Sie wies vorzeigbare Stellen auf, ebenso aber hässliche Krater und geschwürartige Straßenzüge. In einigen Vierteln sollte man sich nach Einbruch der Dunkelheit besser nicht aufhalten. Aber es war eben auch eine ehrliche, eine kämpferische Stadt, in der Gut und Böse nah beieinanderlagen und keiner wusste, ob das Schicksal vorgesehen hatte, dass man an der nächsten Straßenecke einen Impuls erhielt, der einem für die kommenden Jahrzehnte ein Auskommen bescherte, oder ob man stattdessen nicht einfach zusammengeschlagen wurde. Das war allemal spannender als die gepflegte Langeweile vieler europäischer Städte, die sich konzentrisch um einen gefälligen Kirchplatz ausbreiten.

Saint Louis wächst und schrumpft demgegenüber ungleich chaotischer. Seit jeher war diese Stadt den Kapriolen des Schicksals stärker ausgesetzt als die meisten anderen. Strategisch günstig gelegen an der Stelle, an welcher der Missouri in den Mississippi mündet, lässt sich ihre Geschichte bis ins 7. Jahrhundert zurückverfolgen. Damals gründete man knapp zehn Kilometer östlich des heutigen Zentrums eine Siedlung namens „Cahokia", die bald zur größten Metropole des vorkolumbianischen Amerika nördlich von Mexiko avancierte. Sie war insbesondere berühmt für ihre „Mounds": pyramidenförmige Erdhügel, von denen einige größer waren als die Pyramiden von Gizeh. Darauf lässt sich ein Beiname von Saint Louis zurückführen: Man nennt die Stadt bis heute auch „The Mound City".

Im 14. Jahrhundert wurde Cahokia aus unbekannten Gründen aufgegeben. Als die ersten Europäer das Gebiet im 17. Jahrhundert erreichten, fanden sie den Siedlungsplatz verlassen und verfallen vor. Erst 1763 gründeten der französische Händler Pierre Laclède Liguest und sein Stiefsohn Auguste Chouteau Saint Louis als Handelsposten. Zusammengefasst kann man mit nur leichter Übertreibung behaupten, dass beinahe alle Städte am Mississippi, insbesondere an dessen Unterlauf, von den Franzosen gegründet worden sind.

Im Jahr 1803 erwarben die Vereinigten Staaten unter ihrem politisch weitsichtigen Präsidenten Thomas Jefferson im Rahmen des Louisiana Purchase ein riesiges Gebiet vom napoleonischen Frankreich. Konträr zu seinem Namen umfasste das größte Grundstücksgeschäft der Geschichte nicht nur das heutige Louisiana, sondern sämtliche bis dato bekannten Gebiete westlich des Mississippi bis hinauf nach Kanada. Durch den Kauf verdoppelte sich die Fläche der Vereinigten Staaten von Amerika.

Die Schlüsselrolle bei der Erforschung der erworbenen Gebiete fiel Saint Louis zu. Von hier starteten die Siedlertrecks in den „Wilden Westen" und ermöglichten nicht nur den kometenhaften Aufstieg der USA zur unangefochtenen Weltmacht, sondern nebenbei auch so kuriose Erfindungen wie das Frisbee. Da die Kinder der Siedler sich auf den langen Wegstrecken langweilten – in den Planwagen blieb wenig Platz für Spielzeug – warfen sie sich in den Rastpausen runde, plattgedrückte Büffelkotfladen zu. Ein findiger Mitreisender machte daraus das Frisbee und dürfte damit eher „sein Glück gemacht" haben als die meisten Siedler.

Bei alldem wird gerne übersehen, dass die Siedler das Gebiet westlich des Mississippi nicht nur „erforschten" und „vermaßen". Es handelte sich ja mitnichten um unbelebte Steppen, Hügel und Waldgebiete, sondern um Gegenden, die seit jeher den amerikanischen Ureinwohnern eine Lebensgrundlage boten.

Gerade im Landesinneren ist eine indianische Hochkultur mindestens seit 900 nach Christus nachzuweisen. Die Mitglieder dieser Mississippi Culture bauten bereits Bohnen und Kartoffeln an. Sie kultivierten Tabak und rösteten Mais. Von ihnen stammen die Mounds bei Saint Louis. Die pyramidalen Erdaufschüttungen dienten als Tempel und Versammlungsorte. Sie standen im Zentrum von Siedlungen, die mit Holzpalisaden umgeben waren.

Auch den im ganzen Land beliebten Ahornsirup verdanken die Amerikaner den Indianern: Als sie einen Tomahawk gegen einen Ahornbaum geworfen hatten, war ein süßer Sirup hervorgetreten. Mittlerweile sind Pancakes in den Vereinigten Staaten ohne Ahornsirup kaum noch denkbar.

Die spanischen Conquistadores, die nach der Entdeckung des neuen Kontinents durch Christoph Kolumbus im 16. Jahrhundert das Landesinnere erreichten, brachten andere Erfindungen mit: Pferde und moderne Schusswaffen, außerdem Alkohol und unbekannte Krankheiten. Nach verlustreichen Kämpfen wurden die Indianer in Reservate gedrängt. Der Removal Act aus dem Jahr 1830 sah beispielsweise die Zwangsumsiedlung von 16.000 Ureinwohnern vor. Bis 1837 hatte man 50.000 Indianer aus den östlich gelegenen Gebieten in die Steppen westlich des Mississippi vertrieben.

Die Cherokee kamen 1838 an die Reihe. Von Georgia aus setzte sich der „Trail of Tears„ der „Marsch der Tränen“, gen Westen in Bewegung. In Illinois überquerten die Vertriebenen den Mississippi. Die Überfahrt kostete damals zwölf Cent – für Weiße. Von Indianern erwartete man pro Person einen Dollar; außerdem mussten sie warten, bis alle Weißen übergesetzt waren. Krankheiten wie die Pocken, die Masern und die Blattern, Hunger und rassistische Übergriffe sorgten dafür, dass von den 50.000 Indianern, die sich auf den Weg nach Westen gemacht hatten, nur etwa die Hälfte am Ziel ankamen.

Es sollte eine Heimat auf Zeit bleiben. Bereits kurz nach der Zwangsumsiedlung wurde klar, dass die Weißen auch das Land westlich des Mississippi für sich beanspruchen würden. Man machte neue Reservate in unfruchtbarem, abgelegenem Land aus und pferchte die verbliebenen Ureinwohner dort zusammen.

Mittlerweile gibt es gut 300 solcher Reservate in den Vereinigten Staaten. Ihr Gebiet entspricht etwa 2,3 Prozent der Fläche der USA. Dort kümmern sich die Nations um die Infrastruktur; sie schreiben ihre eigenen Gesetze und erheben Steuern. Sie dürfen sogar Weißen den Zutritt verwehren. Nicht erlaubt wäre ihnen hingegen, eine eigene Währung einzuführen oder eine Armee aufzustellen. Gewaltverbrechen sind nach wie vor der staatlichen Gerichtsbarkeit unterworfen, auch wenn sie in einem Reservat begangen werden.

Seit Ende der Neunzigerjahre besinnen sich die Indianer zunehmend auf ihre Traditionen und auf die Geschichte vor der Vertreibung. Mittlerweile hat die US-Regierung 564 Indianerstämme, Native Americans genannt, offiziell anerkannt. Trotzdem hat es bis 2009 gedauert, ehe ein Präsident, damals Barack Obama, sich für die begangenen Vertragsbrüche und Demütigungen gegenüber den Nations entschuldigte. Mit keinen geringen juristischen Folgen: Gerichtsklagen der Indianer haben seitdem deutlich höhere Erfolgsaussichten.

Die vielleicht wichtigsten, in jedem Fall die einträglichsten Verträge ermöglichen es den Indianern bis heute, Glücksspielgeschäfte anzubieten und dafür keine oder kaum Steuern zu bezahlen. Kasinos außerhalb der Reservate müssen hingegen beinahe ein Drittel ihrer Einnahmen abführen. Die Indianer haben hart gekämpft, um ihr Privileg zu behalten. Zu Recht, denn kaum etwas anderes lohnt sich derart wie die Kasinos in ihren Gebieten. Sie sind moderne Goldgruben und vielleicht auch eine Art verspätete Wiedergutmachung für das erlittene Unrecht.

Denn immerhin verdanken die Amerikaner den Ureinwohnern nicht nur Kenntnisse über die Nutzung von Kartoffeln, Mais und Tabak, sondern auch wesentliche Teile ihrer Verfassung. Thomas Jefferson und weitere Gründungsväter hatten beispielsweise das „Große Gesetz des Friedens“ studiert, das die Irokesen des Hudson River „Gayanashagowa“ nannten und anwendeten, um sich untereinander nicht länger zu bekriegen, sondern stattdessen Handelsbeziehungen zu unterhalten.

Heute leben wieder über fünf Millionen Indianer in den Vereinigten Staaten. Die Cherokee, die nach dem Trail of Tears nur noch 25.000 Angehörige aufwiesen, stellen mit über 300.000 Menschen die größte Gruppe.

Manche, die indianische Ursprünge aufweisen, haben es gar zu Weltruhm gebracht. Johnny Depp sieht man den Einfluss seiner Urgroßmutter, einer Cherokee, noch an. Aber auch Kim Basinger und Cher, Elvis Presley und Johnny Cash hatten indianische Vorfahren.

Den Indianern gegenüber stand seit jeher eine Figur, die in der Geschichte immer wieder überhöht und verklärt wurde und bis heute Stoff für Erzählungen und Legenden liefert.

Nein, es ist nicht der Cowboy, der „Kuhjunge" also, wie wir Deutschen, die wir von Karl Mays Geschichten verhunzt wurden, so gerne annehmen. Der Cowboy, das war in erster Linie eine herabwürdigende Bezeichnung der Menschen im Mittleren Westen, die zu einer Zeit entstand, in der die USA inoffiziell geteilt waren. Während im Osten des Landes bereits Eisenbahnen herumfuhren und erste Wolkenkratzer gebaut wurden, kämpfte man im Westen ums Überleben.

Der Cowboy, ein „kulturloser Reiter", war jemand, der wenig Wert auf Manieren und feine Anzüge legte. Dass der Begriff einen Siegeszug antreten konnte, der ihn weit über die USA hinausführen sollte, und dass sich im Verlauf dieses Siegeszugs die Bedeutung nahezu umkehren würde, war einer schlichten Tatsache zu verdanken: Da die Menschen im Osten danach gierten, zu erfahren, wie es im Westen des Landes zuging, erfand man kurz nach dem Begriff Cowboy etwas viel Wichtigeres: die Zeitung.

Einige Journalisten aus dem Osten fuhren sogar in die westlichen Grenzgebiete, um dort aus erster Hand über die „Revolverhelden" zu berichten. Ein Verfasser von Groschenromanen hatte sich hierfür William Cody aus Iowa ausgesucht. Der hatte sich bislang als Puffbesitzer, Fallensteller und Pferdezureiter durchgeschlagen und arbeitete seit geraumer Zeit für die nationale Eisenbahngesellschaft. Seine Aufgabe bestand darin, möglichst viele Bisons zu erlegen. Die waren den Zugführern aufgrund der Unfallgefahr ein Dorn im Auge. Als Cody in anderthalb Jahren über 4000 Büffel erschoss, verpasste man ihm einen anerkennenden Spitznamen: Man nannte ihn von da an „Buffalo Bill“.

Die Groschenromane über Buffalo Bill wurden äußerst erfolgreich. So erfolgreich, dass Cody eine neue Idee umsetzen konnte: Warum nicht mit einer Art Zirkus auf Tour gehen, einem Bühnenstück, in dem Indianer hübsche Mädchen entführen und am Ende von draufgängerischen Cowboys erschossen werden?

Codys Wildwestshow sprengte alle Besucherrekorde der damaligen Zeit. Als Buffalo Bill tourte er achtmal durch Europa. Er gab dem Papst eine Privatvorstellung und verkaufte allein in London innerhalb eines Jahres 2,5 Millionen Eintrittskarten. Die ersten Westernfilme waren mehr oder weniger Fortsetzungen von Codys Shows.

Der Cowboy, dessen eigentliche Aufgabe es ja nur war, auf das Vieh aufzupassen, wurde auf diese Weise zum Helden stilisiert. Er verkörperte alles, was den „Wilden Westen“ für die Zeitgenossen anziehend machte: Tapfer war er, mit einem untrüglichen Sinn für Recht und Ordnung ausgestattet und ein Profi durch und durch. Bei alldem blieb er bescheiden, zuweilen gar mundfaul. Der Cowboy war im Grunde nichts anderes als die späte amerikanische Antwort auf den europäischen Ritter des Mittelalters.

Und natürlich basierten die Vorstellungen vom edlen Westernhelden schon damals mehr auf einem Wunschbild denn auf der Realität. Immerhin gründeten sie auf Groschenromanen und einer Wildwestshow.

In Wahrheit waren die meisten Cowboys ungelernte Mexikaner, die dringend einen Job brauchten. 15 Prozent der „Kuhjungen“ waren im Übrigen schwarz – eine Tatsache, die in den wenigsten Westernfilmen abgebildet wird.

Den Ureinwohnern gegenüber stand also eine Figur, die in der Geschichte immer wieder überhöht und verklärt wurde und bis heute Stoff für Erzählungen und Legenden liefert. Es ist aber nicht der Cowboy, sondern der Pionier.

„Der Pionier ist der wahre Held des Westens." Das sagt Eric T. Hansen in seinem Buch *Planet America – Ein Ami erklärt sein Land.* Wenn man sich all die Erzählungen und Westernfilme vor Augen führt, scheint er recht zu haben: Waren die Siedler nicht immer da, zwischen den Cowboys und Indianern, den Revolverhelden und den Sheriffs? Haben sie das Land nicht grundlegender und nachhaltiger beeinflusst als alle Billy the Kids und Buffalo Bills zusammengenommen?

In einem vergleichsweise kurzen Zeitraum, zwischen 1843 und 1860, zogen eine halbe Million Menschen in den Westen der Vereinigten Staaten, um dort ihr Glück zu machen. Das waren andere Kerle als ich mit meinen Wehwehchen und der ständigen Suche nach Motels und Eisdielen! Es begann bereits damit, dass die Siedler nicht wussten, wohin sie zogen. Wo würden sie sich am Ende niederlassen? Gelänge es ihnen, das Land zu bewirtschaften, bekämen sie ihre Kinder satt? Würden die Indianer sie angreifen, sähen sie sich wilden Tieren gegenüber oder Naturgewalten, von denen sie bislang keine Ahnung hatten?

Beschwerlich war der Umzug ins westliche Niemandsland. Viele reisten in Planwagen, die von Pferden oder Ochsen gezogen wurden. Andere schleiften Handwagen hinter sich her. Sie gingen von Sonnenauf- bis zum -untergang und schafften trotzdem kaum mehr als 30 Kilometer pro Tag. Es gab keine Landkarte, die ihnen den Weg wies, keine Gasthäuser, in denen Kaffee und Snacks angeboten wurden, und keine Polizei, die ihnen bei Problemen zu Hilfe eilen konnte. Jeder zehnte Siedler starb auf dem Weg nach Westen.

Jack London feiert die Siedler der damaligen Zeit auf beeindruckende Art: vor allem wenn er den Kampf des Einzelnen um sein Leben beschreibt. *Der Ruhm des Kämpfers* heißt ein Buch, das ich als Junge wieder und wieder in der

Bücherei ausgeliehen habe. So erzählt niemand sonst von Kämpfen, seien es Boxkämpfe wie in *Ein Stück Fleisch*, *Der Mexikaner* und *Der Boxer* oder Romane wie *Wolfsblut*, *Der Ruf der Wildnis* oder *Der Seewolf*.

Auf ihre größte Heldentat, die Besiedlung des amerikanischen Westens, auf ihren glorreichen Anfang, der so kraftraubend und zäh war, auf diese grandiose Zivilisationsleistung wollen die heutigen Amerikaner stolz sein. Und sie wollen es so unbedingt, dass sie, um den Mythos des Pioniers aufrechtzuerhalten, Überbleibsel aus der damaligen Zeit wie den freien Waffenbesitz und die Todesstrafe nicht nur in Kauf nehmen, sondern nach Kräften verteidigen und unter allen Umständen beibehalten wollen. Das gilt auch, obwohl viele der heutigen US-Amerikaner nun wirklich kaum noch an die damaligen zähen Naturburschen erinnern. Die Kids sitzen heutzutage doch lieber vor ihrem Smartphone. Man sieht es ihnen an, dass sie gerne mal zu Burger King gehen und dass Coca-Cola eine Erfindung aus den Vereinigten Staaten ist.

Es ist schon merkwürdig, wie sehr dieses Volk an seinen Gründungsmythen hängt und wie unkritisch sich die heutigen Amerikaner dennoch von Bequemlichkeiten abhängig machen. Viele steigen zum Mittagessen nicht mehr aus dem Auto. Sie weigern sich, auch nur für ein Stockwerk eine Treppe zu benutzen, und lassen sich gar mithilfe einer Rolltreppe zum Fitness-Studio fahren.

„… das sei Amerika“: Daniel Kehlmanns Bestseller *Die Vermessung der Welt* endet mit einem Wort, das wie ein erlösender Seufzer am Ende der Strapazen in Europa ist. Mit der Realität hat die Zuschreibung Amerikas als „natürliche Heimat der Freiheit und des Fortschritts“ indessen wenig zu tun. Das trifft nicht einmal auf die USA zu. Eric T. Hansen berichtet davon, wie es jenseits von Manifest Destiny und Go West im damaligen „Wilden Westen“ wirklich ausgesehen hat. Die allermeisten Siedler trafen nach ihrer Ankunft im „gelobten Land“ nicht auf Indianer oder hungrige Wölfe, sondern auf Bodenspekulanten. Die hatten längst große Gebiete von der Regierung gekauft und verschacherten die Parzellen nun für ein Vielfaches an die Neuankömmlinge. Diese wiederum gaben nicht selten ihr letztes Hemd für das Recht, das Land zu bestellen. Um ein Haus bauen zu können, verschuldeten sich viele auf Jahrzehnte.

Ohnehin darf nicht vergessen werden, dass es sich bei den meisten Siedlern keineswegs um unbeugsame Recken gehandelt hat, die aus der europäischen Enge der Monarchie geflohen waren, um im gelobten Amerika ein wildes und freies Leben zu führen. Sehr viele davon waren nichts anderes als „Sklaven auf Zeit".

Eric Hansen schreibt: „Wer verstehen will, wie Amerikaner ticken, muss wissen, wo wir herkommen – und bei der Mehrzahl unserer Vorfahren handelte es sich nicht einfach um Menschen aus der Unterschicht, sondern um weiße Sklaven".

„Indentured servants" wurden diese „Vertragsknechte" genannt. Später wurden viele von ihnen zu Entdeckern und Goldsuchern, manche gar zu Ölmagnaten und Industriellen. Auf diesen märchenhaften Aufstiegen, auf der Überwindung der immens großen Spanne vom Tellerwäscher zum Millionär gründet sich zu einem Gutteil das bis heute kolportierte Bild eines Landes der unbegrenzten Möglichkeiten. Am Anfang aber waren es öfter, als man annehmen sollte, Besoffene oder Obdachlose, denen man in England eines auf die Rübe gegeben und sie anschließend auf eines der Schiffe verfrachtet hatte, die Amerika ansteuerten. Als sie aufwachten, fanden sie sich auf hoher See wieder. In den Vereinigten Staaten wurden sie als Sklaven verkauft, bis sie den Gegenwert ihrer „Reise" abgezahlt hatten.

Besonders häufig traf dieses Schicksal englische Waisenkinder. Die Behörden drückten dann beide Augen zu, da die Unterbringung in den überfüllten Waisenhäusern ohnehin zu kostspielig war. So viele Waisenkinder waren betroffen, dass das englische Wort für „Entführung“ bis heute daran erinnert: Kidnapping heißt nichts anderes als „sich Kinder schnappen“.

Und dennoch bewundern wir in Europa die US-Amerikaner – heimlich oder offen – dafür, dass sie sich trotz ihrer gewaltreichen Geschichte eine herzliche Spontaneität und eine naive Lebenslust erhalten haben.

Kaum jemand hat die Natur der Menschen im Mittleren Westen so gut auf den Punkt gebracht wie Sherwood Anderson, der eines Tages seine Familie in Ohio verließ und seine Arbeit als Fabrikdirektor quittierte, um sich ganz dem Schreiben zu widmen. In seinen Geschichten spielt das Land eine wichtige Rolle. Es ist immer härter als die Menschen, die in ihm leben.

Der Anfang einer seiner gnadenlosesten und besten Kurzgeschichten, „Keime“, bringt die amerikanische Natur besonders gut zum Vorschein: „Das Leben der Menschen gleicht jungen Bäumen im Wald. Sie werden erdrosselt von kletternden Ranken. Und diese Ranken – das sind gedachte Gedanken und geglaubte Lehren, eingepflanzt von vergangenen Geschlechtern.“

Die meisten Amerikaner wollen, Sherwood Anderson zufolge, ganz anders sein: „Ich möchte ein Blatt sein, das der Wind über die Hügel dahinträgt.“

Ein neues, süßeres Leben versuchen die Amerikaner bis heute zu finden. Und sie vermuten es nicht in Argumenten, in Gegenüberstellungen und Statistiken, sondern in den Augenblicken, die einer Herzensentscheidung folgen oder im Zuge eines Einfalls, einer Idee, eines Schicksalswinks daherkommen.

Matt arbeitet nicht für die CIA.

Wie kaum eine andere Stadt steht Saint Louis für die ganze widersprüchliche Geschichte der USA. Es war Sammelpunkt der Siedler und Umschlagplatz für Sklaven und indentured servants. Es war Schauplatz für einige der größten Helden der Popkultur und ebenso für hässliche Ausschreitungen und rassistisch motivierte Gewalt.

Im 19. Jahrhundert war Saint Louis, man glaubt es heute kaum, die drittgrößte Stadt des Landes nach New York und Philadelphia. Vor allem deutsche Auswanderer blieben in Missouri hängen. Brauereien entstanden, im Saint Louis Place Park stellte man 1898 eine Kopie der Schillerstatue von Marbach am Neckar auf. Als 1904 die Olympischen Spiele und die Weltausstellung in Saint Louis stattfanden, sagte man der Metropole eine goldene Zukunft voraus.

Mit dem Ausbau der Eisenbahn verloren jedoch der Missouri und der Mississippi ihre Bedeutung als Transportwege. Gleichzeitig machten Ölvorkommen Texas und Oklahoma attraktiv. Die Entwicklung verlagerte sich zunehmend in den Südwesten. Kalifornien blühte auf. In Saint Louis setzte hingegen die „white flight" ein, die „weiße Flucht" der Mittelschicht in die Vororte. Die Innenstadt überließ man den afroamerikanischen Arbeitern, den Fabriken und Industrien und den Straßen, die zu ihnen führen. Heute leben nur noch etwa 300.000 Menschen in Saint Louis.

Damit steht die Stadt symptomatisch für die abnehmende Bedeutung des ganzen Landes. Zuweilen wird die sich abzeichnende Entwicklung ins Groteske getrieben: Es handelt sich mitnichten um einen Niedergang. Klar wird aber zunehmend, dass die Vereinigten Staaten nicht länger unangefochten an der Weltspitze stehen. Nicht in einer Zeit, in der China mit Billionenaufwand eine neue Seidenstraße durch die halbe Welt baut, Nicaragua in zwei Teile schneidet, um einen eigenen Kanal, wesentlich größer und tiefer als der Panamakanal, für seine Schiffe zur Verfügung zu haben, und zudem die Ein-Kind-Politik aufgibt.

Sich ändernde Kräfteverhältnisse sind in der Geschichte eigentlich völlig normal. Dummerweise aber hat man den US-Amerikanern jahrzehntelang immer wieder eingetrichtert, dass sie quasi naturgemäß die Herrscher der Welt sind und damit eine Art Weiterentwicklung der menschlichen Rasse darstellen. Darum trifft viele der Realitätsschock so unerwartet.

Es gehört zu den Errungenschaften Donald Trumps – des polternden, rüpelhaften Präsidenten und damaligen Anwärters auf die Präsidentschaft –, genau hierauf eine Antwort geben zu können. Während seine Gegenspielerin Hillary Clinton außenpolitisch auf ein „Weiter so!" setzte und die abnehmende Weltmacht als Faktum hinzunehmen gewillt war, deutete Donald Trump den gleichen Effekt kurzerhand um: als gewollte Entwicklung. Nicht länger sollten seine Landsleute bereit sein, für andere in die Bresche zu springen, meinte er zum Beispiel mit Blick auf Europa, und predigte den Rückzug als aktive Abwendung von den Belangen anderer Länder. Selbst wenn dieser neue Protektionismus kurzfristig wirtschaftliche Nachteile mit sich bringt.

Armut ist in den USA seit ihrer Gründung ein Problem. Schon immer fielen in den Statistiken mindestens 15 Prozent der Amerikaner durch das soziale Netz. Sie leben unterhalb der Armutsgrenze, was bedeutet, dass sie weniger als 11.000 US-Dollar im Jahr verdienen. Das entspricht etwa 40 Prozent des Durchschnittseinkommens in den Vereinigten Staaten.

Über ein Drittel der US-Amerikaner verbringen irgendwann in ihrem Leben eine Zeit in Armut. Die Nation, die sich so gerne als reichste und erfolgreichste der Welt sieht, leistet sich ihre Armen jedoch bis heute. Ansonsten müsste man als „kommunistisch" verpönte Maßnahmen durchführen, die diese Menschen ökonomisch etwas gleicher stellten. Der Staat müsste stärker regulierend in das freie Spiel der Marktkräfte eingreifen und dieses Ansinnen überlebt in den Vereinigten Staaten kaum eine Regierung.

Das jüngste Beispiel dafür nennt sich Obamacare und sieht vor, dass die bisher freiwillige Mitgliedschaft in einer Krankenkasse zur Pflicht wurde – wie beispielsweise in Deutschland. Wenige staatliche Maßnahmen zogen in den vergangenen Jahren einen derartigen Volkszorn nach sich wie diese. Die Regierung wird in den USA eigentlich nur toleriert, solange man nicht merkt, dass sie da ist; ansonsten ist sie nichts anderes als ein Störfaktor.

Hinzu kommt eine Überzeugung, die in Europa mit seinen Betriebsräten und Gewerkschaften immer wieder Kopfschütteln hervorruft: Wer arm ist, der müsse selbst schuld daran sein. Der solle sich da gefälligst aus eigener Kraft wieder herausarbeiten. Eine Abhängigkeit von Almosen aber oder gar eine Pflichtabgabe, die aus dem sauer verdienten Geld abgezweigt werden muss, gilt vielen als „unamerikanisch". So läuft das hier nun einmal nicht. Viele denken vielleicht: „Die Pioniere hatten ja auch keine Krankenversicherung, trotzdem haben sie das Land aufgebaut und zur Blüte gebracht." Und gerade die Kluft zwischen Arm und Reich schaffe doch erst den Anreiz, etwas zu tun, um sich aus der Misere herauszuarbeiten. Woher kommen denn all die Innovationen, wie wird Fortschritt und Reichtum erzeugt, wenn nicht durch den Druck, besser und cleverer, schneller und rücksichtsloser zu sein als andere? „Be aggressive!", verlangte bereits die sehr amerikanische Band Faith No More in einem ihrer härtesten Songs.

Wie schon beim Bild, das man sich von den Siedlern macht, klaffen auch in Sachen Armut Anspruch und Wirklichkeit auf interessante Weise auseinander. Die Zahlen sprechen nämlich eine ganz andere Sprache als die von Pathos durchtränkten Reden republikanischer Politiker.

So sehen die Fakten aus: Bereits seit der Jahrtausendwende geben die Amerikaner stabil beinahe die Hälfte ihres Staatsbudgets für Sozialmaßnahmen aus. Das sind zwei Billionen Dollar pro Jahr. Diese wiederum kommen seit jeher zum Großteil genau jenen zugute, die am lautesten dagegen protestieren: Im Durchschnitt beziehen die Menschen im Mittleren Westen 20 Prozent ihres Einkommens aus staatlichen Sozialleistungen und Subventionen. Das Geld geht dabei nicht nur an die Bauern, die die Felder in Iowa, Arkansas und Illinois bewirtschaften – was viel teurer ist, als dieselben Waren aus ärmeren Ländern zu importieren und dadurch deren Entwicklung anzuschieben. Die meisten Zuschüsse bekommen die Familien der unteren Mittelschicht, deren Kinder in der Schule zum Beispiel ein kostenloses Mittagessen erhalten. Also genau die Menschen, die am hartnäckigsten das Bild vom freien und unabhängigen Amerikaner, vom Selfmademan, aufrechterhalten.

Vielleicht klammere man sich im Landesinneren ja gerade darum so sehr an den Mythos vom aufrechten Kämpfer gegen staatlichen Zwang, an das Idol des Lasso schwingenden Cowboys und furchtlosen Pioniers: um zu verschleiern, zu welchem Grad man in Wahrheit inzwischen abhängig geworden sei – von der eigenen Bequemlichkeit ebenso wie von der Hilfe anderer.

Zu diesem harschen Urteil gegenüber seinen Landsleuten kam jedenfalls Matt, als ich ihm in Saint Louis begegnete. Ich hatte mir die Stadt eben durch das Sicherheitsglas des Gateway Arch hindurch angesehen und drei, vier Orte ausgemacht, die ich aufsuchen wollte, als Matt in der Fußgängerzone an mir vorbeilief. Wobei es sich um eine amerikanische Fußgängerzone handelte: Sie war kaum 50 Meter lang und bestand zum Großteil aus einer Wiese, auf der nun einmal kaum Autos fahren konnten.

Ich hatte ihn zunächst gar nicht bemerkt. Matt, meine ich. Er war ein unscheinbarer Mann mit einem Gesicht, das man augenblicklich vergaß, sobald man seinen Weg gekreuzt hatte. Einem wie Matt begegnete man und nach dreieinhalb Schritten wusste man nicht mehr, ob man ihm wirklich begegnet war oder sich das vielleicht nur eingebildet hatte. Er war wie ein Luftzug.

Höchstwahrscheinlich war Matt Geheimagent. Er wäre jedenfalls perfekt geeignet dafür. Wäre ich Chef eines Geheimbunds mit einer auf den immerwährenden Kampf von Gut gegen Böse hinweisenden Abkürzung wie MI6 oder CIA, würde ich Matt jedenfalls anwerben, ohne zu zögern. Ihn oder eine unglaublich attraktive Frau, über die man nach einer Begegnung gar nichts würde sagen können, außer dass sie eben unglaublich attraktiv war. Die perfekte Tarnung, basierend auf selektiver Wahrnehmung und hartnäckigen Vorstellungen, an denen wir wider besseres Wissens zeitlebens festhalten.

Wie dem auch sei. Jedenfalls hatte ich Matt bereits wieder vergessen, ja: hatte vergessen, dass es ihn überhaupt gab, als er sich in der „Fußgängerzone" von Saint Louis umdrehte und zu mir aufschloss.

„Sir", sagte er und entblößte eine Reihe untadeliger, durch nichts von der Norm abweichender Zähne. Bestimmt war er von der CIA. Oder der NSA. Matt war wohl sein Tarnname. Vielleicht hieß er in Wahrheit ja Alexander oder, noch schlimmer, Nicholas.

„Thomas, Sie heißen doch Thomas, oder?"

Jetzt hatten sie mich. Durch einen dummen Zufall musste ich ins Visier eines dubiosen Geheimdiensts geraten sein, das sah man in Filmen immer wieder. Hatte ich zu viele Bücher dabei? Bedrohte ich mit meinem Liegerad die Stabilität der USA? Hatte man langsam genug von den vielen Deutschen, die sich in diesem Land tummelten?

Matt würde mich einfangen wie einen zappelnden Fisch. Auf den ersten Blick sah er so aus, als würden seine Gesichtszüge nur selten durch einen Gedanken durcheinandergebracht. In Wahrheit aber hatte er es faustdick hinter den Ohren. Das war einer, der ein Auge nur zudrückte, um besser zielen zu können. Dann käme das volle Programm, Waterboarding und so, und ein Haufen an Totalidiotie grenzender Fragen: Wo ist Ihr Rückflugticket? Halten Sie Cannabis in den Reifen Ihres Dingsdas versteckt? Was gefällt Ihnen an William Faulkner? Dass es so kommen musste, wusste jeder, der sich auch nur ansatzweise mit US-amerikanischen Serien auskannte.

Matt jedenfalls, also Alexander oder Nicholas, kannte meinen Namen.

„Ich hab dich gestern gesehen, Thomas."

Das wurde ja immer toller.

„Ähm, ja? Hab ich was Falsches gemacht?"

„Offenbar schon. Sonst hättest du dich wohl nicht in einem klappernden Velomobil durch den Feierabendverkehr geschlängelt. Oder?"

Matt war der Erste, der auf Anhieb wusste, in was für einem Fahrzeug ich unterwegs war. Offenbar hatte er gründlich recherchiert. Er wusste bestimmt schon, was ich als Nächstes vorhatte, noch bevor ich mir selbst darüber im Klaren sein konnte.

„Ich war in dem roten Van, den du rechts überholt hast. Du bist mir gleich aufgefallen, nicht nur, weil dein Kumpel immer wieder deinen Namen gerufen und dabei wiederholt hat, wie schlimm dein Hinterrad aussieht. Weiß du, mein Cousin Mike hat einen Laden, in dem er so seltsames Zeug verkauft. Liegeräder, Snakeboards und so was."

Matt war nicht von der NSA. Nicht einmal von der CIA. Beinahe war ich ein wenig enttäuscht darüber, obwohl sich sein Cousin als Retter meiner Mission erweisen könnte.

„Weißt du, Matt, dass ich gerade ein neues Hinterrad für mein Velo brauche? Du hast es ja gesehen."

„Ja, sah böse aus. Warte, ich ruf Mike an. Der muss derzeit ganz schön ran: Er arbeitet sich den Buckel krumm, seit Janine ihm Fingerhandschellen angelegt hat."

„Fingerhandschellen?"

„Na, Eheringe eben. Das ist eine, die weiß echt, was sie will. Nach dem Motto: Scheiß auf den Prinzen, ich nehm' das Pferd! Die schaut dich an und kann dein Gehalt auf zwei Kommastellen genau beziffern, das sag ich dir. An Mikes Stelle hätte ich ja Diane genommen. Die ist wenigstens nicht verbal inkontinent und denkt auch mal nach, bevor sie was sagt. Ja, Diane, das ist eine ganz andere Nummer, viel weicher und sanfter, mit ihren beiden großen ..."

„Matt, das Hinterrad!"

„Wie?! Ach ja, richtig. Also, ich ruf jetzt Mike an und frag ihn, ob er dir das klarmachen kann."

Keine fünf Minuten später drehte sich Matt freudestrahlend zu mir um.

„Okay dokey, du kannst das Rad morgen früh bei ihm abholen."

Kurz darauf ließ Matt mich meiner Wege ziehen. Saint Louis aber schien seit unserer Begegnung drei Nuancen heller geworden zu sein. Ich schritt weit aus, bahnte mir meinen Weg durch die Gassen der Altstadt, vorbei an Autos und Motorrädern, an stattlichen Gebäuden, die Wand an Wand standen, und an Passanten, die mir heterogener als jemals zuvor auf meiner Reise vorkamen. Alles war dabei: serbische Musiker und chinesische Studentinnen, maghrebinische Rezeptionisten und argentinische Ladenbesitzer. Wanderarbeiter aus Omaha und Geschäftsmänner aus Pittsburgh.

Der Wind fuhr durch die Straßenschluchten, als wolle er unbedingt vor mir in New Orleans ankommen. Natürlich enthielt er den Staub der Stadt. Jede Metropole stößt ihn aus, immerzu. Urbane Luft ist anders als die auf dem Land: enger und zusammengepresster. Sie enthält mehr Hoffnungen und Verheißungen, mehr Erfahrungen und Enttäuschungen. Es ist eine angespannte, eine weniger gelassene Luft.

Und doch mochte ich sie; ich mochte ihre aufdringlichen Gerüche nach Burgern und nach Pommes, nach Bagels und nach Coca-Cola. Mir gefiel, dass sie nach den feuchten Grasflächen roch, die sich diesseits und jenseits des Mississippi ausbreiteten. Vor allem aber mochte ich sie, weil mir Saint Louis, das mich so rüde empfangen hatte, ein Stück Freiheit schenkte.

Ja, ich mochte die Stadt, auf einmal mochte ich sie. Und ich wusste, dass ich sie gerade darum mochte, weil ich bereits morgen von hier fortkommen würde.

Kulturkampf auf Amerikanisch.

Am folgenden Morgen, einem Montag, ging alles ganz schnell. Ich setzte mich in einen der raren Metrozüge, war um neun Uhr im Geschäft von Matts Cousin, das sich in einem Vorort befand, und montierte gegen elf Uhr das neue Hinterrad an, um mein ramponiertes Velo wieder zum Meilenfresser zu machen. Sicherheitshalber bat ich den Inhaber des Radladens, gleich noch die Bremsen nachzuziehen, den Reifendruck zu prüfen und ein paar kleinere Reparaturen durchzuführen.

Gegen Mittag verließ ich die Stadt, die mich wie ein Huhn gerupft hatte. Die zwei Tage in Saint Louis hatten mein Konto empfindlich geschmälert. Ich hatte hier ungefähr so viel ausgegeben wie in den zwei Wochen zuvor.

Doch ich war wieder unterwegs gen Süden. Auch wenn ich nach der Erfahrung der vergangenen Tage übervorsichtig vorwärtsschlich. Bei jeder Bodenunebenheit zuckte ich zusammen. Ich war ein gebranntes Kind und durch Schaden klug geworden. Zumindest in dieser einen Beziehung. Ähnlich mag es jemandem gehen, den bei jedem Parkbesuch ein mulmiges Gefühl beschleicht, nachdem er einmal in einem solchen beklaut worden war. „Ein Liberaler ist ein Konservativer, den man noch nicht überfallen hat“, so bringt man es hierzulande auf den Punkt.

Langsam, kaum merklich, zog sich die Stadt zurück. Beinahe kam es mir vor, als löste sie langsam und widerwillig, ihren Griff um mich. Den Griff, der mich so lange festgehalten hatte. Zunächst taten sich erste Zwischenräume zwischen Häusern auf: kleine Gärten, dann Wiesen und schließlich Felder. Die Ampeln wurden rar und ebenso die Rufe und das „Mit-dem-Finger-zeigen", all das „Hast-du-den-gesehen?!" und das „Wohin-des-Weges-und-warum?".

Eine Straße mit verwirrend vielen Spuren namens Broadway führte mich zehn Meilen weit hinter das Stadtzentrum. Dort wechselte sie flugs den Namen, hieß eine Zeit lang Highway 231 und mündete endlich in den Highway 61.

Das war *der* Highway. Die sagenumwobene Straße des Blues und des Jazz, die sich zwischen Saint Louis und New Orleans spannte. Eigentlich zog sie sich bis hinauf nach Wyoming, Minnesota. 2500 Kilometer längs durch die Vereinigten Staaten. In Hannibal war ich dem Highway 61 bereits begegnet, davor in Keokok, in den Quad Cities und sogar schon in den Zwillingsstädten Minneapolis und Saint Paul.

Ihren Ruf aber und den Beinamen Blues Highway hat diese Straße erst im Süden erhalten: im Mississippi-Delta, wo Blues und Jazz entstanden sind und die Namen zu klingen und zu leuchten beginnen, da man sie von Liedern und aus Erzählungen kennt: Vicksburg, Natchez und Clarksdale. Arkansas, Tennessee und Louisiana.

Für mich bedeutete die legendäre Route in erster Linie eine Erleichterung meiner Reise: In Missouri verläuft der Highway 61 beinahe immer parallel zur weitaus größeren Interstate 55. Während die meisten Fahrer die viel schnellere Autobahn bevorzugten, konnte ich ungestört auf der kaum befahrenen Strecke südwärts ziehen.

Dafür ging es weiterhin auf und ab. Der Highway führte mich immer wieder Hügel empor, ließ mich kurz darauf genüsslich in Täler gleiten und mutete mir sofort den nächsten Aufstieg zu. Bis morgen Mittag sollte das so weitergehen. Dann erst, südlich von Cape Girardeau, würde die Landschaft so eben werden wie eine Bratpfanne und ähnlich heißen. Dann nämlich wäre ich mehrere Tage lang im Mississippi-Delta unterwegs, das entgegen seinem Namen nichts mit der Mündung des Stroms in den Golf von Mexiko zu tun hat, sondern die verästelte Wasserlandschaft, insbesondere des Yazoo River, im Bundesstaat Mississippi bezeichnet.

Etwas weiter östlich von hier, ganz in der Nähe der Ortschaft Cairo, hatte der Ol' Man River, so eine weitere und recht poetische Bezeichnung des Mississippi, mit dem Ohio einen weiteren Fluss in sich aufgenommen, nach dem ein Bundesstaat benannt war, so wie er zuvor bereits den Wisconsin, den Illinois und den Missouri verschluckt hatte.

Während der Strom zu meiner Linken wuchs und wuchs, dünnte der Verkehr merklich aus. Am späten Nachmittag verließ ich den Blues Highway und gelangte, als einziger Verkehrsteilnehmer weit und breit, in das Städtchen Sainte Genevieve, das direkt am Fluss lag.

Sainte Genevieve war ein herausgeputzter, aber nahezu ausgestorbener Ort, der mit einer reichen Geschichte aufwarten konnte. Zumindest nach amerikanischen Maßstäben. Wie sein Name vermuten lässt, wurde er von französischen Siedlern gegründet. Diese waren um 1750 herum aus den Gebieten östlich des Mississippi hierhergekommen, da die dortigen Böden durch Überbeanspruchung ausgelaugt waren. Sainte Genevieve, benannt nach der Schutzheiligen von Paris, wurde die erste ständig bewohnte Siedlung europäischer Einwanderer westlich des großen Stroms. Bald darauf folgten das Fort de Chartres etwa acht Kilometer nordöstlich und Kaskaskia, die spätere Hauptstadt des Staates Illinois, die man etwa acht Kilometer südlich von Sainte Genevieve errichtete.

Nach dem Pariser Frieden und dem Abkommen von Fontainebleau trat Frankreich im Jahr 1763 alle Gebiete östlich des Mississippi an Großbritannien und alle westlich gelegenen an Spanien ab. Die Spanier machten daraufhin Saint Louis zur Hauptstadt ihres Staates „Neuspanien".

Die Indianer, die seit Generationen hier lebten, wurden bei alldem nicht gefragt. Folgerichtig wurde Sainte Genevieve gegen Ende der 18. Jahrhunderts immer wieder angegriffen, vor allem von den Osage. Die nennen sich selbst Wa-sha-she, „Volk des Wassers". Sie zählen zur Sprachfamilie der Sioux. Durch die fehlerhafte Aussprache der französischen Siedler und einen Transkriptionsfehler der Briten wurde der Name zu „Osage" verballhornt. Mit einigen Stämmen unterhielten die Franzosen aber auch umfangreiche Handelsbeziehungen.

Nachdem die Stadt 1785 vollständig überflutet worden war und man sie rund drei Kilometer weiter nördlich wieder aufgebaut hatte, entwickelte sich Sainte Genevieve zu einem Zentrum der Landwirtschaft. Man baute vor allem Weizen, Mais und Tabak an und belieferte bald das gesamte untere Mississippigebiet. Um die Jahrhundertwende herum begann man, Weizen und Mais aus der Region um Sainte Genevieve über den Hafen von New Orleans ins Ausland zu liefern. Im Jahr 1807 mutmaßte der damalige Staatssekretär des Louisiana-Territoriums, Frederick Bates, dass Sainte Genevieve wohl „der wohlhabendste Ort in Louisiana" sei.

Bis heute erinnern viele Feste an die glorreichen Zeiten und an das französische Erbe von Sainte Genevieve. Der Stadtkern, obgleich verlassen, strömte denn auch eine behagliche, in Ansätzen gar romantische Atmosphäre aus. Sainte Genevieves Häuser stehen enger beieinander als sonst in den USA üblich. Sie verleihen der Siedlung den Charakter eines gemütlichen Dorfes. Es gibt sogar beinahe so etwas wie einen Altstadtkern. Vor allem aber hat man nicht den Fehler begangen, einen der Highways durch die Stadt zu ziehen.

Die Verkehrsadern 33 und 61 kreuzen sich wenige Kilometer vor der Stadt und haben die Fastfoodketten und Billigläden gleich dorthin mitgenommen.

In einer Bruchbude von Motel, die ganz nach meinem Geschmack war und sich gleich neben einer Tankstelle befand, traf ich George. Vor zwei Wochen war er von Atlanta hierhergekommen.

Warum tut man denn so was, George? „Well", murmelte er und fuhr sich mit seiner immens großen rechten Hand durchs Haar. Alles an George war groß geraten. Seine Beine glichen Eichenästen und in seine Arme bekäme er bestimmt einen Doppelknoten, wenn er es darauf anlegte. Sein Gesicht war lang gezogen wie Kaugummi. Es bewegte sich 30 Zentimeter über dem meinen hin und her, wenn George etwas sagte. Well, in Atlanta habe er nun einmal keinen Erfolg gehabt mit seinen Geschäftsideen. Erst wollte er dort Hunde züchten, Rottweiler und Dobermänner, und diese dann besorgten Bürgern in den Vororten verkaufen. Die Leute seien aber nicht ängstlich genug gewesen, meinte George, beziehungsweise sie hätten mehr Angst vor seinen Hunden gehabt als vor etwaigen bösen Jungs in der Nachbarschaft. Vielleicht hätten sie auch keine als gefährlich geltenden Tiere von einem Schwarzen annehmen wollen, der sie auf fatale Weise an den Todeskandidaten John Coffey aus dem Film The Green Mile erinnerte.

Anschließend habe er, also George, es mit einem Kiosk versucht. Das ging einige Monate gut, bis die Digitalisierung Zeitungen und Zeitschriften aus dem öffentlichen Leben verbannte und eine Tankstelle in der Nähe ihre Preise für Snacks und Getränke senkte.

Jetzt sei er eben hier, meinte George, einer seiner Cousins arbeite in einer Bar. Dort helfe er seit zwei Wochen aus und ebne nebenbei seiner neuen Geschäftsidee den Weg. Diese sei eine todsichere Sache, da könne gar nichts mehr schiefgehen. Vom Freund eines Freundes könne er nämlich kubanische Zigarren bekommen.

George sah mich an, als erwarte er, dass ich vor Ehrfurcht auf die Knie fiele. Als ich ihm den Gefallen nicht tat, erklärte er mir das Geniale an seinem Plan. Er spekuliere darauf, dass der derzeitige Präsident Obama am Ende seiner Legislaturperiode das Embargo gegen Kuba auflösen würde. Dann seien die Zigarren von dort legal und er, George, wäre einer der ersten in Missouri, die dieses heiß begehrte Produkt anböte. Jeder wisse doch, dass kubanische Zigarren die besten der Welt seien.

Als er mich verschwörerisch angrinste, blinkten seine drei oberen Schneidezähne auf. In seinen Augen sah ich bereits den großen Reibach, die unausrottbare amerikanische Krankheit, den Traum vom schnellen Geld und dem kurz darauf einsetzenden Ruhm.

„Wenn alles klappt, werde ich der reichste Mensch in Sainte Genevieve sein“, meinte George, „und wenn nicht, well, dann habe ich zumindest einen ganzen Haufen Zigarren von feinster Qualität.“

Niemals wäre es George eingefallen, seine Rente zusammenzubekommen, indem er zum Beispiel bei der Eisenbahn oder der Post arbeitete. Noch abwegiger erschien es ihm, eine „Stütze“ vom Staat zu erwarten. Er war nun einmal ein US Citizen und er glaubte mit Inbrunst daran, dass seine derzeitige Anstellung im Laden seines Cousins lediglich ein Provisorium war. Dass es nur noch Monate, ja: Wochen, dauern konnte, ehe sein ganzes Leben auf den Kopf gestellt werden und eine sorgenreduzierte, leichtere Zukunft beginnen würde. „Das Prinzip Hoffnung“ nannte Ernst Bloch sein philosophisches Hauptwerk, und George verkörperte dieses Prinzip wider alle Evidenz beinahe idealtypisch.

Er musste ihn lieben, den Nervenkitzel, wenn er eine neue Idee ausprobierte. Wenn er alles auf eine Karte setzte und wusste, dass er damit entweder himmelhoch aufsteigen oder in einen unabsehbaren Abgrund fallen konnte, niemals aber im Mittelmaß verharren würde. Beides erschien ihm besser, als jahrzehntelang den Bückling vor einem launischen Chef zu machen und sich ins Gefüge einer hierarchischen Arbeitsgemeinschaft zu begeben.

Und warum auch nicht? „Don't put all your eggs in one basket", sagt man hierzulande zwar, ein schönes und nachvollziehbares Bild, das die Aufforderung, nicht alles auf eine Karte zu setzen, unterstreicht. Andererseits: Das Fernsehen war doch voll von Berichten über die, die es geschafft hatten. All die gut aussehenden Schauspielerinnen in den Talkshows, die Rapper mit ihren Goldkettchen und dicken Autos, die Kinderstars der sozialen Medien bewiesen doch tagtäglich, dass jeder erfolgreich sein konnte in diesem Land.

Immerhin schickte sich gerade ein Spekulant dazu an, Präsident zu werden. The Donald („Ich liebe die Ungebildeten!") fand besonders viel Zuspruch bei der unteren Mittelschicht. Bei Leuten wie George also, die ein kärgliches Dasein fristen und sich mit allen Kräften an der Idee festhalten, dass sie selbst es ebenso schaffen werden, vielleicht ja schon morgen.

Es könnte sogar sein, ja, es deutete viel darauf hin, dass Gott es besonders gut meinte mit Donald Trump. Dass er sein Vermögen nicht nur seinen steinreichen Eltern und seinen Spekulationen verdankte, sondern darüber hinaus von ganz oben protegiert wurde. Wohingegen die vielen Armen, die nicht wieder und wieder ein paar Millionen Dollar einsetzen konnten, bis eines der Geschäfte mal Gewinn abwarf, wohl doch auch ein bisschen selbst schuld waren an ihrer Misere. Oder?

„Samuel Brannan zum Beispiel", meinte George. Der sei ein Genie gewesen. Als man 1848 in Kalifornien Gold fand und 300.000 Menschen dorthin strömten, sei er mit ihnen gezogen. Aber nicht, um nach Gold zu schürfen. Dadurch wurden die allerwenigsten reich. Nein, Sam Brannan habe überlegt, was diese 300.000 Menschen am nötigsten brauchen würden. Gleich zu Beginn des großen Goldrauschs habe er so gut wie sämtliche Eimer und Schaufeln westlich des Mississippi gekauft und sie, als die Massen nach Westen strömten, zu vielfach höheren Preisen verkauft.

„Investition und Spekulation", dozierte George. Und dass das nun einmal der amerikanische Weg sei. Die Europäer seien dagegen bekannt dafür, dass sie an allem herummäkelten und ihnen nichts Besseres einfalle, als immer mehr Geld vom Staat zu verlangen. Diese Krankheit sei bereits herübergeschwappt in die Städte des Nordostens, meinte George.

Was bereits harsch klang, meinte er eigentlich noch kritischer: Boston und New York zum Beispiel seien infiziert, „infected", mit dieser Mischung aus Beschwerde und Bequemlichkeit. Dort lebten seltsame androgyne Geistesgrößen mit glattrasierten Gesichtern, übergroßen Brillen und filigranen Körpern. Sie seien alle weiß und hießen alle Jonathan. Oder Richard. Jedenfalls irgendwie ambitioniert und überkandidelt. Wie Jonathan Franzen und Jonathan Safran Foer. Oder wie Richard Melville Hall, der seine weichgespülte Musik unter dem Namen „Moby" veröffentlicht. Die echten aufrechten Amerikaner aber, die Erben der Pioniere und Verwalter des American Dream, die lebten eben hier im rauen Landesinneren. Am ehesten im Süden, in Memphis vielleicht oder in Kansas, denn Chicago oder Minneapolis seien ja auch schon „kommunistisch verseucht".

Der American Dream also: Das ist nichts anderes als die Hoffnung, schnell reich zu werden. Andere nennen das „Gier".

Da er aus irgendeinem Grund in mir einen Verbündeten sah, vermutlich einfach deshalb, weil ich nun einmal hier war und nicht in Maine oder Massachusetts, teilte der Möchtegernspekulant ganz „kommunistisch" – jedem nach seinen Bedürfnissen! – eine seiner kubanischen Zigarren mit mir.

Ich nahm sie gerne an. Weil mir Georges Mut und seine Hartnäckigkeit durchaus imponierten, aber wohl auch als bewusste Schädigung eines unbeirrbar habgierigen Kapitalisten.

Herab von den Hügeln.

„He du, warte noch!" Ein Gast des Triangle Inn rief mir das hinterher, als ich mich am folgenden Morgen daranmachte, weiterzufahren. Er stammte aus Sambia. Irgendetwas hatte die linke Hälfte seines Halses verunstaltet. Eine Delle befand sich dort, die Stelle war dunkler gefärbt als der Rest seiner Haut. Wenn er sich auf den Rücken legte, könnte sich das Regenwasser darin sammeln.

„He du, warte noch!"

Generell waren die Menschen in den Südstaaten lauter als ihre Landsleute aus dem Norden. Lauter und direkter. Das sollte sich bis New Orleans kontinuierlich steigern. Augenscheinlich mochte man es in diesen Landstrichen, wenn man einander anbrüllte. Selbst wenn dazu kein Anlass bestand.

„He du, warte noch!"

Immerhin schwächte mein Gegenüber seine Aufforderung sofort ab. „Please", „bitte", sagte er und das gefiel mir, hatte mir immer schon gefallen, weil es so sehr nach „Peace", „Friede", klang. Ob sein fünfjähriger Sohn wohl zusehen könne, wie ich losfuhr, please? Als er das Wort „son" aussprach, wurde seine Stimme mit einem Mal samtig. Als habe er eine wärmende Decke aus Erinnerungen über den Vokal gelegt. Er zog ihn lang und sprach ihn so weich aus, dass ich Angst bekam, er könnte in der Luft zerfallen, ehe das „n" ihn endlich auffing und ihn dem abschließenden please zuführte. Auch das klang weicher als zuvor.

Der Kleine starrte mich an. Traurige schwarze Kulleraugen in einem rundlichen Gesicht, das Locken beinahe wie ein Gemälde umrahmten. Würde er dereinst Straßenverkäufer werden, wie sein Vater einer war? War es das, was dieses Land ihm zu bieten bereit war? Oder würde er dank einer grandiosen Idee, eines umwerfenden Songs, eines willkommenen Zufalls dereinst reicher werden als Donald Trump?

Einstweilen war er ein hoffnungsfrohes Kind, das bislang mit Sicherheit noch niemals ein Velomobil gesehen hatte. Ich ließ ihn einsteigen, erklärte ihm, wie der Lenker, die Gangschaltung und die Batterien des Rads funktionierten und sah zu, wie er jauchzend ein paar Runden um das Motel drehte.

Während George bereits im Laden seines Cousins arbeitete und davon träumte, Millionen kubanische Zigarren gewinnbringend an den Mann zu bringen, winkten der Straßenverkäufer aus Sambia und sein Sohn mir, als ich schließlich aufbrach, so enthusiastisch hinterher, dass ich beinahe Angst hatte, ihre Arme könnten abheben. Die kleine Pause hatte mir mindestens so gut getan wie ihnen.

Keine drei Minuten später war ich wieder auf dem Highway. Denn das Triangle Inn befand sich genau dort, wo man es dank seines Namens vermutete: Es stand in der Mitte eines Dreiecks aus Fernstraßen. Also mithin dort, wo jedem Touristen, der sich vielleicht ein schmuckes Hotel im Grünen oder eine Stadtvilla mit terrassiertem Garten vorstellt, das nackte Grausen überkommt.

Hier gab es wenig Platz für Romantik. Mein Zimmer war weder außen noch innen anheimelnd, doch es bot mir jede Menge Platz, eine Steckdose, an der ich die Batterien für den Elektromotor aufladen konnte, und natürlich einen Fernseher, auf den einmal mehr der gesamte Raum ausgerichtet zu sein schien. Vor allem aber gab das Triangle Inn mir Kraft mit. Eine Dosis Energie für 17 Dollar. Das war doch ein gutes Angebot.

Erneut empfing mich der Highway 61, die Hauptstraße des Blues und des Jazz, vielleicht gar die Wirbelsäule der Vereinigten Staaten. Ihm würde ich von hier an folgen bis hinunter nach New Orleans. Das hatte ich mir inzwischen angewöhnt: Auf die Frage, wohin es denn gehe, antwortete ich nicht mehr verdruckst mit einer Auskunft, die mir annehmbar erschien „Och, bis zum nächsten Hotel" oder „Na ja, vielleicht bis Saint Louis", sondern mit diesem lässigen „Down to New Orleans".

Ich hatte das vom Überhit The House of the Rising Sun übernommen, den die Band The Animals 1964 veröffentlichte. Das ist mal wieder einer jener Songs, die man so gerne am Lagerfeuer spielt, von dem man aber nicht weiß, worum es da eigentlich geht.

Tatsächlich ist eine umfangreiche Forschung rund um das mysteriöse Haus in New Orleans entstanden, die darin gipfelte, dass man im Rahmen einer archäologischen Grabung im Frühjahr 2005 Überreste mehrerer Keramik-Schminktöpfchen im Stil des frühen 19. Jahrhunderts und außerdem die Scherben von Brandyflaschen fand, was darauf hindeutet, dass es sich beim Haus um ein Bordell gehandelt haben könnte. Ob das wiederum den Ruin vieler *Poor boys* herbeigeführt hatte, wie es The Animals behaupten, oder doch eher vieler *Poor girls*, was interessanterweise dem traditionellen Liedtext entspricht, ist bis dato noch ungeklärt. Vermutlich traf beides zu.

Ich konnte nicht ausschließen, dass die Leute, denen ich von meiner Reise down to New Orleans erzählte, auch wegen meiner Aussprache die Köpfe schüttelten, und nicht nur aufgrund der Art meiner Fortbewegung im Land der übergroßen Benzinfresser. „Son" und „Sun", „Sonne" fand ich phonetisch immer schon unglaublich schwer auseinanderzuhalten. Unter Umständen war das aber ganz passend: Immerhin schickten sich die Bewohner der USA gerade an, einen Macho-Milliardär zum Präsidenten zu machen. Da mochte es kein Zufall sein, dass der Sohn wie die Sonne klingt, die Tochter dagegen, „daughter", beinahe wie ein Schluckauf. Sie erinnert zudem fatal an den Metzger, slaughter, was nicht nur der Heavy-Metal-Combo Iron Maiden („Bring your daughter to the slaughter") aufgefallen sein dürfte.

Manche Wörter klingen im Englischen einfach ekelhaft. „Either", „jeder" zum Beispiel, mit der Vokalhäufung am Anfang und dem sofort darauf folgenden Lispellaut, und natürlich „earth", bei dem ich mich jedes Mal frage, wie man etwas derart Schönes und Wichtiges wie die Erde verbal nur so verhunzen kann. Kein Wunder, dass der Umweltschutz in den Vereinigten Staaten keinen allzu großen Stellenwert aufweist! Da lobe ich mir doch das lateinisch angehauchte „tierra" oder „terre".

Dafür beherrscht man in den Vereinigten Staaten die Kunst der verbalen Vereinfachung wie nirgendwo sonst. Substantive verwendet man einfach als Verb: „to panic", „Panik bekommen", sagt man zum Beispiel und „to interview", „jemanden fragen oder interviewen". Komplizierte Buchstabenschlangen wie in „light" oder „night" vereinfacht man zu „lite" und „nite". Das „u" in Wörtern wie „colour" oder „honour" wirft man über Bord, da man es sowieso nicht ausspricht.

Statt „rubbish" für „Müll" sagt man hierzulande „trash", statt „bill" ordert man den „check" als Rechnung und man tankt „gas" statt „petrol". Auf die Spitze getrieben werden die Vereinfachungen mit den Abkürzungen: Die Amerikaner lieben es, von „2 late 4 u", von „ez in ez out" und von „X-mas" und „X-ing" zu sprechen.

Die Engländer wiederum haben es den Amerikanern wohl nie verziehen, dass sie nicht selbst auf die denkbar einfachsten Lösungen gekommen sind. „England und die Vereinigten Staaten sind zwei bedeutende Nationen, die eine gemeinsame Sprache trennt", meint Oscar Wilde dazu.

Schwerer tun sich die US-Amerikaner mit der geschriebenen Sprache. Das National Institute of Literacy schätzt, dass 45 Millionen Menschen kein einfaches Formular ausfüllen und 30 Millionen, etwa ein Zehntel der Einwohner, nicht einmal das Wort America lesen können.

Manche Firmen machen sich das zunutze. Als eine Telefongesellschaft in Werbespots dazu aufrief, die Nummer 1-800-OPERATOR (für die Vermittlung) zu wählen, reservierte der Mitbewerber AT&T flugs die Nummer 1-800-OPERATER, wohl wissend, dass viele Amerikaner das Wort falsch schreiben und sich so unbeabsichtigt bei ihnen als Kunden anmelden würden.

Bei der Werbung ist in den USA übrigens mehr erlaubt als in Europa. Direkte Vergleiche werden gerne eingesetzt. Das macht die Spots oft spannender, wenn beispielsweise das Auto des Konkurrenten gleich in seine Einzelteile zerfällt.

Wie dem auch sei. Jedenfalls schüttelte, wem ich mein Reiseziel verriet, in aller Regel den Kopf und ließ mich alsbald weiterziehen. Der Highway 61 ärgerte mich noch immer mit ausgedehnten Kurven, schweißtreibenden Anstiegen und bremsenschädigenden Abfahrten. Bald aber würde das vorbei sein. Ich konnte bereits spüren, wie die Steigungen abflachten. Es waren schon keine Hügel mehr, die sich mir in den Weg stellten, sondern eine gewellte Landschaft, die sich bald beruhigen sollte.

Bei Cape Girardeau waren die Erhebungen kaum noch spürbar. Als hätte sich die Landschaft hier an einen imaginären Strand geworfen. Ein letztes Mal hätte sie sich aufgebäumt, hätte gebrodelt und geschäumt, ehe sie endlich in der Bewegung ermattet und zurück ins Meer gesunken wäre.

Das Bild ist stimmig. Vor 12.000 Jahren wäre meine Reise um gut 1000 Kilometer kürzer gewesen. Denn bis hierher reichte damals der Golf von Mexiko. Man sieht es der Gegend bis heute an: Topfeben ist sie, wie eine ausgewaschene Schüssel.

Das machte sich augenblicklich bemerkbar. Endlich hatte mein Dickerchen wieder Appetit! Das Velo fraß Kilometer in sich hinein, als hinge sein Fortbestand davon ab. „Flapp“, „flapp“, „flapp“, so verschwanden die Mittellinien der Straße unter uns. Wir brausten dahin, im Geschwindigkeitsrausch vereint. Endlich zogen wir wieder an einem Strang.

Ich bemerkte dennoch, dass rechter Hand ein Feld begann. Als ich eine halbe Stunde und über 15 Kilometer später erneut nach rechts schaute, war das Feld noch immer da.

Wie bewirtschaftet man solche Flächen? Besitzt der Inhaber eine Traktorflotte, verfügt er über eine Armada mexikanischer Tagelöhner? Düngt er seine Äcker von Hubschraubern aus? Beliefert er die Bewohner von Saint Louis und Memphis oder exportiert er sein Obst und Gemüse vielleicht in die halbe Welt? Lohnt sich das überhaupt? Ich meine: Auf seinem Grund könnte er doch auch eine neue Stadt errichten und sie auf seinen Namen taufen, „Johnsfield" zum Beispiel oder „Bobtown". Platz genug dafür hatte er ja.

Auch der Highway verdeutlichte mir jetzt, da er sein Ziel endgültig ins Auge gefasst zu haben schien und schnurgerade verlief, dass die USA andere Dimensionen aufweisen als Europa. Während ich vorwärtsfuhr, verlangsamte sich die Zeit. Immerhin war ich mit ungefähr 30 Kilometern pro Stunde unterwegs. Zu Hause flögen folglich Bäume oder Wäldchen, Felder oder Kleinstädte an mir vorbei. Hier hingegen fuhr ich erst mal. Mutterseelenallein und lange. Irgendwann begann auf der linken Seite ein Feld und rechts ein Wald. Beides zog sich etwa 20 Kilometer dahin. Dann, nach einer Dreiviertelstunde, löste ein weiteres Feld das bisherige ab. Rechter Hand erstreckte sich nach wie vor der Wald. Manchmal schaute ich bewusst an meinen strampelnden Beinen vorbei auf den Boden und sah, wie die raue Oberfläche unter mir hindurchflog. Nur um sicherzustellen, dass ich nach wie vor vorwärtskam. Wenn nach zwei oder drei oder vier Stunden die Häuser einer Siedlung auftauchten, musste ich zuweilen blinzeln, um mich zu vergewissern, dass es sich nicht um einen Wunschtraum handelte.

So gelangte ich nach Sikeston.

Freizeitnazis und Zuckerschock: angekommen im Heartland.

Zu Sikeston ist wenig zu sagen, außer dass es sich verkehrstechnisch günstig nahe der Kreuzung mehrerer Fernstraßen befindet und ein annehmbares Motel aufwies. Generell fuhr ich seit geraumer Zeit durch eine Gegend der Kleinststädte, die zum Beispiel „Dudley" hießen, „Wappapello" oder auch „Poplar Bluff", und bislang eher selten die Epizentren weltgeschichtlich bedeutsamer Ereignisse waren.

Von Kentucky, das sich seit dem heutigen Tag in meiner Reichweite, nur eben östlich des Mississippi befand, wusste ich immerhin, dass es dort teure Pferde gab, dass man in Bourbon County aus Mais einen der berühmtesten Whiskeys der USA destillierte und dass Harland Sanders, der Gründer von Kentucky Fried Chicken, sein erstes Café mitnichten in Kentucky, sondern im 2500 Kilometer entfernten Salt Lake City eröffnet hatte.

Was ich indessen nicht gewusst hatte: In Kentucky wird der Weltbedarf an Post-it-Zetteln hergestellt. Und: Die Kleinstadt Columbus wäre um ein Haar anstelle von Washington Hauptstadt der USA geworden. Aufgrund ihrer weitaus zentraleren Lage hatte Thomas Jefferson sie als Kapitale vorgeschlagen. Das Unterfangen scheiterte damals an nur einer Stimme. Washington blühte auf, während Columbus in der Bedeutungslosigkeit versank.

Das trifft auch auf andere Städte mit wohlklingenden Namen direkt am Mississippi zu. In Cape Girardeau stagniert die Bevölkerungszahl seit den Achtzigerjahren. In Cairo und dem benachbarten Future City geht sie spektakulär stark zurück: von über 15.000 in den 20er-Jahren auf aktuell etwa 2500. Und das, obwohl Cairo Einzug gefunden hat in die Werke der berühmtesten Schriftsteller des Landes. Es ist, Mark Twain zufolge, ein Reiseziel von Huckleberry Finn und seinem Freund Jim, die dort mit einem Dampfer in die Freiheit fahren wollen. Charles Dickens hatte hingegen eine recht eigene Meinung zu Cairo. In seinen *American Notes* bezeichnete er die Stadt im Jahr 1843 als „eine Brutstätte des Leidens, ein hässliches Geschwür, ein Grab, ungepriesen von jedem Glanz der Zuversicht: ein Platz ohne eine einzige Qualität in Erde oder Luft oder Wasser". Auch im Buch *American Gods* von Neil Gaiman spielt die Stadt am Mississippi eine eher unrühmliche Rolle. Tatsächlich leben heute ein Drittel der Bewohner Cairos und fast zwei Drittel der Kinder dort unterhalb der Armutsgrenze.

Passend dazu veränderten sich die Wetterbedingungen, als ich am folgenden Morgen in mein Velo stieg. Sie hatten ihn angekündigt und er kam pünktlich auf die Minute: Es war geradezu unheimlich, als exakt um elf Uhr der erste Regenschwall herniederfuhr.

Ich merkte rasch, dass mein Liegerad mit Nässe nicht gut zurechtkam. An allen Stellen, an denen ich das Dach festgemacht hatte, sickerte Wasser ein. Von unten spritzte es bei jeder Pfütze auf, bis meine Schuhe und bald auch die Hose patschnass waren. Ein Scheibenwischer wäre wohl eine gute Idee gewesen, denn ich sah kaum noch etwas von der Straße und hoffte, dass diese so leer war wie bisher. Alle Anzeigen setzten aus. Die Bremsen schrien jedes Mal, wenn ich sie betätigte, laut auf. Als ich eine Tankstelle erblickte, hielt ich darauf zu und hechtete wie ein Überfallkommando ins Innere.

„Na, na, junger Mann, bist du etwa auf der Flucht?", wollte ein gut gebauter Endvierziger wissen. Er stand, als ich Salto-Mortale-artig ins Trockene sprang, auf einer Leiter und hantierte an der Deckenbeleuchtung herum. Sieben Jahre lang war Andy ein Marine gewesen, das vertraute er mir mit unverhohlenem Stolz an. Das sei die beste Zeit seines Lebens gewesen. In Afghanistan habe er gekämpft, drei Jahre lang, davor sei er im Irak eingesetzt worden.

„Thank you for your service", sagte ich, weil man das hierzulande so tut. Allerdings dankte ich ihm ohne Enthusiasmus für seinen Dienst. Er bemerkte es und ahnte wohl auch die Frage, die ich mir stellte: Sieben Jahre ein Held im Ausland und jetzt reparierte er Tankstellen?

„Das hier ist nur vorübergehend", meinte Andy und erinnerte mich fatal an George mit seinen kubanischen Zigarren. „Ist nicht die beste Gegend für gute Jobs. Aber ich bin hier nun einmal zu Hause. Rate mal, wie ich mit Nachnamen heiße! Na? Schmitt! Ja, genau, das ist ein deutscher Name, oder?"

Jetzt war er regelrecht elektrisiert. Zwei Drittel der Menschen hier hätten deutsche Wurzeln, behauptete er. Darauf seien sie stolz. Sie hätten geholfen, das Land zu dem zu machen, was es ist. Und das träfe nun einmal nicht auf die Farbigen zu, die sich hier ungehindert ausbreiten würden, fügte er dann mit großer Selbstverständlichkeit hinzu.

„Ausbreiten, Andy?"

„Oh ja", beharrte er, die schleuse man hier ein, Islamisten seien das alle, man fühle sich im eigenen Land schon fast wie ein Fremder.

Jetzt hatte er sich in Rage geredet. Früher sei das alles anders gewesen, da hätte es hier auch noch ordentliche Arbeit gegeben.

„Arbeit: für weiße Männer, oder?", wagte ich einzuwerfen.

„Für ehrliche Amerikaner", beharrte Andy. Dann legte er los. Hillary Clinton sei eine falsche Schlange, eine Betrügerin, die mit dem Großkapital kungele. Barack Obama sei Muslim, das sei inzwischen erwiesen, der hätte sowieso niemals Präsident werden dürfen, das verböten die Gesetze dieses Landes nun einmal. Und ohnehin seien alle korrupt, die in Washington wären, alle, denen traue er nicht über den Weg.

Wie ich Andy so reden hörte, konnte ich mir gut vorstellen, wie er nach Dienstschluss seine Waffe aus dem

Schrank holte und ein bisschen herumballerte, um Dampf abzulassen. Vielleicht, wer weiß, hatte er sogar den weißen Kapuzenmantel des Ku-Klux-Klans zu Hause und zündete in seiner Freizeit gerne Holzkreuze an.

Trotzdem war Andy höflich zu mir, sogar zuvorkommend. Er wies auf eine baldige Streckensperrung und auf eine Umfahrungsmöglichkeit hin, was mir wirklich gute Dienste leisten sollte, und bestand darauf, mir ein Bier auszugeben. All das, weil ich wie er „deutsche Wurzeln" aufwies und wohl auch die richtige Hautfarbe vorweisen konnte. Vermutlich sah er in mir einen möglichen Verbündeten, der zwar vom rechten Weg abgekommen war und kruden liberalen Ideen anhing, den man aber mit viel Mühe zu einem „aufrechten Bürger" würde machen können. Immerhin hatten die Deutschen in der Geschichte ja schon einmal versucht, den „Einfluss von Fremden" zurückzudrängen.

Menschen wie Andy gab es viele, vor allem hier im vergessenen Amerika: im Bermudadreieck von Missouri, Kentucky und Arkansas. Sie hielten sich mit Gelegenheitsjobs über Wasser, trauerten vermeintlich goldenen vergangenen Zeiten nach und wollten einfach nicht wahrhaben, dass sich die Umstände längst geändert hatten. Und dass sie auch darum auf der Strecke blieben, weil sie sich nicht an eine global vernetzte, in jeder Hinsicht durchmischte und schnelllebigere Welt anpassen wollten. Sie selbst mochten das heroisch finden, andere bezeichneten es wohl als ziemlich dämlich. In dieser Gegend allerdings mit ihrer hohen Armutsquote und ihren niedrigen Bildungsstandards trafen Einstellungen wie die von Andy nicht selten auf fruchtbaren Boden.

Dass ich wirklich angekommen war im Heartland, wurde mir endgültig klar, als ich weiterfuhr, mich ein erneuter Regenguss erwischte und ich schließlich in einem Lokal namens The Chubby's Pig BBQ landete. Was ich dort vorfand, ist schwer wiederzugeben.

Mir fiel zunächst auf, dass alle, wirklich ausnahmslos alle anderen Gäste dick waren. Nicht beleibt oder mit Schmerbauch, sondern richtig dick. Ihre Wangen hingen herunter, ihre Kinne gingen ansatzlos in den Hals über. Ihre Körper waren unförmig, sie erinnerten an Weinfässer, aus denen Arme und Beine ragten wie vergessene Stummel. Trotzdem bewegten sie sich erstaunlich flink. Ich hätte erwartet, dass so ein Gast seine 150 Kilogramm mühsam vom Stuhl wuchten würde, wenn er gehen wollte. Stattdessen stand zum Beispiel das Pärchen an meinem Nachbartisch so jugendlich leicht auf, dass mir der Mund vor Staunen offen blieb. Sie bemerkten es, deuteten die Geste aber als den Ansatz eines Grußes und zogen mit einem fröhlichen „Have a good day, man!“ von dannen.

Vor allem die Frauen kamen mit ihrer Leibesfülle gut zurecht. Die Bediensteten, zwei Matronen, die zusammen wohl locker fünf Zentner auf die Waage brachten, rollten wie Straßenwalzen durch das Restaurant. Ihr „Darling“ und ihr „Honey“ klangen wie Befehle: „Mehr Ketchup, Darling!“

Solche Frauen konnten bestimmt auch ein Feld umgraben oder einen Grizzlybär erwürgen. Sobald ich aufgegessen oder ausgetrunken hatte, kamen sie an meinen Tisch und fragten, ob es noch etwas sein dürfe. Dabei zeigten sie auf die mit Porträts von Kühen und den erwartbaren Sprüchen – „Life's hard: Eat dessert first!“ – verzierte Theke, auf deren Seite sie die Leckereien des heutigen Tages verzeichnet hatten.

Dabei hatte mich schon der Chilli Burger, den ich zu Beginn bestellt hatte, außer Gefecht gesetzt. Auf dem labbrigen Toastbrot, an das ich mich mittlerweile gewöhnt hatte, waren zunächst einmal Pommes frites zu einem ansehnlichen Haufen aufgetürmt. Natürlich waren sie nicht nur mit Ketchup angereichert, sondern geradezu durchtränkt von einer Mischung aus Ketchup und Mayonnaise, die man in der Bochumer Gegend gerne als „Pommesschranke“ bezeichnete. Es folgte ein Hackfleischsteak epischen Ausmaßes, von dem ich mit Mühe ein gutes Fünftel herunterbekam. Das mochte daran liegen, dass auf dem Fleisch nicht nur vier wirklich scharfe Chillischoten lagen, sondern auch richtig viel geschmolzener Käse zu finden war, der an allen Seiten des Burgers herunterlief und damit an Dalís Uhren erinnerte. Gut 15 Zentimeter oberhalb der ersten Toastbrotscheibe schloss eine weitere das Ensemble ab. Wahrscheinlich musste das alles einfach soßendurchtränkt sein, damit es sich zu einer einzigen Masse vereinigte und nicht einstürzte.

Bleibt noch zu sagen, dass mir dieser „Triple Cheeseburger with extra fries and a whole lotta fat sauce“ selbstverständlich auf einem Plastikteller serviert wurde. Dazu gab es eine Plastikgabel, mit der ich die Reste meiner Mahlzeit einsammeln konnte. Der Becher für mein Wasser war, genau: aus Plastik. Er umfasste zwei Liter, war randvoll mit Eiswürfeln gefüllt und wurde zuweilen von einer der Matronen so gekonnt im Gehen gefüllt, dass ich es erst mitbekam, als ich ihn erneut zum Mund führte. Das war sie also, die typische Kneipe des Heartland. Allmählich verstand ich, weshalb die Leute hier so dick waren.

Überhaupt: Käse. In vielen Teilen der Welt gilt ja Ketchup als die amerikanische Krankheit, was das Essen betrifft (beim Telefonieren ist es die Lautstärke und beim Sport der Überehrgeiz). Ich glaube aber, dass es in Wirklichkeit der Käse ist. Dabei huldigen die Amerikaner ihrem Leibgericht nicht etwa wie die Franzosen, die sich zwischen Hauptgang und Nachtisch eine Auswahl erlesener Weichkäsesorten gönnen. Nein, hierzulande schmelzen sie ihn ohne Gnade, bis er gummiartig wird und man ihn über so ziemlich alles breiten kann, das auf den Tisch kommt: über Burger und Pommes frites natürlich, aber auch über alle Arten von Fleisch und Fisch – Fisch! – und vielleicht sogar über dieses seltsame bunte Zeug, wie hieß es doch gleich, das die Weicheier in Europa so schätzen, dieses: Gemüse …

Obst hatte ich bislang auf der gesamten Fahrt nicht gesehen. Wie oft hatte ich mich unterwegs nach einem knackigen Apfel gesehnt, mir eine saftige Orange vorgestellt oder mir den Biss in eine süße Banane ausgemalt. Es sollte mir nicht vergönnt sein. In den ersten drei Läden, das waren Fresstempel mit acht Vitrinen voller Getränke und drei Süßigkeitenregalen, hatte man mich noch entgeistert angestarrt, als ich nach Obst und einem frischen Joghurt gefragt hatte. Im vierten hatte mich die Inhaberin mitleidig und leicht misstrauisch beäugt. „Du bist nicht von hier, richtig?“, hatte sie gefragt. Danach hatte ich die Suche aufgegeben. Lediglich in größeren Supermärkten würde ich diese verwerflichen Waren erhalten.

An den Tankstellen gab es dafür: Zucker, Zucker, Zucker. Da lagen Donuts mit Füllungen aller Art bereit, French Vanilla Cappuccino mit 400 Kalorien pro Becher, den man zuvor aber gerne nochmals extra süßen konnte, eine Armada Riegel und Schokoladen und Eis und Kekse, und natürlich Pizza und Burger, beide dick mit Käse belegt. Das alles fand ich kurios. Wirklich abstoßend wirkten auf mich nur die angebotenen Getränke: all die dickflüssigen lila-rosa-neonfarbenen Limonaden, der klebrige Mais-Sirup, das Root Beer und das Überangebot an Coke und Sprite, an Pepsi und 7up.

Beppo Severgnini, ein italienischer Journalist, der ein Jahr lang in den USA lebte, nimmt die Essgewohnheiten der Amerikaner in seinem unterhaltsamen Buch *Überleben in Amerika ... ohne fromm, unbescheiden oder tiefgefroren zu werden* unter die Lupe und hält ungewohnte Einsichten parat. So mutmaßt er zum Beispiel, dass die Amerikaner trotz dreifachem Preis eines Kaffees so gerne Cappuccino bestellen, weil sie das Wort so gerne aussprechen. „Wenn das stimmt, bestellen die Amerikaner ihren Cappuccino nicht, um ihn zu trinken, sondern sie trinken ihn, um ihn bestellen zu können.“ Da ist etwas dran.

Kill 'em all!

Es regnete noch immer, als ich kurz hinter dem Chubby's Pig BBQ Missouri verließ und nach Arkansas gelangte. Noch so ein Bundesstaat, von dem ich praktisch nichts wusste, am allerwenigsten, wie man ihn aussprach. Arkansas … (Ich beschloss, die Vokale irgendwo schräg rechts aus dem Mund zu pressen und die Konsonanten konsequent zu ignorieren.) … wird oft unterschätzt. Selbst schuld, wenn man seine Hauptstadt Little Rock nennt, „kleiner Felsen" also, statt Atlanta oder Lincoln. Und wenn einem als Beinamen nichts Besseres einfällt als The Natural State, „der Naturzustand" oder eigentlich „der Natur-Staat". Ein nettes Wortspiel zwar, aber da haben zum Beispiel Mississippi (The Magnolia State) oder Florida (The Sunshine State) blumigere Bezeichnungen gefunden.

Dabei hat der unscheinbare Zwergstaat, den man aufgrund seiner vielfach größeren Nachbarn, darunter Texas und Louisiana, gerne mal übersieht, einiges zu bieten. Allem voran ordentliche, kaum befahrene Straßen mit asphaltierten Standstreifen, eine Labsal für Velofahrer. Davon abgesehen gibt es bei Murfreesboro (wie gesagt, mit den Namen hat man es hier nicht so) das einzige natürliche Diamantenvorkommen der USA. Bill Clinton war in Arkansas Gouverneur, ehe er zum 42. Präsidenten der Vereinigten Staaten gewählt wurde. „Arkansas" spricht man übrigens auf der letzten Silbe aus wie den Horrorfilm „Saw".

Wenig abwechslungsreich präsentierte sich mir die Umgebung. Durch das regennasse Fiberglas des Velos hindurch erkannte ich schemenhaft Felder, Wiesen und Wälder, die höchst selten von Siedlungen unterbrochen wurden.

Nach zwei weiteren Stunden, in denen ich angestrengt an den Schlieren auf der Scheibe vorbeizuschauen versuchte und einmal beinahe ein am rechten Straßenrand abgestelltes Auto gerammt hätte, klappte ich das Dach meines Fahrzeugs einfach nach oben. Der Regen kam ohnehin hinein; meine Sicht aber verbesserte sich ganz erheblich. Gegen die Nässe, die in pulsierenden Schüben von unten Einlass begehrte, hatte ich aus meiner Regenjacke und zwei Plastiktüten eine einfache, aber effektive Barriere gebaut.

Trotzdem: Genussradeln sieht anders aus. Hauptsächlich, um den Regen hinter mich zu bringen, fuhr und fuhr ich, bis es dunkelte und ich in einem heruntergekommenen Nest namens Osceola ankam. Hier würde ich eine Bleibe finden müssen.

Der Ort sah nicht eben einladend aus. Von den Wänden vieler Gebäude bröckelte der Putz, die örtliche Tankstelle lag im Dunklen. Die Türen und Fenster einiger Häuser hatte man mit Brettern vernagelt. Schäbig aussehende und düster dreinblickende Jugendliche lungerten am Straßenrand herum; sie erinnerten fatal an die Gangs, die man in amerikanischen Filmen sieht, ehe etwas Schreckliches passiert. Ein paar von ihnen riefen mir etwas nach, was wohl cool klingen sollte. Ich machte mir nicht die Mühe, genau hinzuhören, sondern strengte mich an, um von der Durchgangsstraße wegzukommen und irgendwo eine Unterkunft aufzutreiben.

In der allerersten Nebenstraße kam mir ein Polizeiauto entgegen. Der Fahrer hielt mich sofort an.

„Du bist nicht von hier, oder?“

Wie oft ich das unterwegs zu hören bekommen hatte! Es war zuweilen wie ein Fetisch: Die, die hierher gehören, und die anderen. Wir und die.

Der Polizist meinte es immerhin gut mit mir.

„Such dir mal lieber eine Bleibe. Und fahr morgen am besten gleich weiter. Das hier ist keine anheimelnde Gegend.“

Er beschrieb mir den Weg zu einer Filiale des Days Inn, einer günstigen Absteige weit außerhalb der Stadt. In Osceola sollte ich mich besser nicht mehr blicken lassen, wiederholte er, zunehmend besorgt, noch zweimal.

Das Days Inn von Osceola war voller Arbeiter: raue Burschen mit derbem Humor, die von Job zu Job zogen, ihr Gehalt abends in den Bars der Stadt versoffen und rot wie schüchterne Teenager wurden, sobald eine Frau sie ansprach. Das waren ehrliche und bescheidene Typen, deren Hab und Gut in ihren Pickup passte. Manche lebten bereits seit Jahrzehnten so: Das waren die alten Hasen, die den neuen, herbeigespült vom Bankencrash oder der geplatzten Internetblase, zeigten, wie das hier so lief.

Einen der Neuen sollte ich demnächst kennenlernen. Vorerst aber vergewisserte ich mich, dass der Meilenfresser doppelt angekettet und kaum sichtbar unter einer Treppe verstaut war und schlief nach den heute zurückgelegten 160 Kilometern ein, gleich nachdem ich das Bett berührt hatte. Nicht einmal den anderthalb Meter breiten Fernseher konnte ich noch nutzen. Immerhin eines aber brachte mich noch im Schlaf zum Lächeln: Von hier fehlten nur noch 90 Kilometer bis Memphis.

Am folgenden Morgen stand er auf einmal vor mir. Ich hatte gerade das Motel verlassen und wollte am Gebäude entlangfahren, um auf den Highway zu kommen, da hob er die Hand und rief: „Hey du, anhalten!“ So konnte ich erkennen, dass er wohl irischer Abstammung war und auf seinem T-Shirt „Kill ‘em all“, stand, „Töte sie alle“.

„Wha‘ kinda weird thang that?“, sagte der Riese. Dann griff er mit routinierter Selbstverständlichkeit in die rechte Gesäßtasche seiner Jeans und zog eine Pistole hervor.

Das war's also, dachte ich im ersten Moment. Jetzt würde mich der Kraftmeier zwingen, ihm das Velo zu überlassen. Vielleicht vermutete er Wertvolles in meinem Gepäck oder meinte, die Einzelteile meines Gefährts verkaufen zu können. Wenn es wirklich schlecht lief, schoss er mich auch einfach über den Haufen, um die Sache abzukürzen. Obwohl das reichlich unpraktisch wäre, da er mich in diesem Fall ja noch aus dem Velo ziehen musste, ehe er an die begehrten Teile gelangen konnte.

Meine Gedanken vollführten solche tollkühnen Bocksprünge, sodass ich kaum mitbekam, was der Bizepsfetischist als Nächstes sagte. Was natürlich auch wieder an seinem Akzent liegen konnte.

„Hear my gun for dead! Real?“, verstand ich.

„Hör' meine Knarre für die Toten!“. Das war offensichtlich eine Drohung und ich war in seinen Augen praktisch schon Geschichte. Mir war nur nicht klar, warum er mich am Ende fragte, ob das überhaupt wahr sein konnte: real?

Ich bat ihn höflich, seine Frage zu wiederholen. Es machte die Sache nur unwesentlich besser.

„Here's my rhum for dad. Feel?“, setzte ich nun aus seinen langgezogenen Vokalen und abgehackten Konsonanten zusammen.

„Hier ist mein Rum für Papa. Fühlst du das?“ Statt „rhum“ hatte er vielleicht auch „gum“ gesagt, also Kaugummi, oder „run“, das Rennen. Sein Rennen für Papa: Was um alles in der Welt mochte das bedeuten?

„Well ...“ Ich gab mich unentschlossen, da ich noch immer keinen Schimmer hatte, welche Reaktion von mir erwartet wurde. Ich wusste nicht einmal, ob ich Angst haben sollte oder nicht.

„C'mon“, beharrte der Fitnessfreak. Und erst als er seinen Wunsch ein drittes Mal wiederholte, wurde mir klar, was er mir da anbot.

„Here's my gun for that. Deal?“

Er wollte seine Knarre also nicht gegen mich richten, sondern sie eintauschen gegen das Velo, in dem ich saß. Vermutlich wäre das nicht einmal ein allzu schlechtes Geschäft für mich gewesen. Immerhin handelte es sich, wie er mir kurz darauf erklärte, um eine halbautomatische *Kahr P9*. Das sagte er in einem Tonfall, in dem andere eine Rolex oder ein Armani-Hemd anpreisen.

Einen Moment lang stellte ich mir vor, wie ich mit der Pistole in der Hand umherzöge. Ich könnte auf Güterzüge springen und mich von Stadt zu Stadt bringen lassen, ähnlich wie die Hobos, die Jack London in seinen Büchern beschreibt. Vielleicht würde mir jemand auf irgendeinem Hinterhof einen guten Preis für die Knarre bieten.

Stattdessen lehnte ich dankend ab. Als Ausländer dürfe ich nun einmal keine Waffe tragen. Ich betonte es so, als ob ich diesen Umstand wirklich bedauerte.

„Bist du sicher?“, hakte er nach. Sein rechter Zeigefinger tastete spielerisch nach dem Abzugshahn der Waffe.

In diesem Moment kam der Rezeptionist um die Ecke. Ich hatte ihn gestern kennengelernt. Bob hieß er, oder Rob, und war zuvor in Alaska gewesen. Vielleicht stimmte das aber auch gar nicht, und er hatte mir nur erklären wollen, dass er einst Polizist gewesen war, Cop, und dass er seine Chefin fragen musste, ob ich mein Velo im Eingangsbereich abstellen durfte: nicht „Alaska“ also, sondern: „I'll ask her“. Ich musste dringend damit beginnen, den hiesigen Dialekt zu entschlüsseln.

Der Ire packte jedenfalls sein ungewöhnliches Tauschobjekt wieder ein.

„Ich bin sicher“, bestätigte ich und wünschte ihm einen guten Tag. „Have a good one!“

Walk the Line.

Was hatte mich nur geritten, dachte ich, mit einem so auffälligen fahrbaren Untersatz durch ein derart raues Land zu ziehen? Würde ich etwa auch versuchen, auf einem Kronkorken über den Atlantik zu setzen oder mit einem Löffel einen Tunnel durch den Mount Rushmore zu graben? War das letzten Endes nicht respektlos gegenüber diesem Land?

Oder passte es vielleicht sogar wie die Faust aufs Auge zum Ausprobieren und Herumspinnen – Eigenschaften, dank deren die Amerikaner immer von Neuem die restliche Welt überraschen?

Die Begegnung mit dem Waffennarr hing mir jedenfalls nach. Auch dann noch, als ich auf den Highway 61 einbog und südwärts weiterfuhr: weg von Osceola mit seinen seltsamen Metallica-Fans und Memphis entgegen.

Kurz darauf spannte sich in der Nähe der Kleinstadt Marie zu meiner Rechten ein Baumwollfeld auf. Vielleicht war es dasselbe, in dem 75 Jahre zuvor Johnny Cash mit seinem Bruder Jack gespielt hatte. Ihr Vater, ein verarmter Bauer, erwarb in Dyess, keine zehn Kilometer von hier entfernt, eine Farm. Sie wurde ihm im Rahmen des New Deal unter Präsident Franklin D. Roosevelt vergünstigt angeboten, da man Familien ins ländliche Arkansas holen wollte.

Der Film „Walk the Line“ vom James Mangold zeigt sehr eindrucksvoll, wie der junge Johnny aufwuchs und wie er zu Johnny Cash werden konnte: dem Mann, der über 50 Millionen Tonträger verkaufen und mit 13 Grammys ausgezeichnet werden sollte. Und der doch zeitlebens von einer abgrundtiefen Traurigkeit heimgesucht wurde. Wenige Wochen vor seinem Tod coverte Johnny Cash folgerichtig das Lied „Hurt“ von den Nine Inch Nails.

Vor allem aber verdeutlicht der Film die tiefe Beziehung von Johnny zu seinem älteren Bruder Jack, der mit 14 bei einem Unfall mit der Kreissäge starb. Im Film laufen die beiden Brüder durch die endlosen Baumwollfelder, dann bleiben sie abrupt stehen, um gleich wieder loszulaufen: ein genialer Filmanfang, der augenblicklich die Umgebung ins Spiel bringt, die enge Beziehung der beiden zueinander verdeutlicht und nicht nur Johnny, sondern auch seinem Bruder Jack ein Denkmal setzt.

Das Haus, in dem Johnny Cash aufwuchs, steht heute etwas verloren in der Gegend herum und kommt nicht ansatzweise an den Rummel heran, der um Elvis Presleys Graceland in Memphis veranstaltet wird. Für mich war Johnny Cashs düsterer Bassbariton trotzdem schon immer anziehender und spannender als Presleys Hüftschwung. Cashs Gesang war einzigartig und es wird mir zeitlebens ein Rätsel bleiben, wie man in einer derart tiefen Stimmlage am Ende einer Liedzeile nochmals eine Quarte oder Quinte tiefer gehen kann.

In Big River, seiner Hymne an den Mississippi, besingt Johnny Cash genau die Stationen, die ich im Verlauf meiner Reise passieren würde. Er reist einer Unbekannten nach, die er in Minnesota kennengelernt hatte. Ihr Südstaatenakzent war ihm mitten ins Herz gefahren: „I met her accidentally in Saint Paul, and it tore me up every time I heard her drawl, Southern drawl.“ Doch als er sie kennenlernen will, erfährt er, dass sie weiter gen Süden gezogen sei. *And I followed you, Big River, when you called.* In Davenport angekommen, fand er Spuren der Angebeteten, dann in Saint Louis und in Memphis, und wieder war die Schöne bereits weitergezogen. Als er sie auch in Baton Rouge und in New Orleans verpasste, musste er einsehen, dass die Unbekannte den Fluss einfach mehr liebte als ihn: „Dump my Blues down in the gulf: She loves you, Big River, more than me.“

Immerhin schien Johnny Cash am Ende in June Carter dann doch noch die Liebe gefunden zu haben, die für ihn ein goldener Feuerring war, „a golden ring of fire“ –, auch wenn die Beziehung letzten Endes einer Achterbahnfahrt gleichen sollte. „I went down, down, down, and the flames went higher. “

In seinem Roman *Die Tabakstraße* leuchtet Erskine Caldwell schonungslos aus, was ein Leben im verarmten Süden zur Zeit der Weltwirtschaftskrise bedeutete. Ganz ähnlich wie Johnny Cashs Vater erleidet auch der Romanheld Jeeter Jesper Schiffbruch, da auf den überdüngten Baumwollfeldern Georgias immer weniger zu holen ist. Er bleibt der Verlierer, als den sich auch Johnny Cash trotz aller Erfolge bis zuletzt gesehen hat. Bekommt Jeeter ganz unverhofft doch einmal eine Portion Glück ab, kann er nichts davon festhalten und fährt zum Beispiel das neue Auto binnen Tagen zu Schrott.

Caldwell zeigt die ganze Härte der damaligen Zeit und er zeigt die Rauheit des Landes fernab der schillernden Metropolen. Er muss es wissen: Immerhin schlug er sich als Fabrikarbeiter und Pförtner, als Kellner und Milchmann durch, ehe ihn *Die Tabakstraße* berühmt machte.

Bis heute ist die Gegend zwischen Saint Louis und Memphis kein anheimelnder Ort. Überdeutlich sieht man ihr das subnationale Trauma an: die Niederlage im Amerikanischen Bürgerkrieg.

Manche Südstaatler reagierten darauf mit übertriebener Fortschrittsgläubigkeit. Immerhin hatte die industrielle Revolution den Norden über den Süden triumphieren lassen. Auch dadurch erklärt sich die Begeisterung vieler Amerikaner in Bezug auf Neues, sei es die Atomenergie, soziale Netzwerke im Internet oder die allerangesagtesten Diätpillen, für die zur besten Sendezeit im Fernsehen geworben wird.

150 Jahre ist der Amerikanische Bürgerkrieg her. Und trotzdem versteht man das Land erst, wenn man sich klarmacht, welche offenen Wunden noch immer vor allem in den südlichen Bundesstaaten klaffen.

In nur vier Kriegsjahren, mehr waren es nicht, starb ein Drittel der jungen Männer. Danach fluteten Bauern und Spekulanten aus dem Norden das Land. Sie kauften die leer stehenden Plantagen für einen Apfel und ein Ei und ließen die dereinst so stolzen Südstaatler als Tagelöhner für sich arbeiten. Nicht wenige im Süden verstanden dies als fortgesetzte Demütigung.

Kleinganoven zogen damals über das ganze Land. Sie boten modische Taschen an und unechte Teppiche, Carpet bags. Noch heute gilt der Ausdruck „Carpet bagger“ all jenen, die gutmütige Dörfler an der Nase herumführen, um ihnen mit unlauteren Mitteln das Geld abzunehmen.

Die bösen, hochtechnologisierten Nordstaatler gegen die ehrlichen und aufrechten Südstaatler, die das Herz am rechten Fleck haben: Viele, denen ich in Arkansas und noch mehr in Tennessee, Mississippi und Louisiana begegnen sollte, pflegen dieses Bild vom Southern Gentleman, der auf der Veranda seines Gartenhäuschens sitzt, formvollendet mit den Damen parliert, sich mit deren Ehemännern duelliert und ein untrügliches Gespür dafür hat, was richtig und was falsch ist. Statt also den Streber zu loben, der erfolgreicher, raffinierter und zielstrebiger ist als andere, huldigt man in den Südstaaten lieber dem hinreißenden Klassenaufwiegler, dem Kerl mit den „Problemen", dem kein Mädchen widerstehen kann.

Daran ändert auch die Tatsache nichts, dass der Süden wirtschaftlich vor allem ab dem Jahr 2000 gewaltig aufgeholt hat. Bestes Beispiel dafür ist Atlanta, die Hauptstadt Georgias und mittlerweile Firmensitz von Branchenführern wie Delta Airlines, CNN, UPS und Coca/Cola.

Eskorte zur Billigabsteige.

Oder Memphis, wohin die Firma FedEx ihren Hauptsitz verlegt hat. Hier, in dieser heute so gesichtslosen Metropole, begannen einst die Karrieren der ganz Großen, hier nahmen Elvis Presley und Johnny Cash, Aretha Franklin und B.B. King ihre ersten Songs auf. Von ihrem Ruf als Mekka des Blues und des Rock n' Roll zehrt die Stadt bis heute. Graceland, die Villa von Elvis Presley, besuchen über eine halbe Million Verehrer jährlich.

Es mochte daran liegen, dass ich Elvis immer schon für affektiert gehalten habe. Als jemand, der fremde Songs interpretierte und sich dabei nur für sich selbst interessierte.

Jedenfalls präsentierte sich mir die Stadt des King alles andere als einschmeichelnd.

Noch ehe ich, von Arkansas kommend, das Westufer des Mississippi erreichen konnte, hielt mich die Polizei an. Das kannte ich inzwischen. Artig fuhr ich an den rechten Straßenrand, legte die Hände gut sichtbar auf der Vorderscheibe des Velos ab und erklärte dem herbeischlendernden Polizisten, was das für ein Ding war.

„Damit kannst du nicht in die Stadt fahren!“, sagte der daraufhin.

Das war neu. Bisher hatten mich die Ordnungshüter zwar scheel angeschaut, mich aber grundsätzlich meiner Wege ziehen lassen.

Dieser war aus einem anderen Holz geschnitzt. In so einem Ding ließe er mich nicht über den Fluss fahren, beharrte er. Da half es auch nicht, dass ich ihm versicherte, dass ich seit drei Wochen im Land umherfuhr und bereits Dutzende Male über den Mississippi gesetzt hatte. Er blieb stur. Und er bekam Verstärkung: Zwei weitere Streifenwagen kamen links und rechts von mir zum Stehen. Vier Cops stiegen aus, was durchaus martialisch aussah. Ungerührt rollte der Verkehr links von uns Memphis entgegen.

Damit könnten sie mich nicht in die Stadt fahren lassen, bestätigten die Neuankömmlinge. Sie sagten es in einem Ton, der mir wohl verdeutlichen sollte, dass es eine wirklich bescheuerte Idee wäre, über Gegenargumente auch nur nachzudenken. Dabei hatte ich mir bereits zurechtgelegt, dass ich sie mit der Innovationsfreude der vor uns befindlichen Stadt konfrontieren würde. Hatten Elvis und Johnny Cash denn nicht genau darum Erfolg: weil sie neue Wege gingen und Altbekanntes, scheinbar Gegensätzliches miteinander fusionierten? Und tat ich nicht genau dasselbe mit dem Velo, dieser Mischung aus Fahrrad und Kleinwagen? Ich kam nicht mehr dazu, meine Argumente vorzutragen, da einer der Polizisten einen Satz sagte, den ich bisher ebenfalls noch nicht gehört hatte.

„Also gut“, befand er und nickte seinen Kollegen zu. „Wir sperren die linke Spur für dich.“

„You'll do – what?“, fragte ich verblüfft. Wie immer, seit Saint Louis, konnte ich mir nicht hundertprozentig sicher sein, mein Gegenüber richtig verstanden zu haben.

„Wir sperren die linke Spur für dich“, wiederholte der Ordnungshüter. „Dann eskortieren wir dich zu einem Hotel. Das muss sich aber hier in West Memphis befinden, nicht downtown. Alles klar? Dann los.“

Zögernd stieg ich in das Velo, klappte das Dach herunter und fuhr klappernd auf die linke Spur. Immerhin die, die normalerweise den schnellsten Verkehrsteilnehmern vorbehalten ist. Sofort setzte sich einer der Streifenwagen vor mich. Ein weiterer folgte mir, der dritte preschte voraus zur Unterkunft, um dort mein Kommen anzukündigen. Alles blitzte und blinkte um mich herum.

Auf diese Weise werden vermutlich Filmstars zu ihrem Hotel gebracht. Auch wenn das wohl nur selten ein Haus des Billiganbieters Super 8 direkt neben der Autobahn in West Memphis sein dürfte.

Memphis damals und heute.

West Memphis hat nichts, absolut nichts mit Memphis zu tun. Außer dem Namen und der Nachbarschaft deutet in dieser tristen, verkehrsreichen Vorstadt kaum etwas auf die Verheißungen hin, die wenige Kilometer östlich, am „richtigen“ Ufer des Mississippi, geboten werden.

Ich befand mich am „falschen“ Ufer des Flusses, dem westlichen nämlich, war damit noch immer in Arkansas, am Arsch der Welt, und tat mich schwer, einen Zugang zur Metropole zu finden, die sich vermeintlich so nahe befand.

Beinahe unnötig zu erwähnen, dass es kein U-Bahn-System gab. Ein Bus schien zwar zu existieren, er fuhr aber nur zweimal täglich. Das erste Mal davon war zur angegebenen Zeit weit und breit kein Fahrzeug zu sehen. Ein Taxifahrer verlangte auf Nachfrage einen dreistelligen Betrag für die Fahrt in die Innenstadt. Und den Meilenfresser durfte ich, so viel war sicher, hierfür nicht mehr einsetzen. Ich versuchte es per Anhalter, doch niemand war gewillt, einen Fußgänger – einen Fußgänger! – mitzunehmen.

Was blieb mir anderes übrig, als mich zu Fuß auf den Weg zu machen? Drei Stunden würde der Weg zur Beale Street, dem Zentralnerv von Memphis, dauern. Drei Stunden am Rand mehrspuriger Straßen, auf denen Autos und Lastwagen in einer endlosen Kolonne stadteinwärts fuhren.

Auf diesem Weg wurde mir klar, dass die Siedler unrecht hatten. Als sie dereinst flussaufwärts gezogen waren, meinten sie, einen zweiten Nil entdeckt zu haben. Die Städte, die sie bauten, nannten sie daher Memphis, Cairo und Theben.

Zwar spielt der Mississippi in derselben Liga wie der Nil und der Amazonas. Memphis aber hat wenig mit Kairo oder Alexandria gemein. Statt Moscheen und Bibliotheken weist es vor allem gesichtslose Wolkenkratzer auf, sodass man in der Downtown ständig im Schatten geht. Immerhin zuckelt mittlerweile eine Straßenbahn durch die Innenstadt. Im absoluten Zentrum, um Beale Street und Main Street herum, hat man sich sogar erdreistet, eine Fußgängerzone einzurichten. Und am Riverfront Drive wendet sich die Stadt dem Mississippi zu und huldigt ihm mit mehreren Parkanlagen.

In einer von ihnen steht die Statue eines Mannes, der die Hand nach unten hin ausstreckt. Es handelt sich um Tom Lee, einen farbigen Matrosen, der am 8. Mai 1925 über 30 Menschen aus den Fluten des Mississippi rettete. Ihn ehrte man lange auf ganz besondere Südstaatenart: Stand doch, ehe 2011 eine Flut Teile des Denkmals beschädigte und man einen neuen Text fand, dass Tom Lee „A worthy negro“ gewesen sei, „ein ehrenwerter Neger“ also.

Vielleicht ist man rauer in einer Stadt, die wie kaum eine andere abrupte Wechsel von guten und schlechten Phasen erlebt hat; so intensiv, dass sie zwischendurch sogar ganz aufhörte zu existieren.

Zu Beginn des 19. Jahrhunderts wuchs Memphis in Rekordzeit von einer Siedlung mit 50 Einwohnern an der damaligen Westgrenze des von Weißen bevölkerten Gebiets zum weltgrößten Umschlagplatz für Baumwolle heran. Im Sezessionskrieg hatte die Stadt das Glück, von der Armee der Nordstaaten in nur einem Tag erobert zu werden, was weitere Kämpfe verhinderte.

Den Garaus machte Memphis etwas anderes: das Gelbfieber. Zwischen 1870 und 1878 starb ein Viertel der Bevölkerung, da sich die Erreger im veralteten Abwassersystem rasend schnell vermehrten. Über die Hälfte der Einwohner verließ die Stadt. 1879 erklärte Memphis den Bankrott. Die Stadtrechte wurden aberkannt und an der Stelle, wo sich die Metropole einst befunden hatte, war in Karten und Statistiken nur noch von einem „Shelby County Steuerdistrikt“ die Rede.

Neu aufgebaut wurde Memphis vor allem von Afroamerikanern. Robert Church, ein ehemaliger Sklave, wurde der erste schwarze Millionär der USA. Es gab afroamerikanische Ärzte, Anwälte und Banker.

Am 4. April 1968 wurde in Memphis der Baptistenpastor Martin Luther King auf dem Balkon des Lorraine Motels erschossen. In der Folge kam es zu Aufständen und Straßenkämpfen. Fast die gesamte Innenstadt wurde niedergebrannt. Ganz erholt hat sich Memphis davon bis heute nicht, auch wenn man versucht, der Stadt zum Beispiel mit einem Vergnügungspark namens Mud Island ein freundlicheres Gesicht zu geben. Eine Folge der weiterhin angespannten Situation ist immerhin, dass Memphis mit die niedrigsten Lebenshaltungskosten aller Großstädte in den USA aufweist.

Ich wurde den Eindruck nicht los, dass diese Stadt nach wie vor der Epoche nachweint, in der sie stilprägend für die ganze Welt war. Hier in Memphis kombinierte B. B. King erstmals eine Lead- und eine Rhythmusgitarre, was nicht nur für den Blues zum Standard werden sollte, sondern auch für den Rock 'n' Roll, der größtenteils in Memphis entstand und hier auch zuerst aufgeführt wurde.

Doch: Graceland und Martin Luther King, die Aufnahmestudios von Sun Records und die Blütezeit des Blues und des Rock 'n' Roll: All das war eben vor 50 Jahren groß und bedeutsam. Heutzutage streifen vor allem dicke Touristen durch die Beale Street. Abends versucht man in den Bars, zuweilen auch auf den Straßen, die damaligen Zeiten wieder aufleben zu lassen. Hermann Plasa, ein Münchner, der dem Mississippi per Fahrrad gefolgt ist, fragte sich, in Memphis angekommen, folgerichtig: „Wie will man satten Menschen die Musik des Hungers nahebringen?"

Vielleicht ging ich zu hart ins Gericht mit dieser Stadt, die so vieles durchgemacht hat. Vielleicht würde uns Memphis ja bald mit einer neuen Musikrichtung überraschen: mit Egyptian Groove vielleicht oder mit Crossover Country FedEx Style. Meine Abneigung mochte auch damit zu tun haben, dass ich mein Hotelzimmer in West Memphis erst nach einem dreistündigen Fußmarsch würde erreichen können.

Dennoch: Ich hatte mir mehr erhofft von meiner Stippvisite nach Tennessee. Immerhin stammen gefühlt etwa die Hälfte aller wirklich berühmten Amerikaner von hier (die andere kommt aus Illinois). Morgen Freeman wurde in Memphis geboren, ebenso wie Justin Timberlake. Aus Tennessee stammt auch Anna Mae Bullock, besser bekannt als Tina Turner, die mittlerweile Schweizerin geworden ist, und außerdem Quentin Tarantino. Auch zu ihnen war Tennessee hart gewesen: Tarantinos Mutter war gerade mal 16, als sie ihn zur Welt brachte. Tina Turners Mann Ike experimentierte exzessiv mit Drogen. Beide, Tina Turner und Quentin Tarantino, hatten „Halbblut"-Mütter.

In Tennessee werden aber nicht nur spätere Berühmtheiten geboren und reichlich seltsamer Whiskey zuammengepanscht (wobei wiederum die Gesetze in diesem Bundesstaat den öffentlichen Konsum von Alkohol verbieten und der Besuch der berühmten Destillerie von Jack Daniel's daher mit einem erfrischenden Glas Limonade endet). Hier wurde auch der Ku-Klux-Klan gegründet: von Veteranen der unterlegenen Südstaatenarmee unter General Nathan Bedford Forrest, die an den Privilegien für Weiße festhalten wollten. Um Schwarze vom Wählen abzuhalten, brannte man ihre Häuser und Scheunen nieder. In den vier Wochen vor der Wahl 1868 wurden allein in Louisiana 2000 Menschen ermordet. Mancherorts vergaben Klanmitglieder Zertifikate an diejenigen, die „richtig" gewählt hatten; das konnte lebenswichtig sein.

Als die meisten Schwarzen nicht mehr wählen gingen, konnte der KKK Gesetze durchsetzen, die Weiße bevorzugten. Schwarzen wurde verboten, im selben Restaurant wie Weiße zu essen oder dieselbe Schule zu besuchen. In manchen Staaten durften sie keine Weißen heiraten. Selten war eine Terrorgruppe so erfolgreich wie der Ku-Klux-Klan. Selbst heute spielt er noch eine gewisse Rolle und prangert beispielsweise die „Medienhatz auf Weiße" an.

Es war erstaunlich, wie sehr sich das Land in den drei Wochen meiner Reise verändert hatte. In Minnesota hatte ich noch gefroren, dafür aber die Menschen verstanden. Und das lag sowohl an ihrem Akzent als auch an ihrer Lebenseinstellung. Vielleicht unterscheiden wir Deutsche uns doch nicht allzu sehr von den US-Amerikanern, von denen ja nicht wenige deutsche Vorfahren aufweisen: Das konnte ich mir noch bis kurz vor Saint Louis einbilden. Gut, die Sache mit den Indianern machte die Leute hier in meinen Augen exotisch, ebenso die späte Landnahme und das Vordringen in unbekannte Gebiete, die es in Deutschland jahrhundertelang so nicht gegeben hatte. Alles in allem aber verstand ich mich gut mit den meisten Leuten, denen ich unterwegs begegnete.

Zwischen Saint Louis und Memphis hatte sich das grundlegend geändert. Plötzlich blieben meine Gesprächspartner an den Vokalen hängen und mussten sich daher bei der Aussprache der Konsonanten beeilen. Sie rückten mir auf die Pelle, sobald sie mein Rad sahen, grüßten frenetisch, lachten laut und betonten recht schnell, dass sie Barack Obama für einen Unfall der Geschichte hielten und froh wären, dass bald wieder ein „echter" weißer Mann in Washington Einzug halten würde. Hier war ich, deutlich mehr als im Norden, tatsächlich im vielbeschworenen und so selten bereisten Heartland angekommen: in dem Teil der USA, der von Künstlern und Geschäftsleuten an der Ost- und Westküste belächelt und von Touristen weiträumig umfahren wird.

Um seine Vorurteile zu überwinden, muss man sie erst einmal in Gefahr bringen: Es gefiel mir, mich den kruden Ansichten meiner Gastgeber ein Stück weit auszuliefern. Mit der Zeit begann ich, die Menschen tatsächlich zu mögen: ihre polternde Art ebenso wie ihren derben Humor, ihre Bodenständigkeit genauso wie ihre Unsicherheit, die sie hinter der Maskerade aus demonstrativer Nichtbelesenheit und aggressiven politischen Forderungen nur schlecht verbergen konnten.

Die zupackenden Frauen des Mittleren Westens hatten es mir besonders angetan. Diesen Ladies traute ich mehr als allen Regierungsvertretern und Entwicklungsprogrammen zu, ihre so rasch beleidigten und wütenden Männer zu bändigen.

Vermutlich arbeiteten die meisten dieser Frauen in einer Fabrik, waren Kindergärtnerinnen und Lehrerinnen oder zogen an der Supermarkttheke Waren über ein Förderband. Zu Hause schmissen sie den Haushalt, zogen drei Kinder groß und passten auf, dass ihre Männer nicht allzu sehr über die Stränge schlugen. Sie waren hart, aber großherzig.

Rau, aber bei alldem ungemein liebenswert. Und darin glichen sie dem Land, das sie umgab.

Von hier an würde ich ein weiteres Kapitel aufschlagen. Es ging hinein in den tiefen Süden, den Deep South. Eine Woche lang würde ich die Bundesstaaten Mississippi und Louisiana durchfahren. Mit jeder Meile, die ich zurücklegte, würde der Anteil Afroamerikaner an der Bevölkerung steigen. Eine weitaus heterogenere Gemeinschaft als bisher würde mich erwarten. Die Temperaturen würden einmal mehr steigen, bis auf knapp 40 Grad Celsius. Städte mit klingenden Namen lagen vor mir: Vicksburg, dann Natchez und schließlich New Orleans. Der Blues Highway würde mich nach Clarksdale führen, wo Robert Johnson der Legende zufolge seine Seele dem Teufel verkaufte, um der weltbeste Bluesmusiker zu werden, und Morgan Freeman die Bar Ground Zero betreibt. An endlosen Baumwollfeldern entlang würde es hineingehen in die Sümpfe Louisianas, vorbei an vorzeigbaren Villen und den stinkenden Petrochemiefabriken von Baton Rouge, hinein ins Zentrum des Jazz, nach New Orleans.

Ich freute mich darauf, das alles kennenzulernen. New Orleans sollte mich nicht enttäuschen wie Memphis. Ich würde mein Velo von nun an nie mehr in einem Randbezirk abstellen müssen.

5.
Zwischen Baumwollfeldern: Von Memphis nach New Orleans.

Alles schwirrt, wimmelt und dampft.

Der Verkehr hörte abrupt auf, als ich in West Memphis in die Airport Road einbog. Offenbar wollte niemand zum regionalen Flughafen fahren. Allein auf weiter Strecke, öffnete ich das Dach, baute übermütig Kurven in meine Fahrt ein und passierte auf diese Weise das unscheinbare Flugfeld zu meiner Rechten. Verwaist lag es unter der morgendlichen Sonne.

Direkt dahinter begannen die Felder. Eine zweispurige, bestens instand gehaltene oder einfach so gut wie nie benutzte Straße brachte mich in das Dörfchen Marianna. Dort angekommen, schlug ich einen kleinen Bogen und fuhr danach schnurstracks nach Südosten Richtung Mississippi: dem Fluss und dem gleichnamigen Bundesstaat entgegen.

Seit einer halben Stunde war er ausgeschildert, dann lag er plötzlich vor mir: der Staat mit dem am besten klingenden Namen von allen. Immer wieder hatten zuvor Sträßchen rechts und links in die Felder hineingeführt, als hätte Arkansas mir noch ein paar Möglichkeiten aufzeigen wollen, doch lieber hier zu bleiben. Hinter einer Kurve aber wuchsen auf einmal Betonwände rechts und links der Straße in die Höhe. Gleichzeitig ging es unvermittelt steil nach oben.

Ich hatte ja keine Ahnung, wie groß der Strom geworden war! Er hatte den Illinois und den Missouri verschluckt und Dutzende weitere Flüsse in sich aufgenommen. Jetzt, da er den gleichnamigen Bundesstaat flankierte, war er zweieinhalb bis fünf Kilometer breit.

Das machte sich bemerkbar, als ich ihn endlich erreichte. Vor mir erhoben sich mit einem Mal massive Eisenstäbe in den Himmel. Zugleich bogen Autos von links und rechts auf die Straße ein, der ich bis hierher gefolgt war.

Wo kamen die so plötzlich her?

Ich fuhr an den Rand und ging einige Schritte auf den Fluss zu. Da erst erkannte ich, dass sich nicht nur der Strom verändert hatte, sondern auch die Brücken, die über ihn führten. In Minnesota hatte ich sie noch kaum bemerkt, danach hatte es Spaß gemacht, über den Fluss zu setzen.

Hier aber sah ich mich mit einer brenzligen Situation konfrontiert. Die zweispurige Straße, die über die Brücke führte, wies keine Standspur auf. Angesichts des mit einem

Mal regen Verkehrsaufkommens würden die Autofahrer mich nicht überholen können. Ich würde ihnen im Weg sein, was vor allem am Anfang der Brücke ein Problem werden konnte: Dort führte die Straße steil nach oben, was bedeutete, dass ich deutlich langsamer war als die motorisierte Konkurrenz.

Ich stieg ein, senkte das Dach und prüfte die Ladung der Batterien. Sie müsste reichen, um halbwegs zügig über die Brücke zu setzen. Mit voller Kraft hielt ich auf den Anstieg zu, als sich ein roter Chevrolet hinter mich setzte. Im Rückspiegel erkannte ich, dass eine junge Frau am Steuer saß. Sie schaltete den Warnblinker ein, um die nachfolgenden Autofahrer auf mich aufmerksam zu machen. Das war eine gute Idee: So fuhr ich geschützt hinüber zum Ostufer.

Mir blieb sogar noch Zeit, einen Blick auf den Strom zu werfen, der sich Dutzende Meter unter mir träge vorwärtsschob. Er war erkennbar kein ungestümer Jugendlicher mehr, sondern ein gesättigter Erwachsener kurz vor der Rente, der wusste, wo es langging, und seinem großen Ziel entgegenstrebte.

Noch ehe ich mich bei meiner Helferin bedanken konnte, bog der Chevy rechts ab. Sofort darauf begann von Neuem die Standspur.

Welcome to Mississippi stand in geschwungenen Buchstaben auf einem Straßenschild. Mis-sis-sip-pi: Das klang geheimnisvoll und irgendwie verrucht – beinahe wie eine lispelnde Lady, von der niemand wusste, woher sie kam und wie sie ihren Lebensunterhalt verdiente. Vielleicht schlüpfen uns solche Bilder in den Kopf, wenn wir uns vor Augen halten, was wir über den amerikanischsten aller Flüsse wissen: Immerhin wurde auf dem Mississippi nicht nur das Wasserskifahren erfunden, sondern auch das Pokerspiel.

Der gleichnamige Bundesstaat hingegen ist vor allem bekannt für seinen Blues, für schier endlose Baumwollplantagen und für ausufernden Rassismus. Er bildet traditionell das Schlusslicht, wenn es um Einkommen und Bildung seiner Bewohner geht.

Mit einem Velomobil durch diese Gegend zu fahren bedeutete etwas anderes als bisher. Mit einem Mal war so ziemlich alles weg, was mir Orientierung vermittelt hatte: Straßenschilder und markante Punkte in der Umgebung, Kreuzungen und Ampeln, Siedlungen oder auch nur eine Tankstelle. Weitere Verkehrsteilnehmer gab es nur noch alle paar Stunden.

In Wahrheit kam ich in diesem schier unermesslichen Schwemmland besser voran als jemals zuvor auf meiner Reise. Es fühlte sich nur nicht so an.

Schnurgerade verliefen die Straßen. Rechts von ihnen erstreckte sich ein Baumwollfeld und links ein weiteres Baumwollfeld. So ging das zuweilen 40 oder 50 Kilometer weit. Dann kam mir unter Umständen ein Auto entgegen. Wir hielten dann an für ein Schwätzchen oder ein paar Fotos, ehe wir zurück in unsere jeweilige Einsamkeit fuhren. Nach weiteren 40 oder 50 Kilometern mochte mir dann ein weiteres Auto entgegenkommen.

Für einen Radfahrer ist eine derartige Einsamkeit nicht einfach. Was würde passieren, wenn mir etwas zustoßen sollte? Was könnte ich tun, wenn zum Beispiel ein Reifen platzte oder sich eine entscheidende Schraube des Gefährts löste? Es könnte Stunden dauern, ehe ich jemanden darauf aufmerksam machen könnte, dass ich Hilfe benötigte. Mein Mobiltelefon war unmittelbar hinter der Grenze zu Mississippi in einen unbefristeten Streik getreten.

Vor allem aber machte mir zu schaffen, dass ich das Gefühl hatte, nicht einen Meter voranzukommen. Ähnlich musste es Neo alias Keanu Reeves ergehen, wenn er sich in die Matrix einloggte. Genau wie in der Filmszene, in der er eine Katze aus Versehen zweimal beobachtet, kam es mir vor, als sei ich an diesem oder an jenem Baum schon einmal vorbeigekommen. Doch, das musste er sein, genau so hatte der Baum zuvor doch ausgesehen!

Unterwegs gab es keinerlei Verpflegungsmöglichkeiten mehr. Die Sonne brannte vom Himmel, als wolle sie Löcher in den Asphalt stanzen. Alles schwirrte, wimmelte und dampfte um mich herum. Mückenarmeen und eine unübersehbare Menge weiteres Kleingetier wurden ständig vom Fahrtwind ins Innere der Fiberglaskuppel meines Liegerads gedrückt. Wenn ich an mir heruntersah, erkannte ich Insekten, die es sich auf meinen Armen oder auf Bauch und Brust bequem gemacht hatten. Dann ließ ich den Lenker für Sekunden los, schlug wild auf mich ein und konnte trotzdem nicht verhindern, dass es mich bald an mehreren Stellen juckte.

Links und rechts erstreckten sich Felder, immer nur Felder. Genau hier war der Blues entstanden, als die in der Hitze des Tages schuftenden Sklaven ihr Leid zum Himmel sangen. Auch wenn die Äcker inzwischen mithilfe von Traktoren und Flugzeugen bewirtschaftet werden und man auf diese Weise Flächen so groß wie das Saarland bequem mit einer Handvoll spezialisierter Arbeiter beackern kann, kann man sich die Sklavenarbeit auch heute noch gut vorstellen. Es musste hart gewesen sein, hier draußen den Boden zu bestellen. Die umliegenden Felder und die Arbeit mussten den Sklaven schlichtweg unendlich vorgekommen sein.

Vielleicht war ich ja kurz hinter der überdimensionierten Brücke durch ein Wurmloch gerutscht und aus Versehen in eine andere Zeit geraten. Es hätte mich jedenfalls nicht gewundert, wenn in irgendeiner Ecke der Felder unvermittelt singende Arbeiter aufgetaucht wären oder Scarlett O'Hara mit wehendem Kleid und einem Mintdragée im Mund über die Straße gelaufen wäre.

Seit ich im Bundesstaat Mississippi unterwegs war und wie in Trance an der Naht zweier Felder entlangfuhr, musste ich unwillkürlich an die Dead Kennedys denken, jene zornige Punkband um Jello Biafra, die ihre sarkastischen Songs in den 70er- und 80er-Jahren herausschrien. In einem davon empfehlen sie der gesättigten Wohlstandsbrut, doch mal die Realität kennenzulernen und Urlaub in Kambodscha zu machen: „It's time to taste what you most fear.“ Zeit also, das kennenzulernen, was man am meisten fürchtet. Das war aber nicht der Grund, weshalb ich in Mississippi an die Dead Kennedys denken musste. Das war Buzzbomb from Pasadena, ein unbekannteres Lied, das einen Road Trip beschreibt, dem meinen nicht unähnlich. In der besungenen Einöde kündigt ein Schild das nächste Schild an: „A sign says: next sign 30 miles.“ Ein solcher Hinweis könnte auch hier am Straßenrand stehen, wenn es in dieser Gegend überhaupt Hinweisschilder gäbe. Eine weitere Liedzeile lautet: „The road's my slave, that's how I feel.“ Das hingegen war bei mir eher andersherum: Statt die Straße zu versklaven, sah ich mich mit jeder zurückgelegten Meile mehr und mehr als ihr Gefangener.

Oder war am Ende vielleicht alles nur ein hyperrealistischer Traum? Lag ich in Wahrheit noch immer im miesen Bett des Super 8 und träumte ich vielleicht nur von den folgenden Tagen, die ich im Süden der USA verbringen würde?

Aber nein: Plötzlich übertönte eindeutig hörbarer Fahrzeuglärm das Sirren der Reifen meines Velos. Schon hielt ich im Rückspiegel nach einem Pickup, einem Lastwagen oder einem Polizeiauto Ausschau, als sich ein Flugzeug neben mich setzte. Ja, ein Flugzeug. Doch, neben mich!

Es war kaum länger als mein Liegerad. Einen Moment lang folgte es meinem Weg, dann stieg es auf und sprühte dabei etwas auf das Feld zu meiner Rechten. Es musste sich wohl um ein Pflanzenschutzmittel handeln, das Käfer und weiteres Getier davon abhalten sollte, sich über die Ernte herzumachen. Wenn das, als Nebeneffekt, vielleicht auch gegen die Moskitos half, die sich nach wie vor ins Veloinnere drückten, sollte es mir recht sein.

Noch immer waren weit und breit keine weiteren Verkehrsteilnehmer zu sehen. Dafür ringelte sich zweimal eine Schlange über die Fahrbahn, kurz darauf musste ich bremsen, um eine Schildkröte vorbeizulassen. Sie schaute mich aufmerksam an und schien etwas pikiert zu sein, ehe sie ihren Weg fortsetzte.

Automatisch suchte ich in den gelegentlich sichtbaren Tümpeln und in parallel zur Straße verlaufenden Kanälen nach Alligatoren. Das war natürlich Blödsinn: Alligatoren gab es zwar durchaus. Am ehesten aber lagen sie in den weiter entfernten Seen auf der Lauer. Von diesen Seen gab es eine ganze Menge. Es waren seltsam gebogene Gebilde. Sie erinnerten an Halbmonde oder Bananen. Einer von ihnen hieß beispielsweise Horseshoe Lake, „Hufeisen-See".

Diese gebogenen Gewässer sind Überbleibsel des Mississippi. In den Schleifen, die der Fluss einst zog, sammelten sich über die Jahre immer mehr Schlamm, Sand und Geäst. Die Strömung trug beharrlich Uferbestände an einer Seite ab und häufte sie auf der anderen an. So konnte es passieren, dass ein Ufer unvermittelt brach, der Fluss den schnelleren Weg nahm und der Bogen isoliert zurückblieb. Die neuen Altwasser-Seen nannte man Oxbows.

Wenn der Mississippi beschloss, seinen Lauf zu ändern, konnte das gewaltige Konsequenzen haben. Einst reiche Handelsstädte sahen sich unvermittelt „auf dem Trockenen" wieder. Sie verödeten binnen weniger Monate. Andere blühten unverhofft auf. An welcher Stelle der Fluss sein Bett grub, war von entscheidender Bedeutung für die Menschen an seinen Ufern.

Zu Beginn der Mississippi-Blütezeit waren die Flussdampfer wie rote Blutkörperchen und der Strom war die wirtschaftliche Lebensader der Vereinigten Staaten. Dann kamen die Züge und verdrängten die Schiffe. Später machten Autos und Laster die Züge obsolet. Was kommt wohl als Nächstes und wann?

Einstweilen versuchen die Menschen, sich selbst davon zu überzeugen, dass man den großen Strom mithilfe von Deichen und Kanälen besänftigt hat. Zuweilen aber lässt der Big Muddy noch immer seine Muskeln spielen. Zum Beispiel im Frühjahr 2011, als er an ebenjener Stelle, die ich gerade passierte, nicht vier Kilometer breit war, sondern 100. 100 Kilometer!

Schuld daran war das Army Corps of Engineers, eine Einheit der US-Armee, die aus ein paar Hundert Soldaten und aus über 30.000 Freiwilligen besteht. Einer ihrer Aufträge lautet offiziell, die Metropolen am Unterlauf des Mississippi vor Überflutungen zu schützen. Dafür hat man ein ausgeklügeltes System aus Schleusen und 125 Fluttoren entwickelt. Zusammengefasst läuft es darauf hinaus, den Fluss die kaum besiedelten Gebiete im Mississippi-Delta überfluten zu lassen, um Überschwemmungen in Memphis und New Orleans zu vermeiden.

Inoffiziell (und damit weitaus bedeutsamer) gelten die Schutzmaßnahmen jedoch vor allem dem hässlichen und daher bei Touristen unbeliebten Baton Rouge. Dort stehen nämlich zehn der größten Raffinerien des Landes, die ein Sechstel des Treibstoffs liefern, den die USA so dringend benötigen.

Das Problem bei alldem ist, dass dem Fluss beständig Gewalt angetan wird und sich der Aufwand, den Mississippi in seinem aktuellen Lauf zu belassen, Jahr für Jahr erhöht. Längst ist es unnatürlich, dass der Strom kurz vor seiner Mündung einen so großen Bogen nach Osten schlägt.

Parallel zum Unterlauf des Mississippi fließt weiter westlich der Red River, der das Atchafalaya-Becken entwässert. Vor allem im 17. und im 18. Jahrhundert hatte der Mississippi öfter mal nachgesehen, was sein kleiner Bruder so machte. Bald waren Verbindungen zwischen den beiden Flüssen entstanden. Der Effekt war, dass sich der Rote Fluss nicht mehr in den Golf von Mexiko ergoss, sondern in den Mississippi.

Als daraufhin im Atchafalaya-Becken eine Dürre ausbrach, gruben die Menschen im Jahr 1839 mit einfachsten Mitteln eine Abzweigung vom Mississippi zum Golf von Mexiko und bekamen auf diese Weise ihren Fluss und die fruchtbaren Felder zurück. Noch im selben Jahr flossen zehn Prozent des Wassers vom Mississippi in das Atchafalaya-Gebiet. Im Jahr 1920 waren es allerdings bereits 20 und 1950 wurden es 30 Prozent. Es war absehbar, dass der Mississippi, würde man es ihm gestatten, sich seinen Weg selbst zu suchen, über kurz oder lang gut 200 Kilometer weiter westlich in den Golf von Mexiko münden würde. Das nämlich wäre der direktere Weg. Dann lägen wiederum Baton Rouge und New Orleans trocken, mit unabsehbaren Folgen für die gesamte Industrie der Vereinigten Staaten.

In den vergangenen 7000 Jahren, erdgeschichtlich kaum mehr als ein Wimpernschlag, ist die Mündung des Mississippi nachweislich einmal entlang der Küste Louisianas gewandert. Flüsse sind eben, anders als Städte, nicht auf einen Ort fixiert, sondern ändern ihren Lauf gemäß den Umständen, die sie vorfinden.

Das wiederum kann das Army Corps of Engineers nicht zulassen. In einem Werbespot heißt es daher sehr amerikanisch: „Die Nation hat einen mächtigen Feind. Wir bekämpfen Mutter Natur. Die Leistungskraft unserer Wirtschaft hängt von unserem Sieg ab."

„Wir bekämpfen Mutter Natur": Eben das wird von Jahr zu Jahr aufwendiger. Abgesehen davon, dass es mittelfristig wohl der falsche Ansatz ist. Natürlich kann man nachvollziehen, dass viele Menschen Schwierigkeiten damit hätten, in unmittelbarer Nachbarschaft eines ungezähmten Stroms zu leben, dessen Einzugsgebiet 10.000 Kilometer schiffbare Routen umfasst und im Westen bis zu den Rocky Mountains, im Osten bis zu den Appalachen reicht.

Andererseits wäre es vielleicht gerade angesichts dieser Dimension hilfreich, ein wenig mehr auf „Mutter Natur“ zu hören, statt sie zu bekämpfen. In New Orleans liegen dank immer neuer Dammsysteme die Schifffahrtsstraßen mittlerweile höher als manche Stadtviertel. Es sieht wirklich ungesund aus, wenn sich ein Schiff oberhalb einer Stadt bewegt.

Immer intensiver drückt der Big Muddy gegen die menschengemachten Grenzen, die ihn zwingen sollen, in seinem jetzigen Lauf zu bleiben.

Wer wird diesen Kampf am Ende gewinnen? Und welchen Preis wird er dafür bezahlen müssen? Noch ist das Ergebnis offen. Noch wäre Zeit, über Alternativen nachzudenken, die eher auf eine Koexistenz setzen als auf einen ständigen Krieg des Menschen gegen die Natur.

Wir sind eben doch keine Amerikaner.

Nicht nur auf dem Land, das jetzt wirklich Land war, rurales Gebiet, und kein Vorstadtgeflecht mit Anbindung an eine Metropole, nicht nur auf dem Land also, sondern auch in den Städten hatte sich die Stimmung grundlegend verändert. Das wurde mir spätestens klar, als ich Clarksdale erreichte und an einer Tankstelle anhielt.

Augenblicklich kamen von überall her Menschen angerannt. Ja doch, angerannt: Sie strömten aus den Nachbarhäusern und aus ihren Autos. Im ersten Moment war mir gar nicht klar, dass ich der Grund für ihre Aufregung war. Dann aber bildeten sie eine Traube um mich herum. Alle schrien durcheinander, jeder betatschte mein Rad und fotografierte wild in der Gegend herum.

Von Zeit zu Zeit rief mir jemand eine Frage zu, die ich aufgrund des Lärms nicht verstand. Ich lächelte höflich und versuchte, meinerseits nach einem günstigen Motel zu fragen. Das war ein Fehler. Der Lärm der Menge wurde sofort infernalisch. Alle zeigten hierhin und dorthin, Namen flutschten aus ihren Mündern, die ich vergaß, noch ehe sie noch ganz zu Ende gesprochen waren.

„Thank you!", rief ich wahllos in die um mich herumwogenden Gesichter, „That's very nice of you". Sehr nett. Wirklich.

Irgendwann gelang es mir, eine Lücke im Gewühl auszunutzen und mein Velo hindurchzusteuern. Jemand gab ihm noch einen derben Tritt in die Seite. Ob mit Absicht oder ob er selbst gestoßen worden war, vermochte ich nicht zu sagen. Dann war ich wieder auf der zentralen Straße, an der Motels, Supermärkte und weitere Läden aufgereiht waren. Ich suchte mir das am weitesten von der Tankstelle entfernte Motel aus.

In der Eingangslobby traf ich auf ein paar Familien. Gelangweilt lungerten sie umher, bis sie mich sahen. Dann sprangen alle, vom Opa bis zum Enkel, begeistert auf und stürmten hinaus, um mein Alien-Fahrzeug anzuschauen.

So langsam kam mir diese Aufregung dann doch etwas übertrieben vor. Da stand halt ein Fahrrad, na und? Etwas ungewöhnlicher als gängige Fahrräder, das schon. Letzten Endes aber war es doch nur ein Fahrrad. Das sahen meine Gastgeber ganz anders. Jeder Einzelne von ihnen meinte, dass er der Allererste sei, der die Frage stellte, was zur Hölle das sei, ob man da wirklich treten müsse und ob es da drin nicht furchtbar warm werde. Also antwortete ich, was ich mittlerweile etwa zwölf Mal am Tag sagte, wobei ich lediglich den Akzent zum Süden hin variierte: Das sei ein Fahrrad mit Elektromotor, „a velomobile", man müsse wie bei jedem Fahrrad treten, um voranzukommen, und ja: Zuweilen könne es da drin auch etwas warm werden, vor allem wenn die Sonne schien.

Natürlich riss dann irgendjemand den Witz, wo man denn das Radio aufdrehen könne. Haha, das Radio. Die Runde lachte brüllend, ich lächelte gequält. Die Frage hatte ich auf meiner Reise bereits ein Dutzend Mal gehört. Der Witz wurde anscheinend nie alt.

Eine Viertelstunde ging das so weiter. Die Leute konnten einfach nicht genug bekommen von dem komischen Ding da. Und dann wurde gleich noch ein Ausländer mitgeliefert, frisch aus Europa. Anscheinend war das wie Geburtstag und Weihnachten zusammengenommen. Was in mir die Frage hervorrief, was in diesem Kaff eigentlich sonst so los war, wenn ein Velomobil schon für derartiges Aufsehen sorgte.

Was auch immer ich sagte: Alles war absolut wahnsinnig. Komplett gaga. „Strange“ und „really weird“. Und natürlich wollte eben darum jeder so ziemlich alles von mir wissen.

„Wo bist du eigentlich heute losgefahren mit diesem …?“

„Velomobile. Na ja, heute Morgen war ich in West Memphis und ...“

„Memphis! Er hat Memphis gesagt!“

Die Menge jubelte. Das war ja schon wieder ein Beweis dafür, dass der Kerl, den sie vor sich hatte, hoffnungslos durchgeknallt war.

Wenn das so war, konnte ich gleich mit der Wahrheit herausrücken – *Morituri te salutant!*

„Ich will damit nach New Orleans, wisst ihr?!“

„Waaaas, mit diesem … diesem DING? Und wann willst du dort ankommen?“

„Velomobile. Am Mittwoch werde ich dort sein.“

Gelächter, ungläubiges Augenaufreißen: Im selben Moment wurde mir klar, dass ich alles hätte antworten können. Am Freitag, in zwei Wochen, kurz vor Weihnachten, ganz egal. Weil das Unterfangen an sich bereits unvorstellbar war. Weil niemand außer mir mit so einem

Ding irgendwohin fahren würde. Weil man so etwas einfach nicht tut.

Ich war also ein Alien und hatte gerade den Beweis dafür erbracht, dass Ausländer allesamt spinnen und man besser daran tat, bei dem zu bleiben, was man kannte. Sonst wurde man noch von den Nachbarn ausgelacht.

Einerseits fand ich die offenherzige Neugier, die die Leute in Clarksdale an den Tag legten, erfrischend. Andererseits machte sie mir bewusst, wie eng die Welt dieser Menschen war. Keiner von ihnen war wohl jemals außerhalb der USA gewesen. Oder höchstens zu einer Stippvisite in Mexiko, um sich bestätigen zu lassen, dass die dort scharfes Essen hatten und mit einem lustigen Akzent sprachen. Von Europa hatten sie vielleicht in der Schule gehört.

Im Fernsehen und in den Zeitungen spielen internationale Nachrichten kaum eine Rolle. So interessieren sich die Menschen hier eben in erster Linie für Geld, Autos und Essen. Sie kaufen sich immense Flachbildschirme, fahren mit Benzinfressern herum und essen zuckersüßes Fastfood aus Mais. Wenn jemand aus der Reihe tanzte, konnte das amüsant sein. Es sorgte aber eher nicht dafür, dass das eigene Leben hinterfragt wurde. Die USA waren sowieso das beste Land der Welt, die Vorstufe zum Paradies, das mussten sie wissen, denn sie hatten noch nie woanders gelebt.

Ich bestand darauf, den Meilenfresser mit in mein Zimmer zu nehmen. Dann ging ich zurück zur Tankstelle. Da ich bereits gebrandmarkt war, konnte ich die Sache genauso gut auf die Spitze treiben. Vielleicht würden manche Leute in Clarksdale noch Tage später auf mich zu sprechen kommen: Weißt du noch, damals, dieser Verrückte mit seinem … seinem … ?

Herrgott noch mal, es ist halt ein Rad! Die Leute hier fanden gar nichts dabei, wenn jemand mit einem vier Meter hohen, achtfach bereiften Traktor durchratterte. Oder wenn Jugendliche Schießübungen hinter ihrem Haus veranstalteten. Oder wenn ein halbes Kind seinen „Mothafucker-

Bitch-Fuck-Rap" voll aufdrehte. Doch wehe, wenn jemand von außen hier ankam – und dann noch in SOWAS!

Wie erwartet fand ich etwa die Hälfte der einstigen Traube noch immer vor der Tankstelle vor. Ich beschloss, ihnen das volle Programm zu bieten, die ganze „Kommt ein Deutscher nach Clarksdale"-Show. Als ich den Laden betrat, drückten sich, wenig subtil, ein gutes Dutzend Leute hinter mir ebenfalls herein.

Wie immer waren die Regale prall gefüllt mit Chips, Schokolade und Kaugummis. Dahinter wurde auf 14 Metern Limonade, Eiscafé und Bier angeboten. Ich ließ alles links liegen und marschierte schnurstracks zum Tresen.

„Verkauft ihr hier auch irgendwelches Obst?"

„Waaas?"

Die Kassiererin war ehrlich schockiert. Sie tat mir beinahe leid. Immerhin hatte sie ja mit der Gruppe, die mich vorhin umringt hatte, nichts zu tun.

„Na ja, du weißt schon … eine Banane vielleicht oder eine Orange?"

Damit hatte ich, wie ich fand, meine Forderung entscheidend abgeschwächt. Trotzdem blieb die Kassiererin ratlos.

„Ähm, da weiß ich jetzt gar nicht, wo du das bekommen könntest ..."

„Bei Kroger gibt es so was", schaltete sich einer aus der Gruppe meiner Fans ein. „Das ist ein Supermarkt."

Mir fiel auf, dass beide nicht einmal die Bezeichnungen in den Mund genommen hatten für das seltsame Zeug, das ich offenbar haben wollte. „Stuff like that", hatten sie gesagt. Mittlerweile war ich mir sicher, dass ich in Clarksdale einfacher an Haschisch oder an eine Prostituierte hätte kommen können als an Obst.

„Prima, und wo finde ich den?"

„Also, du gehst drei Blocks in diese Richtung ...", begann der aus der Gruppe hilfsbereit und lächelte süffisant. Er wusste wohl schon, was jetzt kam.

„Walk?“, fragte die Kassiererin.

„Ja“, bestätigte der Gefragte eifrig. „Zu Fuß. Das ist ein Deutscher, der ist hierhergekommen in einem Wheel-o-mobile oder weiß der Teufel, wie das heißt.“

Er blickte sie Beifall heischend an. Ob das wohl der richtige Weg war, das Herz der Kassiererin zu gewinnen?

Ich ging hinüber zum angepriesenen Supermarkt, bekam dort tatsächlich eine Orange und eine Banane, erwarb etwas noch Seltsameres dazu, einen Joghurt nämlich, und machte mich auf den Weg zurück zum Hotel. Wobei ich darauf achtgab, dass die Passanten auch wirklich sehen konnten, was ich da gekauft hatte. Nicht dass es auf Facebook noch unterschiedliche Ansichten hierüber gab.

Zurück im Hotel machte ich mich über meine Beute her.

Im Grunde genommen war ich erleichtert darüber, dass sich der Einkauf so schwierig gestaltet hatte. Kopieren wir doch in Deutschland beinahe alles, was die Amerikaner tun: Wir tragen ihre T-Shirts und ihre Jeans, wir hören ihre Musik und schauen uns ihre Filme an, wir essen ihr Fastfood und reden wie sie.

Und doch sind wir in vielen Belangen anders. Die Ökologiebewegung hat uns den Nachhaltigkeitsgedanken eingeimpft – und das so eindrücklich, dass wir stutzen, wenn jemand sein Mittagessen mit Plastikbesteck von einem Pappteller isst. Bewegung an der frischen Luft wird in unseren Breiten durchaus gern gesehen, übertriebene Ichsucht, dieses „Ich darf alles, und das zeige ich auch!“, hingegen weniger.

Nein, wir sind nicht drauf und dran, amerikanischer als die Amerikaner zu werden. Ich zum Beispiel blieb eben ein Deutscher, ein Europäer. Und heute Abend, bei Obst und Joghurt, fand ich das auch gut so.

Geografisch gesegnet.

Am folgenden Morgen legte ich einen Schlenker ein und fuhr zur Kreuzung der Highways 61 und 49. Drei Gitarren zeigten dort an, dass Robert Johnson einst einen Deal eingegangen war, der ihm letzten Endes nicht gut bekommen war. Um der weltbeste Bluesmusiker zu werden, heißt es, verkaufte er seine Seele an jenen Crossroads dem Teufel. Er starb denn auch mit 27. Bluesmusiker gab es trotzdem bekanntere, vor allem in dieser Gegend, in der John Lee Hooker, Muddy Waters und Sam Cooke zu Hause waren.

Nicht weit entfernt von den drei Gitarren betreibt Morgan Freeman seinen Ground Zero Blues Club. Bei ihm würde es wohl länger als üblich dauern, das Wort „Mississippi“ auszusprechen, das in den Vereinigten Staaten als Längenangabe verwendet wird, da die Aussprache im Durchschnitt ziemlich genau eine Sekunde dauert: „Mis-sis-sip-pi“. Immerhin hat Morgan Freeman vor allem in den neueren Filmen nicht nur die Figur des weisen Alten perfektioniert, sondern ist darüber hinaus bekannt dafür, dass er … sehr … langsam … und … deutlich … spricht, … die … Wörter … dabei … recht … eigenwillig … betont … und … bei … alldem … auch … an … Stellen, … an … denen … es … nicht … unbedingt … nötig … wäre, … … Pausen … setzt.

Vermutlich ist der Hollywoodstar eher selten in Clarksdale anzutreffen. Und wenn doch, kurvt er vielleicht mit einem seiner Flugzeuge (er besitzt unter anderem eine Cessna 414 und eine Emivest Aerospace SJ30) oberhalb der Felder herum, in denen irgendwo der Blues entstanden ist.

Wie mochte das damals vonstattengegangen sein mit der neuen Musik? Hatte einer der Sklaven mit einem Mal eine bis dato unbekannte Melodie angestimmt? Waren weitere eingestiegen, bis einer gemeint hatte: „Hört doch mal zu, das klingt echt gut, einfach und traurig: Tonika-

Subdominante-Dominante-Tonika? Lass uns das alle zwölf Takte wiederholen, dann geht uns die Arbeit leichter von der Hand! "

Und hat ein weiterer Sklave dann vorgeschlagen, das Ganze „Blues" zu nennen, abgeleitet von dem Ausdruck „I feel blue", „Ich bin traurig"? Hatten dann alle geklatscht und vielleicht sogar von einem besseren Leben geträumt, wenn sie die weißen Herren von der Qualität ihrer Erfindung überzeugen konnten, die Elemente aus afrikanischen Gospeln, karibischer Folklore und amerikanischem Country zu einer brandneuen Mischung vereinte?

Vielleicht ist es so gewesen. Die Lexika berichten jedenfalls so ähnlich davon. Neuere Forschungen gehen hingegen davon aus, dass der Blues noch in Afrika entstanden ist, in Mali vielleicht, und mit der Verschleppung der Menschen hinüber nach Amerika gelangt ist.

In jedem Fall setzte er dort, vom Mississippi-Delta aus, zu einem Siegeszug an, der weitreichender und nachhaltiger sein würde als der aller anderen Formen moderner Popmusik. Der Blues steckt in so ziemlich allen auf ihn folgenden Musikrichtungen: im Jazz ebenso wie im Soul, im Rock mit all seinen Variationen auch, und selbst in neueren Stilen wie zum Beispiel dem Hip Hop ist er noch zu spüren.

Zu Beginn des 20. Jahrhunderts wurde der Blues beinahe ausschließlich von schwarzen Musikern aufgeführt. Sie hatten ihn als einen Musikstil unter vielen anderen in ihr Repertoire aufgenommen. Erst in den 50er-Jahren, als immer mehr Afroamerikaner Arbeit in den Nordstaaten fanden und zeitgleich elektrische Verstärker populär wurden, begannen sich auch weiße Künstler für den Blues zu interessieren. Die in den 60er-Jahren folgende Bürgerrechtsbewegung tat das ihre, um den Blues entscheidend zu verbreiten. Die Rockbands der damaligen Zeit reinterpretierten und verfeinerten die neue Musik. Bluesrock nannte man den Stil, den bald die Rolling Stones und die Doors,

Led Zeppelin und The Who, Jimi Hendrix und Eric Clapton perfektionierten. Dabei bauten sie die typischen Blue Notes aus der afrikanischen Pentatonik in ihre Gitarrensoli ein, dem stilprägenden Musikinstrument seit Beginn des 20. Jahrhunderts.

Beinahe meinte ich, die Nachklänge des Blues in den schier endlosen Feldern zur Rechten und zur Linken zu hören. Die Maishalme schienen über die fortwährende Sonne zu klagen, der Wind bewegte Baumwollähren im typischen Bluesschema: eins-zwei, eins-zwei, eins-zwei, eins-zwei. Eine Brise wehte Blue Notes herbei, Anklänge aus Afrika, die nicht mehr wegzudenken waren aus dem Süden der USA. Längst hatten sie Einzug gehalten in die Anstrengung und den Schweiß, welche die ganze Region seit jeher prägen. Sie waren untergeschlüpft in die Gesten und Bewegungen, sie hatten sich untrennbar vermengt mit den Wörtern und Akzenten der Menschen zwischen Saint Louis und New Orleans.

Vielleicht fuhr ich auch schon zu lange am immer gleichen Spalier aus Ähren und Halmen, Halmen und Ähren vorbei. Zum Glück kündigte sich in der Ferne, gut 100 Kilometer südlich von Clarksdale, endlich die nächste Siedlung an, Greenville.

Noch vor der Stadt suchte ich einen McDonald's auf, der sich strategisch günstig am Straßenrand befand. Ich hatte erst unterwegs begriffen, welchen Wert die sofortige Verfügbarkeit von Nahrung darstellt. Wenn man 100 Kilometer durch eine Einöde gefahren ist, will man nicht lange auf sein Essen warten. Dann legt man auch weniger Wert auf gute Manieren. Man möchte einfach nicht erst umständlich an auserlesenen Weinsorten nippen oder sich mit einem Salat beschäftigen, ehe es ans Eingemachte geht. Nein, Städte wie Clarksdale und Greenville sind Oasen im allumfassenden Nichts, in denen man nicht auf die Erfüllung seiner drängendsten Wünsche warten möchte. Vielleicht konnte Fastfood besonders gut in Umgebungen entstehen, wie ich sie gerade durchfuhr, statt im vergleichsweise überschaubaren Europa mit seinen winzigen Entfernungen und seinen zahlreichen Landschaftswechseln.

Immer schon war ich fasziniert davon, wie Menschen und zuweilen ganze Kulturen auf geografische Bedingungen reagieren. Nicht selten, ohne es zu bemerken. Die Vereinigten Staaten von Amerika hätte es zum Beispiel kaum gegeben, wenn die Gebirge dort, wie in Europa, in Ost-West-Richtung verlaufen würden statt von Norden nach Süden.

Warum das so ist? Ein Gebirge, das von Ost nach West verläuft, trennt in der Regel zwei Klimazonen voneinander. Wer das nicht glaubt, muss nur einmal im Herbst von Österreich nach Italien oder andersherum fahren. Nun tun die Rocky Mountains den US-Amerikanern aber den Gefallen, sich von Norden nach Süden zu erstrecken und sich dazu in den äußersten Westen des Landes zurückgezogen zu haben. Da keine Barriere das Aufeinandertreffen von polarer Kaltluft aus dem Norden und schwülwarmer Luft aus dem Süden bremst, gibt es in den USA und nicht in Europa so viele Tornados. Würden die Gebirge in Nordamerika aber stattdessen von Ost nach West verlaufen, hätten sich die amerikanischen Bundesstaaten mit hoher Wahrscheinlichkeit zu zwei Ländern vereinigt. Vielleicht hätten diese einander bekriegt; vielleicht wäre eines davon schließlich Kanada und das andere Mexiko zugeschlagen worden. In jedem Fall aber hätte wohl keines von ihnen sich anschicken können, der mit Abstand mächtigste Staat der Welt zu werden.

Genau dafür sind die Vereinigten Staaten geografisch prädestiniert: Lange bevor irgendein Feind seine Truppen über den Ozean schicken könnte, hätte man in den USA eine Verteidigungsstrategie entwickeln und zum Gegenangriff ausholen können. Atlantik und Pazifik, die größten offenen Flächen der Welt, sind die wertvollsten Verbündeten der Vereinigten Staaten.

Darüber hinaus ist am Ende vermutlich doch wieder der Mississippi schuld an der Vormachtstellung der USA. Zumindest hat er großen Anteil daran.

Man kann die Geschichte auch so erzählen: Es waren einmal zwei Weltregionen, Nordamerika und Europa. Beide waren geografisch gesegnet: Gebirge, Ozeane und Wüsten schotteten sie von ihren Feinden ab. Sie waren groß genug, um mächtig zu sein, aber nicht zu groß, um sich nicht zusammenschließen zu können – wie beispielsweise Afrika.

In einer dieser Weltregionen aber, in Europa nämlich, verliefen die Gebirge in Ost-West-Richtung. Viele kleine Flüsse, die einander kaum begegneten, durchzogen das Gebiet. Es wurde dadurch parzelliert; es bildeten sich viele unterschiedliche Kulturen heraus, die verschiedene Sprachen entwickelten und einander hartnäckig bekriegten. Nur mühsam konnte das Gebilde zusammengehalten werden. Dieses Unterfangen nennt man heutzutage „Europäische Union“.

Die andere Weltregion, Nordamerika, wies einen entscheidenden Vorteil auf: den Mississippi. Statt das Land zu parzellieren, vereinte er es, indem er ein fruchtbares Tiefland schuf, das beinahe zwei Drittel des ganzen Landes prägt. In dieser Ebene konnten Bauern Mais und Kartoffeln anbauen. Auf dem immens großen, aber in weiten Teilen gemächlich dahintreibenden Strom betrieb man eifrig Handel. Zusammengefasst ermöglicht der Mississippi den USA eine Integrationstiefe, die in Europa nur mit viel politischem Willen über trennende geografische Grenzen hinweg ermöglicht werden kann.

So erfolgreich sind die Vereinigten Staaten, dass die meisten ihrer Produkte mittlerweile auch in Europa als selbstverständlich gelten. Genüsslich biss ich im McDonald's von Greenville in meinen Cheeseburger. Ich stopfte Pommes frites in mich hinein und gönnte mir sogar noch ein McSunday-Eis, das praktisch nur aus Sahne und Zucker bestand, ehe ich mich auf den Weg machte, um ein Motel für die Nacht zu finden.

Als ich nach einer guten Viertelstunde Fahrt, ein günstig, aber nicht schäbig erscheinendes Etablissement gesichtet hatte und darauf zuhalten wollte, stoppten mich zwei Polizisten, indem sie ihren Streifenwagen quer vor mich stellten. Sie waren aus einer uneinsehbaren Nebenstraße gekommen.

Mittlerweile fand ich diese Art der Zwangspause ein wenig nervig. Das erste Mal war ich noch aufgeregt, als mich ein Cop angehalten hatte. Die folgenden vier, fünf Male waren beinahe lustig. Nach dem elften oder zwölften Mal aber hatte ich definitiv die Lust daran verloren, stets von Neuem meine Geschichte zu erzählen und mich über die sich wiederholenden Bemerkungen amüsiert zu zeigen. Zugleich hatten mir die übertriebenen Kontrollen gezeigt, was ich seit Längerem vermutet hatte: Die Vereinigten Staaten, die sich in ihrer Hymne so gerne als „The land of the free" bezeichnen, waren einem Polizeistaat in mancherlei Hinsicht nicht unähnlich.

Einmal mehr bestanden die beiden Polizisten darauf, mich zum Motel zu begleiten. Nichts konnte sie davon abhalten, auch mein Einwand nicht, dass ich allein heute siebeneinhalb Stunden unterwegs und für die allerletzten drei Minuten nicht unbedingt auf Beistand angewiesen war.

Am Motel angekommen, riefen die beiden ihren Vorgesetzten an. Er würde entscheiden, ob ich mit diesem Ding da überhaupt weiterhin in ihrem Staat würde umherfahren dürfen. In etwa einer Stunde könne er hier sein, versicherten sie mir.

Während wir auf den augenscheinlich allmächtigen Entscheider warteten, erzählten sie mir ohne Pause Schauergeschichten aus Greenville. Träfe nur ein Zehntel davon zu, handelte es sich noch immer um eine Stadt voller Vergewaltiger und Serienmörder.

Ganz von der Hand zu weisen war die Gefahr allerdings nicht. Die beiden patrouillierten, das hatten sie mir versichert, immerhin seit vier Jahren durch die Stadt. Sie hatten wohl mehr gesehen und erlebt, als ihnen guttat. Ich solle heute Abend im Motel bleiben, empfahlen sie mir wieder und wieder und die Siedlung morgen zügig verlassen, am allerbesten gleich den ganzen Bundesstaat.

Dann kam der Vorgesetzte: ein untersetzter, aber agiler Endvierziger, der, kaum dass er aus seinem Auto, einem weißen Pickup natürlich, gestiegen war, dem Hotelbesitzer zuwinkte wie einem alten Bekannten. Das Velomobil streifte er lediglich mit einem kurzen Blick.

„Ist das ein Fahrrad oder ein Spezialvehikel mit Elektromotor?“, wollte er von mir wissen.

„Das ist ein so genanntes Velomobil, das dank eines Elektromotors 30 Meilen und schneller fahren kann.“

„Dann fahr' vorsichtig damit.“

Damit war die Sache für ihn erledigt.

Er ging in die Lobby und schäkerte dort mit dem Besitzer. Die beiden schienen sich wirklich gut zu kennen. Seine beiden Untergebenen hatte er keines Blickes gewürdigt. Wie am falschen Ort abgestellt, traten die beiden nun unsicher von einem Bein auf das andere. Sie hatten schlagartig das Interesse an mir verloren. Als ihr Chef auch nach zehn Minuten keine Anstalten machte zu gehen, gab der eine seinem Kollegen einen kurzen Wink.

„Also dann, schönen Tag noch. Und kette dein … Dingsbums … am besten in der Lobby an.“

Etwas enttäuscht, so schien es mir, zogen sie von dannen. Diese Geschichte aus Greenville würden sie wohl niemandem erzählen können, nicht einmal einem hereingeschneiten Touristen aus Europa.

Ich wuchtete mein Rad die Treppenstufen zur Lobby des Motels empor und schloss es dort ab. Der Besitzer nickte dazu und der Polizeioberboss meinte in meine Richtung, dass hier nun einmal Mississippi sei und nicht Minnesota.

Als ich eine gute Stunde später mit zwei bauchigen Einkaufstüten zurück in die Lobby kam, stand das Velo noch immer unangetastet an Ort und Stelle. Der Polizist plauderte derweil noch immer mit dem Motelbesitzer. Die beiden mussten sich wirklich außerordentlich gut kennen. Und allzu viel dürfte in Greenville dann doch nicht passiert sein, zumindest nicht in den vergangenen anderthalb Stunden.

Gewalt: der amerikanische Fetisch.

Als wollten sie die Warnungen der beiden Polizisten unterstreichen, fuhren, als ich eben mein Zimmer beziehen wollte, zwei Jugendliche in den Innenhof des Motels. Sie hatten die Musik in ihrem Ford aufgedreht und wippten ihre Köpfe im Takt zu hasserfülltem Sprechgesang, der von allerlei Flüchen und Kraftausdrücken durchsetzt war. Dann erst stiegen sie aus und nahmen demonstrativ vier Flaschen Whiskey mit in ihr Zimmer.

„... t's up, bro?!", warf mir einer der beiden noch herüber.

Mit ihrer zur Schau gestellten Rauheit und Gewaltlust traten die beiden Rapper, wohl ohne es zu wissen, in die Fußstapfen eines amerikanischen Kurzgeschichtenerzählers, dessen Werke man ohne Weiteres in Rapsongs verarbeiten könnte. Jede Menge Waffen und Fehden, „betrayers" und „bitches", „verräterrische Kumpels" und „weibliche Miststücke" kommen darin vor.

Ambrose Bierce mochte die Menschen nicht sonderlich. Er blieb grundsätzlich lieber für sich. Vor allem hasste er seine Eltern und seine acht Geschwister. Als 1861 der Sezessionskrieg begann, meldete er sich sofort auf der Seite der Nordstaaten – er stammte aus Ohio – für den Fronteinsatz. Er wurde Major und übersiedelte nach seiner Heirat nach London, wo man ihn Bitter Bierce nannte. Zurück in den USA, arbeitete er eine Zeit lang als Journalist. Seine Frau ließ sich bald wieder von ihm scheiden, seine beiden Söhne starben kurz darauf. Einer in einer Rauferei, der andere an einer Alkoholvergiftung. Ambrose Bierce fuhr 1913 nach Mexiko und verschwand dort.

Ähnlich wie sein Leben sind seine Geschichten. In ihrem Zentrum steht grundsätzlich ein Irrsinn, eine grotesk übertriebene Gewalttat, ein sinnloser Tod. Andauernd stirbt jemand in diesen Erzählungen: Ein Sohn bringt seinen Vater um, ein Ehemann bombardiert seine Familie, ein Gefangener wird gehängt. Bierce geht dabei immer bis zum Äußersten. Sein Spaß an der Übertreibung, am blutigen Ausmalen von Verbrechen, wirkt gelegentlich seltsam frisch und eigen. Da schreibt jemand, der den Bürgerkrieg mitgemacht hat, und er geht keine Kompromisse mehr ein. Wollte man diese Geschichten verfilmen, so müsste Quentin Tarantino das übernehmen.

Und genau darin besteht auch das Problem, das sich Ambrose Bierce mit vielen seiner schreibenden Landsleute teilt: Er schrieb sehr viel. Vor allem kurze Texte und Auftragsarbeiten, um Geld zu verdienen. Das meiste davon ist wunderbar zynisch, auch überraschend.

Die Geschichte „Eine Sommernacht" beginnt zum Beispiel so: „Die Tatsache, dass man ihn beerdigt hatte, erbrachte für Henry Armstrong noch lange nicht den Beweis, dass er tot war: Schon immer war es schwierig gewesen, ihn von irgendetwas zu überzeugen."

Das sitzt nun einmal. Da stutzt man und denkt sich: „Hoppla." Wenn dann noch eine unerwartete Wendung folgt, beispielsweise in der Geschichte „Ein Reiter am Himmel" und zur absoluten Meisterschaft gebracht in „Ein Ereignis an der Owl-Creek-Brücke", merkt man, dass hier ein Könner am Werk ist.

Dann aber beginnt eine andere Geschichte völlig unmotiviert im Journalistenstil („Die Zeit: (…). Der Ort: (...)"), und manche Sätze kommen arg ins Schleudern.

Wusste Ambrose Bierce am Ende vielleicht gar nicht, welche seiner Texte wirklich gut waren und welche nicht? Oder war das Bitter Bierce egal, weil er die Menschen ohnehin nicht mochte?

Wir wissen es nicht. Aber wir sind fasziniert von seinen Gewaltexzessen, so wie wir Horrorfilme und Rapsongs mögen. Korrespondiert das mit einer dunklen Seite, die jede und jeder von uns in sich trägt? Oder verspüren wir, wie beim Nachrichtenschauen, eine heimliche Erleichterung, eine Lust daran, vor Augen geführt zu bekommen, wie gut es uns eigentlich geht in unserem netten kleinen Luxusleben, in dem wir uns so wohlig eingerichtet haben?

Wenn ja, muss diese Lust in den Vereinigten Staaten ausgeprägter sein als anderswo. Hier gibt es über 200 Millionen Feuerwaffen in Privatbesitz. Jährlich sterben etwa 30.000 Menschen durch sie. Das macht im Schnitt rund 89 Menschen pro Tag, die allein durch Schusswaffengebrauch sterben. Ein Vielfaches als beispielsweise durch Terrorangriffe. Pro Jahr wird folglich das Äquivalent von Radolfzell oder Neuruppin ausradiert. Das bedeutet zwar auch, dass die Gefahr, durch falsche Ernährung, Alkohol, eine kaputte Umwelt, einen Autounfall oder durch eine Geschlechtskrankheit zu sterben, immer noch höher ist, als erschossen zu werden. Trotzdem konzentrieren sich die Filme aus Hollywood, die Songs von East- und Westside und die Nachrichten auf Gewaltszenen. Sie sind das Fundament und der Fetisch der amerikanischen Unterhaltungsindustrie.

Auf CNN sagte die demokratische Präsidentschaftsanwärterin Hillary Clinton an dem Tag, an dem ich Greenville erreichte, einen wirklich mutigen Satz. Als Präsidentin wolle sie darauf hinarbeiten, meinte sie, die Selbstverständlichkeit der Gewalt zurückzudrängen und den Schusswaffengebrauch zu reduzieren. Dieser sei nämlich noch immer die erste Todesursache für junge schwarze Männer. Sie,

Hillary, wolle sich daher mit der mächtigen NRA anlegen, der National Rifle Association, die das Recht auf Schusswaffen verteidigt.

Wenige Monate später sollte Donald Trump als Präsident vereidigt werden.

Ich bin doch nicht Justin Bieber!

Noch in Greenville wechselte ich am folgenden Morgen auf den Highway 1. Die beiden Polizisten hatten mir das empfohlen. Dort würde ich bis zur Staatsgrenze so gut wie keinen weiteren Verkehrsteilnehmern begegnen, hatten sie behauptet.

Als hätte es bisher auf den Straßen ein Gedränge gegeben! Die Fahrzeuge, die außerhalb der Städte meinen Weg gekreuzt hatten, seit ich in Mississippi unterwegs war, und das war immerhin seit drei Tagen der Fall, hatte ich an beiden Händen abzählen können.

Dennoch hatte ich gut daran getan, dem Rat (eigentlich war es ein kaum verhüllter Befehl gewesen) der Ordnungshüter zu folgen. Die Stunden, die ich zwischen Greenville und Vicksburg verbringen sollte, waren reine Meditation.

Hier machte mein Meilenfresser seinem Namen alle Ehre. Seine drei Räder rollten und rollten und rollten; sie zermahlten die Meilen zu Staub. Träge zog die Landschaft an mir vorbei, entspannt und behäbig wie der Strom und die Menschen, die hier an seinem Unterlauf lebten.

Lediglich die Mittelstreifen der Straße flappten links an mir vorbei. Sie waren die Einzigen, die in diesen Breiten die Zeit portionierten. Sie gaben den Takt vor, die vereinzelten Sträucher raschelten dazu perkussionsgleich und die Getreidehalme an den Rändern der Straße wiegten sich im Wind wie Tänzer.

Das war der Blues Highway, Baby. Der Sound des Südens.

Untermalt wurde er vom Hintergrundrauschen des Fahrtwinds und dem unablässigen Sirren der Insekten. Ich strampelte und strampelte und genoss den Schweiß auf meiner Haut, genoss die Enge des vertrauten Velos und die gelassene Weite der Landschaft. Einen Tunnelblick die schnurgerade Straße entlang hatte ich mir in den vergangenen Tagen angeeignet. Ich sah weit vor mir Dinge, einen einzelnen Baum zum Beispiel oder einen verlassenen Schuppen, die ich erst Minuten später erreichen würde. Alles, das Velo und ich, die Straße und die Felder und beide Mississippis, der Staat und der Fluss, waren umhüllt von hitzegeschwängerter Luft. Es war eine gute Wärme, deren Fruchtbarkeit man mit allen Sinnen erfahren konnte.

Dann störte unvermittelt ein Auto diese Sinfonie. Dieses Mal war es ein dunkelroter Mercedes. Sein Fahrer musste mich von Weitem gesehen haben. Trotzdem fuhr er dicht auf, bis kein halber Meter mehr zwischen meinem Liegerad und dem ungleich größeren Auto war. Wir hätten ein groteskes Bild auf Außenstehende abgegeben, wenn es solche gegeben hätte: Zwei Fahrzeuge, eng aufeinanderfolgend, unterwegs auf einer sonst leeren Straße.

Nach zehn Minuten, in denen der Mercedes an mir klebte wie Kaugummi, begann ich mich zu fragen, was das Ganze eigentlich sollte. Erlaubte sich der Fahrer ein Späßchen? Wollte er mir Angst einjagen oder mich rammen? Oder nur ein Video von mir drehen? Was sollte ich tun, wenn er sich vor mich setzte und mich zum Anhalten bringen wollte? Wie schnell könnte ich aus dem Velo steigen, ehe es brenzlig würde? Und waren neben dem Fahrer vielleicht noch weitere Personen in dem Mercedes? Durch die getönten Scheiben hindurch konnte ich das nicht erkennen.

„Am besten verlässt du gleich unseren Staat“, klingelte die Warnung der Polizisten von Greenville in meinen Ohren. Vielleicht hatten sie den Fahrer ja sogar damit beauftragt, mir ein wenig auf die Pelle zu rücken, damit ich unser gestriges Gespräch auch wirklich ernst nahm. Immerhin waren sie am Ende durch das Verhalten ihres Vorgesetzten ein wenig bloßgestellt worden. Wer weiß, ob sie für den heutigen Tag nicht eine kleine Rache vorbereitet und mir genau darum empfohlen hatten, auf den Highway 1 zu wechseln?

Ich sollte es nicht herausfinden. Nach knapp 20 Minuten heulte der Motor des Mercedes hinter mir auf, dann schoss der Stern aus Schwaben an mir vorbei.

Das 30 Meilen vor mir liegende Nest Rolling Fork war am heutigen Tag meine einzige Option, unterwegs etwas zu essen zu bekommen. Die Chancen dafür standen gar nicht schlecht: Der Name des Kaffs bedeutet übersetzt immerhin „Rollende Gabel".

Natürlich lief es einmal mehr auf den Besuch einer Tankstelle hinaus. Und natürlich gab es dort ein Stück ölige Pizza und meinen begehrten Starbucks-Kaffee. Die Kassiererin versprach, mir beides zu spendieren, wenn sie mich dabei filmen dürfe, wie ich in „dem Ding da" wegfuhr. Das war ein gutes Angebot.

Wenn sie nur nicht so hysterisch gewesen wäre. Kaum hatte ich mir das versprochene Stück Pizza geschnappt, rief sie eine Freundin an, die in fünf Minuten vorbeikommen würde. Dann kramte sie ihr Mobiltelefon heraus und sah mich erwartungsvoll an.

Ich fühlte mich seltsam befangen, als ich in die Pizza biss, als sei ich es meiner Gönnerin schuldig, mein Mittagessen jetzt aber zack-zack herunterzuschlucken. Genau das erwartete sie wohl auch. „Fünf Minuten", sagte sie mehrfach und hob dabei in Vorbereitung des großen Moments ihr Handy.

„Da kommt ja meine Freundin. Deine Zeit ist um", befand sie, als eine junge Frau um die Ecke bog und sich die beiden schreiend und wild gestikulierend begrüßten. Vielleicht war es doch nicht so gut gewesen, das Angebot der

Kassiererin anzunehmen. Doch aus dieser Nummer kam ich jetzt nicht mehr so einfach heraus.

„Ich bin doch nicht Justin Bieber“, protestierte ich noch schwach, als die Neuangekommene ihrerseits ein Mobiltelefon zückte und mich die beiden schon mal probeweise filmten.

Wohl etwas enttäuschend für meine beiden Fans, die mindestens einen Kickstart erwartet hatten, machte ich mich aus dem Staub. Etwas Ruhe, das wusste ich mittlerweile, konnte ich im Süden nur unterwegs finden. Sobald ich anhielt, wurde sie mir dagegen mit Sicherheit verwehrt.

Die richtige Krankheit.

Nur noch 60 Kilometer fehlten von hier bis Vicksburg. Die würde ich in einem Rutsch durchfahren, sagte ich mir, auch wenn mir das T-Shirt mittlerweile am Körper klebte und mich die Baseballmütze kaum vor der Sonne schützte. Durch das Dach des Velos hindurch verbrannten mir ihre Strahlen die Haut.

Alle paar Stunden cremte ich mich großflächig mit einem bei Kroger in Clarksdale erworbenen Insektenschutzmittel ein. Es nützte wenig: Zu verlockend war wohl der Braten aus Übersee, der den hiesigen Plagegeistern da so unverhofft serviert wurde. Die Stiche würden zu roten Pusteln anschwellen, die erst nach einer guten Woche wieder verschwänden.

Wie es sich für einen Präsidenten gehört, war Theodore Roosevelt hinter größeren Tieren her gewesen, als er 1902 in die Gegend gekommen war. Im Städtchen Onward, keine zehn Meilen von hier entfernt, hatte er einen Schwarzbären erlegen wollen. Als er das Tier aufs Korn genommen hatte, überkam ihn plötzlich Mitleid mit dem Bären. Also hatte er das Tier verschont. Diese Gegebenheit war kurz darauf in der Washington Post karikiert worden. Als der Spielzeughersteller Morris Michton das las, kreierte er einen Stoffbären und nannte seine Erfindung zu Ehren des Präsidenten „Teddybär".

So erzählte es mir Chris, kurz nachdem er mich in seinem Toyota überholt und direkt vor mir auf dem Standstreifen angehalten hatte. Er war mitsamt seiner Frau und seiner Tochter ausgestiegen und hatte mit den Armen heftig in meine Richtung gewinkt. Schon hatte ich zu meiner Standarderklärung angesetzt: Das sei ein Velomobil, man müsse treten, um voranzukommen, und nein, es gäbe darin kein Radio und ich täte auch nicht Buße für vergangene Missetaten.

Diesmal aber war alles anders. Chris – er mochte 80 Jahre alt sein, aber seine Augen sprühten vor Begeisterung, als er den Meilenfresser sah – lächelte mir breit entgegen.

„Brauchst du Wasser?", fragte er.

Schon war die Reihe, begeistert zu sein, an mir. Vor Chris hatte niemand auf meiner Reise diese Frage gestellt, schon gar nicht am Anfang einer Konversation. Chris hingegen kannte sich aus: Er wusste, dass Wasser das absolut Wichtigste war, vor allem angesichts der uns umgebenden Gluthitze, und er stellte meine Bedürfnisse, also die des derzeit Schwächeren, in den Vordergrund. In der Tat hatte ich Durst: Allzu schnell war ich von Rolling Fork aus weitergefahren.

Ohne Essen kann man unterwegs ein paar Tage auskommen. Hunger fühlt sich ungut an, er treibt uns zu Extremen, alles in allem aber kann man ihn aushalten. Durst ist anders. Der ganze Körper schreit vor Schmerzen. Mund und Hals trocknen aus, bis man meint, ersticken zu müssen.

Chris wusste das. In seiner Jugend habe er die verrücktesten Road Trips unternommen, behauptete er. Einmal sei er auf den Spuren eines Reisebuchautors von West nach

Ost durch Kanada gezogen, das sei schon etwas Besonderes gewesen.

„Meinst du etwa Nicolas Vanier?“, entfuhr es mir. Und schon waren wir rettungslos in eine wunderbare Parallelwelt abgedriftet. Wir tauschten Erlebnisse aus, dort am Straßenrand, unter der erbarmungslosen Sonne, bis Chris’ Frau meinte, dass es nun aber gut sei.

Sicherheitshalber legte Chris noch zwei Flaschen Wasser in den Meilenfresser.

Wie weit es denn noch sei bis Vicksburg, wollte ich abschließend wissen.

„Dir fehlen noch 20 Meilen bis zum Stadtzentrum. Die ersten Motels wirst du wohl in einer guten halben Stunde erreichen. Ich empfehle dir aber, noch zehn Minuten weiterzufahren: Die Innenstadt ist das wirklich wert.“

Chris’ Auskunft war präzise und sollte sich in allen Punkten als zutreffend erweisen. Damit konnte ich endlich mal etwas anfangen!

Autofahrer können häufig die Entfernungen für Radfahrer oder gar Fußgänger nur schwer einschätzen. In ein paar Minuten sei ich beim Supermarkt, hatte gestern Abend jemand in Greenville gemeint. Ich war dann doch beinahe eine halbe Stunde unterwegs. „Close only counts in horseshoes and hand grenades“, sagt man hierzulande dazu: „Knapp daneben ist auch vorbei.“ Seit einigen Tagen fragte ich an Tankstellen oder in Motels nicht mehr danach, wie weit es irgendwohin war, vor allem nicht, wenn ich zu Fuß dorthin gelangen wollte. Ich bekam allzu oft etwas zu hören wie „Och, vielleicht vier oder sechs Meilen“.

Vier Meilen oder sechs? Für einen Fußgänger steckt darin ein gewaltiger Unterschied: Wenn man den Weg hin und zurück lief, war man in einem Fall anderthalb Stunden länger unterwegs als im anderen.

Gestärkt nahm ich nun die restliche Strecke bis Vicksburg in Angriff. Das Gespräch mit Chris hatte uns beiden gut getan.

Vielleicht bin ich ja wirklich ein klein wenig verrückt, weil ich wie ein Junkie immer wieder „das Weite suchen“ muss und nach einer Reise nichts Eiligeres zu tun habe, als die kommende Reise zu planen. Wenigstens aber bin ich nicht der Einzige, der auf diese Weise krank ist.

Heimat der Unbeugsamen und Rückständigen.

Zu meiner Überraschung punktet Vicksburg mit südlichem Charme. Den hatten bislang weder Saint Louis noch Clarksdale und weder Cleveland oder Greenville an den Tag gelegt. Die Städte in Mississippi fristeten, glaubt man dem amerikanischen Reiseschriftsteller Paul Theroux, „ein vergessenes, malerisch bröckelndes und hoffnungsloses Dasein und bildeten die rückständigste Provinz, die man sich nur vorstellen kann“.

Vicksburg hat demgegenüber ein As im Ärmel: Die Stadt thront am Rand einer steil abfallenden Küste 40 Meter oberhalb des Mississippi. Im Zentrum wechseln sich verspielt anmutende Häuser mit Bauruinen ab. Aus versteckt angebrachten Lautsprechern ertönen Blues und Bluegrass. Künstler hatten die Hafenmauer mit Szenen aus Vicksburgs Geschichte bemalt.

Eine davon gefiel mir besonders gut: „Cotton: America's king greets America's president“, stand dort geschrieben. Das Gemälde zeigte die geschmückte Stadt kurz vor einem Besuch des Präsidenten McKinley und machte klar, wie sich viele im Süden wohl bis heute fühlen. „Baumwolle: Amerikas König begrüßt Amerikas Präsidenten“: eine nette Sottise war das, welche die wahren Machtverhältnisse verdeutlichte. Einen Präsidenten konnte man schließlich noch immer abwählen, einen König nicht.

Dass die Menschen in Vicksburg und im gesamten Bundesstaat Mississippi, dessen Hauptstadt Jackson keine 60 Kilometer östlich liegt, bis heute nicht allzu gut auf den Norden zu sprechen waren, mochte daran liegen, dass die entscheidende Schlacht des Amerikanischen Bürgerkriegs eben hier stattgefunden hatte. General Ulysses Grant, der die Armee der Nordstaaten befehligte, hatte zuerst versucht, Vicksburg zu stürmen. Er war jedoch an der Befestigung der Stadt gescheitert. Daraufhin ließ er den Mississippi durch Kriegsschiffe abriegeln und Vicksburg 47 Tage lang ohne Pause bombardieren, bis sich die überlebenden Bewohner in Höhlen zurückzogen, die sie in die umliegenden Hänge gegraben hatten. Am 4. Juli 1863 gaben sie auf. Nachdem die Stadt eingenommen war, kontrollierten die Unionisten den Mississippi und konnten ungehindert Waffen und Proviant in den Süden nachliefern. Kurz darauf siegte der Norden über den Süden.

Diesen Umstand hat man hierzulande wohl nie ganz verwunden. Paul Theroux schreibt über die Männer, die er auf einer Waffenmesse in Mississippi traf: „Sie fühlten sich bedrängt, geschwächt, mit dem Rücken zur Wand. Wie alt mochte dieses Gefühl sein? Vielleicht so alt wie der Süden selbst, denn sie redeten fast von nichts anderem als dem Bürgerkrieg und von der Unterdrückung, die sie seither zu erleben glaubten." Die Erinnerung an die Niederlage war noch immer zu frisch.

Selbst die Baumwolle, auf der seit Ende des 18. Jahrhunderts ein Großteil des Reichtums im Süden beruhte, stammte ursprünglich nicht von hier. Es waren die heute so verpönten Franzosen, die das „weiße Gold" hierhergebracht hatten. Von New Orleans aus waren sie bereits zu Beginn des 18. Jahrhunderts den Mississippi hinaufgezogen. Sie hatten nicht nur eine besonders lukrative Baumwollart kultiviert, die ursprünglich aus Siam stammte, sondern auch Tabak und Indigo angebaut.

Die amerikanischen Farmer stiegen erst um 1800 in großem Stil auf Baumwolle um, nachdem die Subvention von Tabak eingestellt worden war. Zu ihrem Glück brachen etwa zeitgleich in Santo Domingo, dem damaligen Weltmarktführer in Sachen Baumwolle, hartnäckige Sklavenaufstände aus.

Dass man Plantagen von Sklaven bewirtschaften lassen konnte, diese Idee hatten die Franzosen von ihren karibischen Kolonien übernommen. In Mississippi hielt sich diese Vorstellung besonders lange. Hier ratifizierte man den 13. Zusatzartikel zur amerikanischen Verfassung, der die Sklaverei in allen Bundesstaaten abschaffte, erst im Jahr 1995. Aufgrund eines Formfehlers war in Mississippi die Sklaverei noch bis 2013 in Kraft. Bis heute enthält die Flagge Mississippis als Einzige eines US-Bundesstaats die Kriegsfahne der Konföderierten.

Es mag an der Unbeugsamkeit seiner Einwohner liegen (andere nennen es auch Rückständigkeit), dass der Bundesstaat schon beinahe traditionell der ärmste und bildungsfernste des ganzen Landes ist. Manche bezeichnen ihn daher als „The Lost South", „der verlorene Süden". In Umfragen des Gallup-Instituts äußern sich die Bewohner Mississippis tendenziell etwas anders als beispielsweise die Städter in Boston oder San Francisco. Im Jahr 2012 glaubten hier zum Beispiel über die Hälfte der Wähler, dass Barack Obama ein Muslim sei. Das hatten mir unterwegs mehrere meiner Gesprächspartner immer wieder versichern wollen. Im selben Jahr votierten ein knappes Drittel für ein Verbot gemischtrassiger Ehen. Zwei Drittel der Bewohner glauben bis heute nicht an die Evolutionstheorie. Und nach wie vor schreibt der Staat Mississippi vor, dass jeder, der ein öffentliches Amt bekleidet, an Gott glauben muss.

Da nimmt es vielleicht nicht wunder, dass eine Sängerin, die nicht nur durch ihre Musik und ihre Eskapaden bekannt geworden ist, sondern auch durch äußerst naive

Aussagen in Michael Moores Dokumentarfilm *Fahrenheit 9/11*, aus Mississippi stammt: Britney Spears.

Auf dem Natchez Trace Parkway.

Südlich von Vicksburg traf ich dieselben Bedingungen vor wie nördlich: Eine schnurgerade Straße führte mich unter einer sengenden Sonne die Naht zweier Felder entlang, bis ich Port Gibson erreichte.

Schilder warnten rechts und links vor Bären. Das kam mir etwas übertrieben vor. In Minnesota war ich diesbezüglich wohl gefährdeter gewesen. Dafür lagen immer wieder überfahrene Tiere auf dem Highway 61. Allein zwischen Vicksburg und Natchez musste ich um drei Opossums herumkurven, außerdem um einen Waschbären, zwei Hunde, drei Schlangen und um mehrere Überreste, die ich keinem Tier mehr zuordnen konnte. Wahrscheinlich versteckten sich viele weitere in den Feldern links und rechts der Straße. Nachts trauten sie sich auf den Asphalt und wurden prompt von einem Pickup oder Lastwagen erfasst, der hier durchbrauste.

Port Gibson wurde, ähnlich wie Vicksburg, im Sezessionskrieg von den Unionisten unter General Grant eingenommen. Dieser verschonte die Stadt allerdings, da er sie als „zu schön, um niedergebrannt zu werden" empfand. Ein Umstand, den die heutigen Bewohner nicht müde werden zu betonen. Das Zitat des berühmt gewordenen Nordstaatengenerals steht sogar, obwohl es „vom Feind" stammt, auf dem Ortsschild.

Mich versorgte in Port Gibson dagegen, ganz neumodisch, ein McDonald's mit der nötigen Energie, um mich auf das einzulassen, was kurz hinter der Stadt begann. Ein unscheinbares Schild kündigte eine Abzweigung an, dann war ich unterwegs auf dem Natchez Trace Parkway.

Ursprünglich war der Natchez Trace Parkway ein Pfad, den Indianer vom Stamm der Natchez angelegt hatten. Er führt unter anderem zu einer ihrer größten Kultstätten, einem Plateau, auf dem bis heute spirituelle Zeremonien stattfinden.

Spätestens ab 1800 nutzten auch Händler aus den Nordstaaten den Natchez Trace Parkway. Auf Flößen hatten sie zuvor Felle und Hölzer aus dem Ohio-Tal hinunter nach Natchez und New Orleans gebracht. Dort bekamen sie gutes Geld für ihre Waren. Die Strömung auf dem Mississippi war jedoch zu stark, um die Flöße zurückzubewegen. Also verkauften sie auch diese und machten sich zu Fuß auf den Heimweg. Auf dem knapp 700 Kilometer langen Rückweg erwarteten sie nicht nur überteuerte Herbergen, sondern auch Räuber, die ihnen die hart verdiente Beute abnehmen wollten.

Mittlerweile führt der Natchez Trace Parkway von Natchez nach Nashville, Tennessee. Den ersten 60 Kilometern dieses Weges folgte ich in umgekehrter Richtung, hinunter nach Natchez. Kurz zuvor hatte ein Werbeplakat noch betont, dass von nun an keine weiteren Werbeplakate mehr kommen würden.

Ich könnte die vor mir liegenden 60 Kilometer also genießen: zweieinhalb Stunden auf einer guten Straße, auf der absolut niemand außer mir unterwegs war und ich nichts anderes hörte als das Sirren der Reifen, das Summen von Insekten und das Rascheln der Büsche und Bäume ringsumher, die inzwischen die Baumwollfelder abgelöst hatten.

So aber funktionieren wir Menschen nicht. Ganz und gar nicht. In meinem Kopf sprangen stattdessen Bilder wild umher. Ungeahnte Gedanken bildeten Ketten, bis kleine Ursachen unweigerlich großes Unheil anrichteten.

Was wäre zum Beispiel, wenn ich gerade hier einen Platten bekäme wie in Saint Louis? Wie lange würde es dauern, bis mich jemand entdeckte: einen Tag oder zwei oder drei? Und wenn die Batterien des Elektromotors versagten? Müsste ich dann zelten? Auf den Schildern, die man am Highway angebracht hatte, war zu lesen, dass Bären bereits von einer geschlossenen Zahnpastatube angelockt werden können. Von Kekskrümeln und Müsliriegeln, wie ich sie bei mir führte, ganz zu schweigen.

Wäre es am Ende gar besser, im Fall einer Panne bis nach Natchez zu gehen, selbst wenn ich dafür die ganze Nacht durchlaufen müsste? Wie würde ich dann aber die Stelle kennzeichnen, an der ich mein Velo verstecken müsste?

Ist es überhaupt eine gute Idee gewesen, uns Menschen mit diesem unkontrollierbaren Ding namens Fantasie auszustatten? Gut, dadurch antizipieren wir mögliche Gefahren und richten uns im Vorhinein darauf ein. Manchmal aber, so wie bei mir, als ich auf dem Natchez Trace Parkway südwärts fuhr, entwirft sie gar zu weit hergeholte Szenarien und lenkt uns von den Dingen ab, die sich tatsächlich in unserer Nähe befinden. Die Pecan-Nüsse beispielsweise, die an den Bäumen hingen, nahm ich erst wahr, als ich Natchez schon fast erreicht hatte.

Dann aber wechselte ich von der trauten Zweisamkeit mit meiner Fantasie ansatzlos zum Verkehrsgewimmel und den Verheißungen der „ersten Stadt am Mississippi“.

Alleen und Kanonen.

So nennt sich Natchez, genau wie Bemidji. Nur dass das Städtchen 2000 Kilometer nördlich auf die geografischen Gegebenheiten abstellt und Natchez auf die geschichtlichen.

Bereits 1716 ließen sich französische Siedler an dieser Stelle nieder. Vor dem Bürgerkrieg war Natchez die größte und reichste Stadt Mississippis. Hier lebten über die Hälfte aller Millionäre der USA. Das waren die Besitzer der Baumwollplantagen, deren Herrenhäuser im Antebellum-Stil man bis heute in der Stadt sieht.

Während Clarksdale ein schwitzender Arbeiter, Greenville ein aufbrausender Heranwachsender und Vicksburg ein alter Geschichtenerzähler ist, präsentiert sich Natchez seinen Besuchern wie eine Diva. Die Stadt putzt sich erkennbar heraus. Zwischen Gebäuden aus der Zeit vor dem Krieg haben Galerien eröffnet und kleine Läden, die zum Beispiel „Knock-you-naked-Margueritas" anbieten, Drinks also, die einen aus den Socken hauen.

Neben den Straßen verlaufen schattige Alleen, an denen sich Häuser mit Terrassen und Balkonen in allen Spielarten aneinanderreihen. Nicht selten sieht man Schaukelstühle auf Veranden abgestellt, sie suggerieren eine Vor-Bürgerkriegs-Atmosphäre. Man darf nur nicht über die Kanonen stolpern, die noch immer in Vorgärten und auf den Fußgängerwegen herumstehen. Natürlich weht vor jedem zweiten Haus die amerikanische Fahne.

All das verleiht der Stadt eine Südstaaten-Atmosphäre, die veredelt wird durch die Schnörkel an den Eingangsportalen, durch originelle kleine Gärtchen und elegant sich in die oberen Stockwerke hinaufwindende Treppchen. Auf der Vorderseite der Gebäude führen oftmals griechisch anmutende Säulen vom Dach zum Boden. Dahinter erkennt man Balkone und Erker, auf denen sich, so könnte man vermuten, im nächsten Augenblick eine Lady im wehenden Kleid zeigt oder ein Gentleman galant seinen Hut zum Gruß lüftet.

Hier, kurz vor dem Ziel seiner Reise, ist der Mississippi endgültig mächtig geworden. So massiv wirkt er, dass ich ihn kaum wiedererkannte. Seine Ufer waren befestigt und Dutzende Meter hoch. Sein Wasser wies die unterschiedlichsten Farbschattierungen und Fließgeschwindigkeiten auf. Die Brücken, die über ihn führten, waren in den Himmel strebende Bauwerke mit vier oder sechs Spuren, auf denen die Autos hin- und herschossen. Auf der westlichen Seite des Stroms befand sich bereits Louisiana, das ich morgen Vormittag erreichen wollte.

In den vergangenen dreieinhalb Wochen hatte ich dem Mississippi beim Wachsen zugesehen. Überall, selbst noch im hohen Norden, wo man den Fluss zuweilen erst wahrnimmt, wenn man bereits direkt vor ihm steht, lässt er das Leben gedeihen. An seinen Ufern und bis weit ins Landesinnere hinein sind Sümpfe, Wälder und fruchtbare Steppen entstanden. An seinem Unterlauf hatten sich Indianer, heutigen Erkenntnissen zufolge, als Erstes angesiedelt, ehe sie sich über ganz Nordamerika ausbreiteten.

Genau dort, in einem schmalen Streifen Land, der in etwa von Nashville und Memphis bis nach New Orleans reicht, entstand die erfolgreichste Musik der Welt. Musik, die bis heute unser Bild der USA entscheidend prägt. Blues und Jazz, Country und Rock 'n' Roll, Bluegrass und Rythm and Blues (RnB), Soul und Gospel: Alle sind sie an diesem kleinen Flecken Erde entstanden oder groß geworden.

Warum gerade an dieser Stelle und nicht anderswo? Weil in diesem Gebiet die unterschiedlichsten Kulturen – Sklaven aus Afrika, europäische Auswanderer – aufeinandertrafen und sich dadurch etwas Neues hatte entwickeln können? Oder weil die Gegend so unendlich respekteinflößend ist: sumpfig und weich, trügerisch und hart und bei alldem unüberschaubar weit? Hat am Ende gar auch hier wieder der Mississippi eine Rolle gespielt? Er, der die Gedanken mitnimmt und permanent auf das hindeutet, was woanders stattfindet, der ständig vom Wandel erzählt, davon, wo er herkommt und wo er hingeht? Ja: der ständig Geschichten erzählt?

Vielleicht war es das: die Mischung aus der Kollision mehrerer Kulturen, der urtümlichen Landschaft und der Gegenwart des größten Geschichtenerzählers von allen. Nicht zuletzt spielte wohl auch ein wirtschaftlicher Aufschwung, der eben zur rechten Zeit kam, eine gewisse Rolle: Zwischen 1920 und 1970 sehnten sich die neuen Arbeiter und Angestellten vermutlich eher nach handfester Musik als nach subtilen Büchern. Sie wollten abends eben gerne noch rasch in eine Bar und dort gut unterhalten werden.

Genau das traf im Übrigen auch auf die Mississippi-Dampfer und ihre notorischen Pokerpartien zu. Bei diesen ging es bekanntlich weniger um das Spiel an sich als um die damit verbundenen Wetten. Es geht folglich um Spekulation, was wiederum sehr amerikanisch erscheint. So amerikanisch, dass hierzulande viele Formulierungen aus dem Pokerspiel zu allgemeinen Redensarten geworden sind: „Put your money where your mouth is", sagt man, wenn man einen Bluff vermutet und das Blatt sehen will. Spitzensportler werden zuweilen als „Blue chip investments" bezeichnet: Beim Pokern sind die blauen Chips diejenigen mit dem höchsten Wert. Schätzungen zufolge befanden sich im Jahr 1835 auf den damals 250 Mississippi-Dampfschiffen rund 2000 Spieler, die ihr Geld durch Pokern machten oder eben verloren.

Natchez war damals das „Zentrum des Lasters" oder auch das „Nest der Sünder". Das Stadtzentrum auf dem Hügel war vergleichsweise gepflegt. Direkt darunter aber, am Ufer und auf den Dampfern, tauschte man Pelze gegen Alkohol, Flöße gegen eine Goldgräberausrüstung und Gewinne gegen Sex.

Der Journalist William C. Hall schrieb 1820 über Natchez: „Die Straße war voller modisch gekleideter junger Männer, verlebter Frauen, Seemänner, Kentucky-Bootsmänner, Neger, Mulatten, Schweine, Hunde und schmutziger Kinder." Zunehmend angewidert geht er weiter und sucht schließlich einen Saloon auf. Dort versucht der Eigentümer gerade, einen Betrunkenen hinauszuwerfen. Der aber zetert, dass er noch 500 Dollar habe und spielen wolle. Also bittet der Eigentümer den gut gekleideten und offenbar vertrauenswürdigen Neuankömmling um ein rasches

Pokerspiel. Er würde dieses vorbereiten und dafür sorgen, dass der Besoffene verlieren, der Journalist aber gewinnen würde. Auf diese Weise würde man dem Trunkenbold das Geld abnehmen und es dem Herren Journalisten anvertrauen können. Der solle es dem Schnapsliebhaber am folgenden Morgen zusammen mit einem weisen Spruch überreichen.

Als Hall zögert, tritt ein einfach gekleideter Mann hinzu, offenbar ein Farmer aus der Gegend, und sagt, dass er mitspiele, wenn der Herr Journalist ebenfalls mitmache. Also holt Hall seinerseits 500 Dollar aus seinem Geldbeutel und legt diese, wie die anderen Spieler, auf den Tisch.

Plötzlich aber ist der Betrunkene nüchtern, der Eigentümer gar nicht mehr so freundlich wie zuvor und der vermeintliche Farmer nicht länger hilfsbereit. In wenigen Minuten wird Hall sein Geld los. Ehe man ihn hinauswirft, ruft ihm der Eigentümer der Bar noch hinterher, dass der Trick, auf den der „Herr Journalist“ da hereingefallen sei, von seiner Großmutter stamme.

So war Natchez.

Was für ein Unterschied, noch heute, zu den dezenten Ortschaften in Minnesota! Hier unten platzt alles schier vor Lebenskraft. Palmen, Sträucher und Gärten sprießen kreuz und quer, dass es eine Lust ist. In der Luft sirren und schwirren Insekten. Andauernd krabbelte irgendetwas auf meiner Haut herum. Beschwingt und entspannt kamen mir die Menschen vor, denen ich begegnete. Alles war auf irgendeine Weise eitel, bewegte und präsentierte sich, spross und flog und hüpfte herum, war laut und genoss das alles.

Warum ist das so? Warum war man im Süden so verspielt und originell und witzig, warum war man so auf die Begegnung mit anderen bedacht? Sorgte die Wärme, die Abwesenheit von Schnee und Eis, vielleicht dafür, dass man es gewohnt ist, auf der Terrasse zu sitzen statt drinnen auf dem Sofa? Zeigte man, da man nun ohnehin zu sehen ist, dann auch ganz gerne ein bisschen mehr Haut und achtete stärker als anderswo darauf, dass das, was man da so anbot, auch halbwegs präsentabel war? Betrachtete man das, was man hier vorfindet, die Straßen und die Gehwege, die Balkone und die Terrassen, die Häuser und die Autos, als eine Art Freiluftbühne, während man die gleichen Dinge in nördlichen Breiten vielleicht eher als Schutzräume vor der harten Umgebung wahrnahm?

Ich wusste es nicht. Doch ich merkte irgendwann, dass ich mit einem immer größer werdenden Lächeln durch Natchez lief. Beschwingter war ich unterwegs als bisher, leichter ging mir alles von der Hand. Und als ich Passanten nach dem Weg fragte, mir rasch noch ein Abendessen kaufte und eine Rezeptionistin vor dem Motel vorfand, hatte ich jeweils einen flotten Spruch auf Lager.

Ich hatte den Takt von Natchez gefunden. Endlich schwang ich im Rhythmus des Südens.

Ein neues Pearl Harbour.

In Woodville, meiner letzten Station im Bundesstaat Mississippi, suchte ich eine Bar am Straßenrand auf und kam praktisch im selben Augenblick ins Gespräch mit einem dicken Burschen, der die Vokale noch länger als ohnehin im Süden üblich dehnte und die Konsonanten noch konsequenter herunterschluckte, statt sie auszusprechen. Es war eine Lust, diesem Geknarze zuzuhören, und ich ertappte mich dabei, wie ich irgendwann Fragen stellte. „Wie weit noch bis Louisiana? Kannst du hier ein Mittagessen empfehlen? Welches Auto fährst du eigentlich?“ Die Antworten auf diese Fragen kannte ich bereits, ich fragte nur, um diesem Akzent noch ein wenig länger zuhören zu können.

Ich sollte Gelegenheit dazu bekommen. Der füllige Vokalfetischist rief, noch bevor ich aufgegessen hatte, den örtlichen Journalisten an, der sich sofort auf den Weg machte, um mich zu interviewen. So ähnlich war es mir unterwegs bereits dreimal ergangen. Herausgekommen waren nett anzusehende Artikel mit großen Fotos und ein paar falschen Angaben, die ich gerne aufbewahrte. Zudem bezahlte der Journalist am Ende unseres Gesprächs in aller Regel mein Essen. So auch dieses Mal.

Wenig später informierte mich ein unscheinbares Schild, dass ich Louisiana erreicht hatte, den letzten Bundesstaat auf meiner Reise von Nord nach Süd. Am südlichen Zipfel der USA, im Pelican State, ist alles ein wenig anders als in den übrigen Vereinigten Staaten. Das beginnt damit, dass zum Beispiel das Beißen von Mitmenschen als einfache, wenn es aber mit falschen Zähnen passiert als schwere Körperverletzung geahndet wird. Diskriminiert man dadurch nicht Rentner und Vampir-Fans?

Außerdem gibt es in Louisiana keine Counties, sondern Parishes. Und schließlich hat Louisiana allen anderen Bundesstaaten die frühe Besiedelung voraus. Die Spanier unter Hernando de Soto erkundeten das Gebiet bereits ab 1539. Später verschacherten Spanier, Franzosen und Briten die Gegend am Unterlauf des Mississippi untereinander, ehe die Vereinigten Staaten unter Präsident Thomas Jefferson 1803 im Louisiana Purchase die damals französische Kolonie von Napoleon I. kauften.

Eine weitere Besonderheit dieses südlichen Bundesstaats, der mehrheitlich von französischstämmigen Katholiken bewohnt wird, ist, dass im Gegensatz zu allen anderen Bundesstaaten der USA in Louisiana nicht das angloamerikanische Recht gilt, sondern das auf dem „Code Napoléon“ basierende kontinentaleuropäische Recht. Darum ist beispielsweise ein in Louisiana akkreditierter Rechtsanwalt außerhalb seines Bundesstaats nicht zugelassen. Bei Wahlen wiederum gibt es statt einem einfachen Mehrheitswahlrecht eine Stichwahl zwischen den beiden aussichtsreichsten Kandidaten, wenn keiner von ihnen die absolute Mehrheit erreicht hat.

Aus Louisiana stammen einige illustre, liberal eingestellte US-Berühmtheiten, allen voran die lesbische Talkmasterin Ellen DeGeneres und die Schauspielerin Reese Witherspoon (auch wenn diese ihre ersten vier Lebensjahre in Wiesbaden und ihre Jugend in Nashville verbrachte).

Mich empfing Louisiana zunächst einmal mit ausgedehnten Anlagen für Fisch- und Garnelenzucht. Pelikane und Reiher flogen über mich hinweg, immer wieder querten Schildkröten und Schlangen die Straße. Der Himmel drohte mit schweren Regenwolken.

„Severe storm warning", so hatte es gestern Abend im Fernsehen geheißen. In den zurückliegenden vier Wochen hatte ich, was das betraf, großes Glück gehabt. Immerhin war ich im Frühjahr, in dem das Risiko am größten ist, nur unwesentlich östlich der „Tornadogasse" durch die USA gefahren. Als Tornado Alley bezeichnet man hierzulande ein Gebiet in den Great Plains, in dem nicht nur die meisten, sondern auch die heftigsten Tornados vorkommen. Dazu zählen Oklahoma, Kansas und Missouri. Eine andere Definition, die ausschließlich die Häufigkeit zugrunde liegt, bezieht das gesamte Flachland diesseits und jenseits des Mississippi sowie Florida mit ein. Da diese Gebiete weitaus stärker besiedelt sind als die westlich gelegenen Steppen, sterben hier mit Abstand am meisten Menschen infolge von Tornados.

Tornado Watch heißt es, wenn das Risiko hoch ist, dass einer der rund 1000 Tornados entsteht, welche die USA jährlich heimsuchen. Wird ein solcher tatsächlich gesichtet, sprechen die örtlichen Einsatzkräfte eine Tornado Warning aus und fordern die Bewohner der betroffenen Gebiete auf, in den Keller zu gehen oder sich zumindest in der Mitte eines Raums zu versammeln; dort, wo einen herumfliegende

Gegenstände, zum Beispiel zersplittertes Glas, am unwahrscheinlichsten treffen. Nur selten kommt es hingegen vor, dass ganze Dächer abgedeckt werden oder Kühe durch die Luft fliegen, wie man es in Filmen gerne zeigt.

Baton Rouge, die Hauptstadt Louisianas (nein, das ist nicht New Orleans), ist für einen Velofahrer ein einziges Ärgernis. Das war absehbar gewesen: Bereits die Franzosen, die 1699 hierherkamen, nannten die Gegend um das heutige Baton Rouge eben „Roter Stock“, als sie sahen, wie die Indianer blutige Fischköpfe auf Stöcke spießten. Heute dient die Metropole in erster Linie als Warenumschlagplatz. Das Corps of Engineers hat eine knapp 14 Meter tiefe Fahrrinne von der immerhin noch 400 Kilometer entfernten Mündung des Mississippi in den Golf von Mexiko bis hierher gegraben. Auf diese Weise ist der am weitesten im Landesinneren liegende Hochseehafen entstanden.

Die USA brauchen Baton Rouge, die Stadt sichert ihr Überleben. Hier stehen dicht nebeneinander Chemiefabriken und Erdölraffinerien, die das ganze Land mit Energie versorgen. Ein Terrorangriff auf Baton Rouge wäre wohl effektiver als auf New York oder Los Angeles. Baton Rouge könnte, was die Vulnerabilität der Nation betrifft, mittlerweile eine ähnliche Rolle spielen wie Pearl Harbour kurz vor Eintreten der USA in den Zweiten Weltkrieg.

Nachdem ich einmal mehr auf den Highway 1 gewechselt war, um am westlichen Ufer des Mississippi entlang südwärts zu fahren, reihte die Straße Schlagloch an Schlagloch aneinander. Mein Liegerad ächzte und stöhnte. Es hatte Federn gelassen auf den zurückliegenden 3000 Kilometern, man sah es ihm an. Durch den abgewetzten Mantel des rechten Vorderreifens schimmerte der hellblaue Fahrradschlauch. Ein Riss zog sich durch die gesamte linke Seite der Hartschalenhülle. Das Klebeband, mit dem ich das mehrfach durchgebrochene Dach notdürftig geflickt hatte, war an mehreren Stellen durchgescheuert. Die grellgelben DO NOT CROSS-Absperrbänder des Sheriffs waren staubig und schmutzübersät; traurig hingen sie in Fetzen zu beiden Seiten des Velos herab. Hartnäckige Schlammreste und zerquetschte Insekten klebten an der Außenwand. Die Lenkung reagierte seit zwei Tagen nur noch verzögert auf meine Impulse, was mir zunehmend Sorgen bereitete. Vor allem aber quietschte und schepperte mein Fahrzeug mittlerweile bei jeder Bodenunebenheit. Das klang wirklich ungesund. Da der Highway 1 in Louisiana praktisch nur aus Unebenheiten besteht, veranstaltete ich einen infernalischen Lärm. Es wurde wirklich Zeit, in New Orleans anzukommen.

Vorerst jedoch musste ich direkt an den Fabrikanlagen vorbeifahren. Es war Nachmittag geworden, auf der Gegenfahrbahn hatte sich ein ansehnlicher Stau gebildet. Eine gute Stunde lang fuhr ich parallel zu ihm südwärts. Die Arbeiter und Angestellten, die New Orleans verließen und zu ihren Familien nach Baton Rouge oder Baker zurückkehrten, steckten darin fest. Da es auch hier kaum öffentliche Verkehrsmittel gab, stand man praktisch jeden Morgen südostwärts und jeden Abend nordwestwärts im Gedränge. Nicht selten, so versicherten mir Passanten, verzögere sich die Fahrt dadurch um zwei bis drei Stunden.

Ich hatte das Glück, gegen die Fahrtrichtung der Pendler unterwegs zu sein. Trotzdem war auch Richtung New Orleans einiges los. Die Fahrer schienen zudem impulsiver zu sein, als ich es gewohnt war. Vielleicht waren auch sie vom Dauerstau genervt.

Über mir zog sich die Autobahn dahin: eine 100 Kilometer lange Interstate, die hoch oberhalb der Sümpfe Louisianas auf Stützpfeilern, die an Stelzen erinnerten, balancierte. Unten hingegen, auf dem Highway 1, war alles nass und feucht, klebrig und schwül. Immer wieder fuhr ich an ausgedehnten Sümpfen, an dunkelgrau schimmernden Teichen und unergründlichen Tümpeln vorbei. Kinder spielten an den Ufern, Angler versuchten in Sichtweite von Chemiefirmen und Atomkraftwerken, Fische aus der Brühe zu ziehen. Das ganze Land um mich herum schien auf unerklärliche Weise zu schwimmen. Ich konnte zuweilen nur noch schwerlich ausmachen, wo der einsetzende Regen Koalitionen mit den Pfützen bildete, sich ein Fluss in einen Tümpel ergoss oder ein Sumpfgebiet in einen See überging.

Die Änderung, die ich herbeisehnte, trat erst 35 Kilometer vor New Orleans ein. Zuvor war ich ein letztes Mal auf den Highway 61 eingebogen. Auf den vergangenen 1000 Kilometern war ich immer wieder zu ihm zurückgekehrt. Jetzt jedoch, da der Verkehr dort nochmals zunahm, tat es gut, ihn für immer zu verlassen.

Ich wechselte auf den Levee Trail und fuhr nun direkt am Ufer des Mississippi entlang. Leider regnete es mittlerweile wie aus Kübeln. Der Wind hob probeweise das Dach des Meilenfressers in die Höhe, bis ich es krampfhaft festhielt – genau wie in den Anfangstagen meiner Tour.

Ich fuhr wie ein Besessener. Aus den Augenwinkeln sah ich den riesigen Strom: eigentlich längst kein Fluss mehr, sondern eine Wasserlandschaft, die nahtlos in die Sümpfe und Seen Louisianas überging. Hie und da standen nette Häuschen mit Swimmingpools an den Ufern.

Anfangs merkte ich kaum, dass ich New Orleans erreicht hatte und tatsächlich angekommen war am Endpunkt meiner langen Reise durch die USA. Mit einem Mal war ich im Audubon Park angelangt und umringt von majestätischen Häusern aus der Zeit vor dem Bürgerkrieg. So nannten sie das hier: „Antebellum houses“.

3000 Kilometer, zehn Bundesstaaten und mehrere Klimazonen lagen hinter mir. Vor mir lagen drei Tage in einer der absonderlichsten und aufregendsten Metropolen der Vereinigten Staaten.

NOLA.

Umfragen zufolge ist New Orleans die Großstadt, in der die meisten US-Amerikaner am liebsten leben wollen. Das ist erstaunlich, wenn man bedenkt, dass es sich wohl um die „unamerikanischste“ aller Städte in den Vereinigten Staaten handelt. Die Straßenzüge und die Häuser, die Menschen und ihre Einstellungen, die Restaurants und Cafés: All das ist unzweifelhaft französisch geprägt. Es gibt längliche Brote, guten Kaffee und den Baustil mit überdachten Balkonen und Terrassen, den die Franzosen bereits in ihren karibischen Kolonien ausprobiert hatten.

Darüber hinaus ist New Orleans eine Chaos-Stadt par excellence. Als ich im Zentrum ankam, wuchs sich der Regen zu einem veritablen Wolkenbruch aus. Im Nu waren sämtliche Straßen der Altstadt unter Wasser gesetzt. Eine braungraue Soße floss kniehoch durch die Gassen. Sie umspülte Autoreifen und riss Verpackungen und Plastikflaschen mit sich. Eifrig schichteten Verkäufer Sandsäcke vor Eingangstüren auf, um ihre Läden zu schützen. Was ich sah, erinnerte an Sondersendungen im Fernsehen, wenn eine Flutkatastrophe Bangladesch oder die Philippinen heimsucht.

Dreieinhalb Stunden sollte der Spuk dauern. Dann hörte es abrupt auf zu regnen. Das Wasser verzog sich mit derselben Geschwindigkeit, in der es gekommen war. „April showers bring May flowers“, sagt man hierzulande, wenn man ausdrücken will, dass nach Regen eben immer Sonnenschein folgt – ein schönes Wortspiel mit der Mayflower ist es obendrein.

In Louisiana konnte der sprichwörtliche Wetterwechsel indessen wohl besonders rasch eintreten: Im Nu trocknete die Sonne Straßen und Gehwege, bis es noch am selben Tag aussah, als sei so etwas wie ein Wolkenbruch hier gar nicht möglich.

Das war New Orleans, die „nördlichste Stadt der Karibik“. Ihre Bewohner nennen sie allerdings selten so. Sie sprechen von „The Big Easy“ oder von „NOLA“, „New Orleans, Louisiana“, und sie feiern ihre Stadt ausgelassen. Besonders frenetisch lassen sie NOLA nach einem Schicksalsschlag hochleben. Hurricane Katrina ist hierfür ein gutes Beispiel.

Dabei deutete zu Beginn wenig darauf hin, dass an dieser Stelle eine der lebendigsten und lautesten Städte der Vereinigten Staaten entstehen würde. Es waren die Franzosen – im Gebiet des Mississippi waren es eigentlich immer die Franzosen –, welche die Bedeutung dieses Ortes als Erste erkannten. Sie hatten Québec erobert, doch sie wollten mehr: Ihre Herrschaft sollte das gesamte westliche Gebiet des damals bekannten Nordamerika umfassen. Es galt folglich, Québec und die Mündung des Mississippi miteinander zu verbinden. Das war kein leichtes Unterfangen: Von Süden her näherten sich die Spanier, im Osten waren die Briten ansässig. Die Franzosen dachten jedoch nicht ganz zu Unrecht, dass sie mit einer Kontrolle des Flusses das höchste As im Ärmel hätten.

Dafür nahmen sie einige Nachteile in Kauf. Das Gebiet, in dem sich der große Strom in den Golf von Mexiko ergoss, war denkbar schlecht für eine Besiedelung geeignet. Es war ein unberechenbarer Sumpf, der anderthalb Meter unter dem Meeresspiegel lag und bei dem man immer mit Überschwemmungen und Epidemien wie zum Beispiel Gelbfieber rechnen musste. Eine Brutstätte für Moskitos, die Malaria und weitere Krankheiten übertrugen. Dennoch ließen die Franzosen unter Jean-Baptiste le Moyne im Jahr 1718 den Sumpf von Strafgefangenen mit Zypressenholz, Muscheln und Austern auffüllen und einen Wall um die geplante Siedlung errichten. Beides sieht man dem heutigen New Orleans nach wie vor an. Zu Ehren des französischen Königs Ludwig XV., Herzog von Orléans, nannte le Moyne die Stadt „La Nouvelle Orléans“.

Die Lage an der Mündung des Mississippi blieb jedoch schwierig. Nicht wenige Häuser wurden nur Monate nach ihrer Fertigstellung aufgegeben: Sie waren im modrigen Untergrund eingesunken, von einer Überschwemmung heimgesucht oder von einem Sturm verwüstet worden. Mais und Kartoffeln wollten nicht recht wachsen. Also bauten die französischen Siedler Tabak an. Das mit Abstand meiste Geld aber verdienten sie mit Indigo, dessen blaue Blüten für die Färbung von Marineuniformen und später auch für die berühmten Jeans verwendet wurden.

Es mochte an den harschen Bedingungen gelegen haben: Bereits 30 Jahre nach ihrem Eintreffen verkauften die Franzosen das Gebiet an der Flussmündung an die Spanier. Diese legten weitaus weniger Wert darauf, der Region ihren Stempel aufzudrücken. Sie betrachteten Louisiana in erster Linie als auszubeutende Kolonie und hinterließen kaum Spuren, außer einem Wort: Als „Kreolen", spanisch „Criollos" für „Zöglinge", bezeichnete sich die erste Generation, die in Louisiana geboren wurde, deren Eltern jedoch aus Europa stammten.

Wenig später kaufte Napoleon Louisiana zurück. Statt weiterhin Tabak und Indigo anzubauen, setzte man verstärkt auf Zucker und Melasse, die für die Rumherstellung benötigt werden. Noch heute befindet sich die zweitgrößte Zuckerraffinerie der Welt in Louisiana.

Kurz nachdem die Franzosen das Gebiet 1803 mit dem Louisiana Purchase an die erstarkten Amerikaner verkauft hatten (hauptsächlich übrigens, um die verfeindeten Engländer in Europa zu schwächen), erfand man in Amerika eine neue Art Dampfer. Dank eines ausgeklügelten Schaufelradantriebs konnten die modernen Schiffe auch im flachen Wasser fahren. Das war die Voraussetzung für den Handel, der nun ebenfalls an Fahrt gewann: Baumwolle und Zucker, Holz und Indigo, Materialien und Sklaven wurden den Fluss hinauf und hinunter gehandelt.

Natchez und New Orleans wurden die wohlhabendsten Städte des ganzen Kontinents, und sie blieben es, bis Eisenbahnen ab etwa 1860 kreuz und vor allem quer durch das Land fuhren und der Mississippi seine herausragende Bedeutung verlor.

Die Stadtvillen in New Orleans und die Plantagen am Unterlauf des Flusses zeugen bis heute von den glorreichen Zeiten. Möglich waren diese nicht zuletzt durch Sklaverei. Zwei Meter hohe Zuckerstäbe in einem krankheitsverseuchten Sumpfgebiet anzubauen und abzuernten war keine Aufgabe, welche die damaligen Großgrundbesitzer gerne übernahmen. Ein Sklave, der das Pech hatte, genau dies tun zu müssen, hielt in der Regel zehn Jahre durch; dann raffte ihn ein Hitzschlag, ein Schlangenbiss oder ein Unfall mit der Machete dahin.

Die Franzosen praktizierten eine andere Art von Sklaverei als später die US-Amerikaner. Neuankömmlinge aus Afrika wurden flugs katholisch getauft. Sonntags wurden sie zum Gottesdienst gekarrt, bevor es zurück auf die Felder ging. Vor allem aber konnten sie etwas Geld erwirtschaften. Manche von ihnen legten zum Beispiel einen eigenen Garten an. Am Ende konnten sich einige sogar freikaufen. Sie wurden dann „Free men of colour" genannt. Drei Viertel von ihnen hielten selbst Sklaven.

Die Destrehan-Plantage, eine der ältesten und bedeutendsten Louisianas, war von einem Free man of colour gebaut worden. Die Wände der Gebäude werden nicht nur von Mörtel, sondern auch von Muschelkalk und Austernschalen zusammengehalten, die hier reichlich zu finden sind.

1811 begann an der German Coast unweit von New Orleans ein Sklavenaufstand, der sich bald über ganz Louisiana ausbreitete, bis die Anführer auf die Destrehan-Plantage gebracht wurden. 45 von ihnen wurden verurteilt und kurz darauf in New Orleans gerädert. Für die anderen galt nach wie vor der „Code Noir": Einem entflohenen Sklaven wurden, wenn er gefasst wurde, beide Ohren abgeschnitten. Beim zweiten Versuch durchtrennte man ihm die Fersen, sodass er nicht mehr weglaufen konnte. Probierte er es trotzdem ein drittes Mal ohne Erfolg, wurde er erschossen. In der Regel trennte man dann seinen Kopf ab und spießte ihn auf einen Stab, den man öffentlich aufstellte als eine Warnung für die anderen.

Die Aussichten, von einer Plantage zu entkommen, waren für einen Sklaven ohnehin gering. Ringsumher erstreckte sich Sumpfland, mehr Wasser als Erde. Wer dort nicht starb, gelangte entweder ans Meer oder in die großen Steppen: in jedem Fall also in Gegenden, wo man einen entflohenen Schwarzen schon von Weitem sah und man das Recht hatte, ihn augenblicklich gefangenzunehmen.

Heutzutage sind die Sümpfe Louisianas ein beliebtes Ausflugsziel geworden. Als ich dorthin aufbrach – dieses Mal in einem Touristenbus und nicht per Velo –, fuhren wir an Zypressenhainen vorbei. Aus deren Holz sind die meisten Häuser in New Orleans gebaut und außerdem viele der Tische und Stühle. Ausladende Bromelien beugten sich über den Fluss, dessen Verlauf wir in einem kleinen Boot folgten. Die Einheimischen nennen diese Pflanzen „Spanish moss", da ihre haarigen Büschel die Indianer der Region an die Bärte der Spanier erinnerten („Moss" war das indianische Wort für „Maske"). Mit Spanish moss sind bis heute nicht nur viele Bettdecken in New Orleans ausgestopft, sondern auch die Autositze von Ford. Zeitweilig kamen wir unter ganzen Baumreihen von Spanish moss hindurch, von deren Ästen silbergraue Büschel herabhingen wie Orgelpfeifen. Sie strahlten etwas unzweifelhaft Erhabenes aus.

Die Sümpfe, Heimat einer halben Million verbliebener Cajuns, gehören zu den mysteriösesten und am häufigsten von Geistern heimgesuchten Gebieten der Erde. Im Lauf der Geschichte sind hier angeblich mehr seltsame und haarsträubende Dinge passiert als an allen anderen Orten – nicht nur in den USA.

So lebte zum Beispiel in der Kleinstadt Frenier einst ein Mädchen namens Julia Brown. Sie war eine schüchterne junge Frau und bekam bald Schwierigkeiten mit einigen Männern, die ihr nachstellten. Da lernte sie Marie Laveau kennen, die berühmte Voodoo-Königin, neben deren Grab in New Orleans bis heute keine einzige Blume wächst. Marie unterwies Julia in der Kunst des Voodoo und empfahl ihr, sich an den Einwohnern Freniers zu rächen. Von da an spielte Julia auf den Straßen der Stadt Gitarre und sang dazu. Es waren keine lieblichen Lieder, sondern düstere Erzählungen, Drohungen und Verfluchungen. Am häufigsten wiederholte Julia dabei eine Zeile: „Wenn ich dereinst sterbe, nehme ich euch alle mit."

Im Jahr 1915 erlag Julia einer schweren Krankheit. Als man sie begraben wollte, verdüsterte sich der Himmel wie nie zuvor. Was folgte, war der stärkste Hurrikan, den die Gegend bis dato gesehen hatte. Von den etwa 600 Einwohnern Freniers überlebten damals 22. Das Ereignis ist mittels Geburtsbüchern, Todesdaten und Wetteraufzeichnungen belegbar.

Ich hatte ungleich mehr Glück: Statt auf düstere Voodoo-Priesterinnen traf in den Sümpfen Louisianas auf einen echten YouTube-Star. Hier war Mugsy zu Hause, eine Katze, die Alligatoren verscheucht. Wobei Alligatoren bei Weitem nicht so gefährlich sind wie ihre Verwandten, die Krokodile und Kaimane. Manche Cajuns füttern sie sogar mit Marshmellows, dem süßlich-weichen Schaumzucker, den die Amerikaner so sehr lieben. Einen kleinen Alligator durfte ich auf der Bootsfahrt sogar in die Hände nehmen.

Allgemein gelten die hiesigen Schnappschildkröten als viel gefährlicher als die Alligatoren. Wenn sie sich in Gefahr wähnen, können sie mit einer ungeahnt raschen und kräftigen Bewegung den Finger eines Menschen abbeißen.

Zurück von der Bootstour wurde es Zeit, meinem Liegerad Lebewohl zu sagen. Es war nur noch ein Schatten seiner selbst, als ich es in New Orleans in einer Holzkiste verstaute und auf den Weg zurück nach Oregon schickte. 3000 Kilometer weit war es mein treuer Begleiter gewesen; es hatte mich durch dick und dünn gefahren. Nun aber war es gut, dass die Reise für es zu Ende war.

Ich dagegen stürzte mich New Orleans in die Arme. In einer zentral gelegenen Gartenanlage kam ich in einer unglaublichen Absteige unter. Es war eine Bruchbude, eine Art Gartenscheune, vollgestopft mit Gestrandeten aus aller Welt, von denen nachts immer mindestens zehn gleichzeitig schnarchten. Aber es war eben eine unfassbar günstige Gelegenheit, in unmittelbarer Nachbarschaft zu den Fußgängerzonen – ja: Fußgängerzonen! – des Stadtzentrums zu wohnen.

NOLA empfand ich als quirlig und anregend, aber auch als anstrengend. Nach fünf Schritten begann der Schweiß zu laufen, nach wenigen Minuten hatte sich dickflüssiges Blut in meinen Händen und Füßen versammelt.

Auf einer von der örtlichen Polizei bereitgestellten Karte, welche die Verbrechen der vergangenen Woche verzeichnete, war die Bourbon Street unter all den Eintragungen nicht mehr zu erkennen.

Und doch und immer wieder: Was für eine Stadt! Endlich mal ein wirklich eigenwilliger, ein überhitzter, launenhafter und feierwütiger Ort, ein echtes Fest des Lebens! Das nämlich tut man hier: Man feiert ausgiebig und exzessiv, ähnlich wie es die Marching Bands tun, wenn ein Einwohner von New Orleans gestorben ist. Man freut sich, dass man am Leben ist: Denn hier in NOLA ist einem nur allzu klar, dass schon morgen oder im nächsten Augenblick alles den Bach heruntergehen kann.

Vielleicht sogar im Wortsinne, denn der Mississippi fließt, und das sieht wirklich gruselig aus, einige Meter oberhalb der Stadt gen Süden. Man begreift augenblicklich, was passieren würde, wenn die Deiche an seinen Ufern oder am nördlich der Stadt gelegenen unübersehbar großen Pontchartrain-See brechen würden: New Orleans würde schlichtweg hinweggeschwemmt.

So ähnlich war es, als der Hurrikan Katrina am 29. August 2005 die Küste Louisianas erreichte. Schaut man sich die Gegebenheiten auf einer Karte an, wundert einen das nicht. Wie eine Blase hängt der See da über der Stadt. Die Deiche am Pontchartrain-See hielten dem Druck nicht stand. Im Handumdrehen wurden 80 Prozent des Stadtgebiets überflutet. Das Wasser stieg dermaßen schnell fünf Meter hoch, dass Autos und Häuser darin verschwanden und 1500 Bewohner von New Orleans noch am selben Tag umkamen.

Vor dem Wirbelsturm lebten eine halbe Million Menschen in New Orleans. Fünf Tage später waren es noch 350.000. Die anderen hatten ihr Zu Hause, viele auch ihr Hab und Gut verloren. Allein 100.000 Afroamerikaner, die besonders hart getroffen worden waren, verließen die Stadt für immer.

Bis heute reißt die Kritik an der damaligen Regierung der USA unter George W. Bush nicht ab. Mit Milliardenaufwand hatte man kurz zuvor einen Krieg gegen den Irak befehligt, war aber nicht in der Lage, New Orleans wiederaufzubauen. Hilfszusagen kamen vergleichsweise spät und spärlich.

Die Bewohner von NOLA taten, was sie am besten können: Sie arrangierten sich mit den ungünstigen Bedingungen. Die Stadt erholte sich rasch. Als dann noch die New Orleans Saints 2010 den Superbowl gewannen, feierte man das in ganz Louisiana wie niemals zuvor.

Inzwischen gibt es in der Stadt 200 Restaurants mehr als noch vor Katrina. Man bietet Hurricane-Burger und Katrina-Daiquiris an, außerdem T-Shirts mit flotten Sprüchen und Desaster-Tours.

Bei all den Feiern und Tänzen sollte man nicht übersehen, dass in Louisiana nach wie vor Land von der Größe eines Fußballfeldes verschwindet: und das pro Stunde!

Aufgrund der Deiche und der Begradigungen des Mississippi bleiben die Überschwemmungen und mit ihnen die Ablagerungen aus. Vom Seegrund hat man aber jahrzehntelang in mühevoller Kleinarbeit Muscheln abgetragen, um damit Straßen und Häuser zu bauen. Daraufhin sackte die Erde an vielen Stellen ab. Inzwischen hat man umgedacht und beginnt sich für das fragile Ökosystem am Unterlauf des großen Stroms zu interessieren. Man kann nur hoffen, dass es noch nicht zu spät ist: Wenn nicht energisch gegengesteuert wird, wird NOLA, das haben Simulationen immer wieder bestätigt, in weniger als 100 Jahren eine Insel im Atlantik sein.

Was kann man angesichts dieser Aussicht, den nahen Untergang vor Augen, schon anderes tun, als eben noch rasch eine Party zu feiern? Die Einwohner von NOLA setzen um, was Erich Kästner in seinem Roman *Fabian – Die Geschichte eines Moralisten* dem verschrobenen Erfinder in den Mund legt: „Manchmal könnte ich vor Freude in den Sonnenschein hineinbeißen oder in die Luft, die in den Parks weht. Wissen Sie, woran das liegt? Ich denke oft an den Tod. (…) Ich denke täglich an ihn; denn täglich kann er winken. Und weil ich an ihn denke, liebe ich das Leben."

Man kann nicht umhin, New Orleans zu mögen, auch wenn jenseits der Flaniermeilen um Saint Louis Cathedral und Jackson Square nichts, aber auch wirklich nichts funktioniert. Die Tram zum Beispiel sieht putzig aus und versprüht einen nostalgischen Charme. Man sollte nur eben nicht auf die Idee kommen, mit so einem Ding fahren zu wollen. Innen ist es eng und stickig, man zuckelt kaum schneller als die Fußgänger voran. Der Fahrplan dient in erster Linie der Belustigung.

Da zog ich mich dann doch lieber in eines der wirklich guten Cafés zurück und bestellte dort einen Tee. Um meine Tasse erneut auffüllen zu lassen, fragte ich höflich: „Can I have a refill sweet tea?", woraufhin mich die Kellnerin, sie mochte Mitte 60 sein, formvollendet anstrahlte. Hatte sie doch nicht „sweet tea“ verstanden, „süßen Tee“ also, sondern „sweety“, „Süße“.

Rasch blickte ich durchs Fenster hinaus auf die gegenüberliegenden Shotgun homes: Häuser, deren Räume hintereinander angebracht sind, sodass man eine Kugel durch den Gang des Gebäudes schießen kann, ohne eine einzige Wand zu treffen. Dann versenkte ich mich in die Erzählungen William Faulkners, der wie so viele andere Literaten, darunter Scott Fitzgerald, Tennessee Williams und John Dos Passos, eine Zeit lang in New Orleans gelebt hat. Mit einem untrüglichen Gespür für Wortwitz und Situationskomik schickt William Faulkner seine Leser die Erzählungen entlang. Kunstvoll wird dabei am Ende meistens eine Frage beantwortet, die zu Beginn der Geschichte gestellt worden ist. Nicht selten erzählt ein Kind diese Geschichte, was ihr einen ganz eigenen Klang verleiht.

Als William Faulkner einige Jahrzehnte zuvor in einem wohl ganz ähnlichen Café gesessen hatte, vermerkte er: „Draußen vor dem Fenster brütete New Orleans, brütete das Vieux Carré mit der schlafenden Trägheit einer alternden, aber noch schönen Kurtisane in einem raucherfüllten Zimmer, die nach dem Aufpeitschenden giert und zugleich übersättigt ist davon. Still, in der Schale eines leidenschaftsmatten Himmels gebettet, lag der Sommer über der Stadt.“

Eine alternde Kurtisane, das trifft den Charakter von New Orleans auch heute noch gut. Es ist eine Kurtisane, deren beste Tage wohl hinter ihr liegen, die jedoch noch immer unbestreitbar reizvoll und äußerst eigenwillig einen Schritt vom Abgrund entfernt ein Tänzchen aufs Parkett legt.

Die Hauptstadt des Jazz.

In New Orleans wurde der Jazz nicht nur erfunden. Er entspricht dieser Stadt auch wie kaum etwas anderes. New Orleans lebt den Jazz. Es ist Jazz.

Hier in der Hafenmetropole kamen sie zusammen und brachten ihre Lieder mit: Kreolische Musiker mit Orchesterausbildung trafen auf ehemalige Plantagensklaven, dazu kamen die Shanties der Seefahrer, die antreibenden Gesänge der neuen Industriearbeiter und die kirchlichen Gospels. Es konnte nicht lange dauern, bis daraus etwas Großes und Neues entstand. Etwas, das von dieser Region erzählt. Das alles, was es vorfand, kräftig durchschüttelt und neu zusammenfügt. Etwas wie: Jazz.

Um 1900 herum fanden die Blaskapellen von New Orleans am meisten Anklang beim Publikum, wenn sie europäische Marsch- und Tanzmusik mit den Gesängen von Sklaven und Arbeitern mischten, eine Prise Cajun-Lieder unterjubelten und das Saxofon als dominierendes Instrument in den Vordergrund stellten. Besonders wichtig waren die am afrikanischen Musikempfinden orientierte Rhythmik, die man Swing oder auch Groove nannte, und die Möglichkeit einer spontanen Interaktion der Instrumente.

Die neuen Bands spielten auf den Straßen und den Mississippi-Dampfern, bei Festen und bei Beerdigungen. Irgendwann nannte jemand die neue Musikform „Jass", was so viel heißt wie „Liebe machen", da es hier wie dort um Gefühl und Improvisation geht. Daraus wurde bald Jazz.

Wie immer fehlte jetzt nur noch ein Umstand, ein entscheidendes Detail, damit die neue Musikrichtung ihren globalen Siegeszug antreten konnte. Bei Rock ‚n' Roll war es das Fernsehen, bei Blues das Radio. Dem Jazz kam etwas anderes zugute: Kurz nachdem er entstanden war, wurde die Schallplatte erfunden.

Auch heute noch wird der Jazz in seinen vielen neuen Spielarten in New Orleans hochgehalten: zum Beispiel durch den hiesigen Posaunenstar Trombone Shorty, der wie schon Louis Armstrong vor allem auf virtuose Soli setzt.

Bei ihren Festen holen die Einwohner von New Orleans die alten und die neuen Jazzstücke heraus. Und feiern tun sie beinahe alles: die Garnelen, die Welse, die Barsche, Halloween, auch Todesfälle, das Neujahr und natürlich ganz besonders jenen „fetten Dienstag", den Mardi gras, den Höhepunkt des jährlichen Karnevals, wenn Festwagen und Blaskapellen die Canal Street entlangziehen und das gesamte French Quarter zur Tanzfläche wird.

Dann macht New Orleans das, was es am besten kann: Es vereint die unterschiedlichsten Menschen in der Feier. Die Cajuns aus den Sümpfen geben ihren Zydeco zum Besten, eine tanzbare Mischung aus westafrikanischen Rhythmen und nordfranzösischen Akkordeonmelodien. Aus der Bar gegenüber tönt Bluesrock, direkt daneben spielt eine vielköpfige Band Songs, die man keinem Musikstil mehr zuordnen kann, verschmolzene Melodien, virtuose Improvisationskunst, unentzifferbar in ihren Details, aber unmittelbar einprägsam in ihrer Gesamtheit: ganz genau wie diese Stadt, wie New Orleans.

Ya!

6.
One nation under god?

Einen Monat lang war ich in einem Land unterwegs, das ich zu kennen glaubte und das mich trotzdem wieder und wieder überrascht hat. Vor meiner Velomobiltour durch das Heartland hatte ich bereits je eine Woche in Boston und in New York verbracht. In North Carolina war ich kurzzeitig zwischen einer Demonstration des Ku-Klux-Clans und einer Gegenveranstaltung der Afroamerikaner gelandet. In New Jersey hatte ich einer unfassbar kitschigen Hochzeit beigewohnt. Nach dem Abitur war ich der Westküste der USA von Los Angeles bis nach Seattle gefolgt. Meine Radtour von der kanadischen Grenze zum Golf von Mexiko aber war anders, ganz anders. Wenn ich unterwegs eines gelernt habe, dann das: Die Vereinigten Staaten von Amerika gibt es streng genommen gar nicht.

Ich meine: Was hat Papa Dean, der hilfsbereite Familienvater aus Bemidji, mit dem waffenliebenden Hünen von Osceola gemeinsam? Worin könnten Rose in Deerwood und der überkonservative Hotelinhaber von Dubuque übereinstimmen?

Als ich in New Orleans ankam, hatte ich das Gefühl, durch mindestens vier Länder gefahren zu sein. Das erste davon war karg und kalt: Indianerland, Bärenland. Es strahlte eine wilde, eigenwillige Schönheit aus. Das zweite, südlich davon, erinnerte mich am ehesten an die deutsche Heimat: mit Kleinstädten, Wiesen und Gärten und überschaubaren Dimensionen. Dann aber war ich in eine Aneinanderreihung von Feldern, Feldern, Feldern geraten, die sich bis zum Horizont und noch weiter erstreckten. Und schließlich war ich angekommen: in einem schwülwarmen, seltsam verschwommenen Fabelland, das es vielleicht in 50, in jedem Fall aber in 100 Jahren so nicht mehr geben wird.

Nein, wenn man ehrlich ist, existiert wohl nicht eine Eigenschaft, die ausschließlich auf die US-Amerikaner zutreffen würde. Das Sein prägt nun einmal das Bewusstsein. Und allein auf meiner Reise mitten durch das Land hatte ich die unterschiedlichsten geografischen und infrastrukturellen Ausprägungen erfahren. Von den Unterschieden zur Lage an der Ostküste oder dem Silicon Valley ganz zu schweigen. Die „Vereinigten Staaten von Amerika", das ist in Wahrheit ein Flickenteppich völlig unterschiedlicher Lebensformen und Gewohnheiten. Und höchstwahrscheinlich werden die Bewohner dieses Flickenteppichs eben genau darum von klein auf so übertrieben patriotisch indoktriniert: weil es die Vereinigten Staaten als einheitliches Lebensgefühl gar nicht gibt.

Ich meine: Ein Land, das sich allen Ernstes ein „Flaggengesetz" verschreibt und von seinen Bürgern zum Beispiel verlangt, dass sie das Sternenfeld gefälligst nach Norden oder Osten auszurichten haben, wenn sie die Flagge oberhalb einer Straße hissen, ein solches Land scheint seinen Bewohnern nicht allzu viel zuzutrauen.

Dabei kann man die patriotische Obsession vieler Amerikaner (denn genau das ist sie) ansatzweise durchaus nachvollziehen. Immerhin weisen die an sich beinahe lächerlich wirkenden Routinen – der Treueschwur auf die Flagge, das andauernde Salutieren und die bei den unangebrachtesten Gelegenheiten ins Gespräch eingeflochtenen Bezeugungen des Nationalstolzes – letzten Endes auf demokratische Grundwerte hin. Und darauf, dass eben durch diese demokratische Organisationsform eine auf der ganzen Welt einzigartige Erfolgsgeschichte ermöglicht werden konnte. Wer hätte zu Beginn darauf gewettet, dass dieses Land, überschwemmt von Geflohenen und Verschleppten, heimgesucht von halbkriminellen Glücksrittern und Lebenskünstlern, gegründet auf dem Massenmord an Indianern, aufgebaut durch ein System der Sklaverei, sich zur mächtigsten Nation der Erde entwickeln und dabei dauerhaft demokratisch stabil bleiben würde?

„One nation under god" – „Eine Nation unter Gott": So wird die Einheit des Landes allerorten beschworen. Und doch ist das Hauptmerkmal der USA gerade ihre Vielfalt und Vielseitigkeit. Diese sind der größte Trumpf des Landes.

Eine Besonderheit weist das riesige Gebiet zwischen Atlantik und Pazifik, zwischen Kanada und Mexiko allerdings auf. Ein Umstand prägt es, der in dieser Ausprägung nirgendwo sonst vorkommt: Der Mississippi, viertgrößter Strom der Erde und in jeder Hinsicht die Lebensader der USA, hat nicht nur die Geschichte und Geografie der Vereinigten Staaten geprägt. Vielleicht ist er ja sogar das verbindende Element, auf das sich die Bewohner des Landes einigen könnten.

Einen Monat lang war ich dem amerikanischsten aller Flüsse gefolgt. Ich hatte ihm beim Wachsen zugesehen und miterlebt, wie er Städten, Landschaften und Menschen bis weit ins „Landesinnere“ hinein seinen Stempel aufdrückt. Niemals zuvor war ich den USA so nahe gekommen, nie hatte ich bislang das Land und die Menschen so unmittelbar und direkt „erfahren“.

Das habe ich in erster Linie dem Liegerad „Meilenfresser“ zu verdanken. Es war auf der gesamten Reise mein Türöffner: Jemanden in so einem Gefährt möchte man kennenlernen. Umso mehr, als ich weitestgehend durch dünn besiedeltes Gebiet gefahren bin. Ein Gast ist da bereits an sich ein willkommenes Ereignis. Darum empfängt man ihn in aller Regel freundlich. Dank meiner Gespräche mit den Menschen vor Ort habe ich ein kerniges und bodenständiges Amerika kennengelernt.

Am ehesten erinnern mich die USA an einen liegenden Mann. Im Osten befindet sich sein Kopf: Von Washington aus wird regiert, in Harvard und Yale werden die großen intellektuellen Durchbrüche ermöglicht. Im Westen geht es voran, da zählen Aufschwung und Fortschritt: Hier befinden sich die Beine. In der Mitte aber, im Mississippi-Gebiet, da sind das Herz und der Rumpf der Vereinigten Staaten zu Hause. Hier herrscht das Bauchgefühl vor. Und wenn man die USA wirklich kennenlernen möchte, sollte man hierherkommen.

So schlimm waren sie letzten Endes gar nicht: die als „Hillbillies“ und „Rednecks“ verschrienen Bewohner des Landesinneren zwischen Bemidji und New Orleans. Natürlich gibt es da die Trump-Fans und die Waffennarren, die Enttäuschten mit ihrem aufbrausenden Temperament und die Wiedergetauften mit ihren Schlangenritualen. Es gibt die Erdnüsse und Chips essenden Trucker in den Bars und die zupackenden Ehefrauen, die ihre Möchtegernrocker letzten Endes ganz gut im Griff haben. Vor allem aber bin ich an beiden Ufern des Mississippi auf neugierige und gastfreundliche Menschen gestoßen. Sie haben mir immer wieder klargemacht, dass ich nicht der Einzige bin, der etwas Besonderes, etwas Außergewöhnliches realisieren will. Der die Sehnsucht, ja: die Sucht, einfach nicht loswird, jenes Verlangen, ganz im Augenblick aufzugehen, statt immerzu an die Folgen irgendeiner Handlung zu denken. Der zeitlebens die Gewissheit sucht, jetzt, genau jetzt und hier das zu machen, was ich wirklich will. Das, wofür ich geboren wurde. Kurzum: So zu leben, wie ich es eigentlich möchte. Nirgendwo sonst auf der Welt habe ich mich bislang besser verstanden gefühlt als im Zentrum der USA. Angesichts einer einzigartigen Geschichte voller verrückter Erfindungen, angesichts ständig neuer schräger Typen und einer Haltung des „Anything goes" – „Alles ist möglich", gepaart mit einem an Besessenheit grenzenden Durchhaltewillen, war ich einfach nur ein Verrückter unter vielen Verrückten. Das hat mir gutgetan.

Die Zugvögel wissen es besser als wir Menschen, die wir uns nur allzu gern in enge Pläne und rigide Regeln einzwängen lassen. Sie folgen seit jeher dem Mississippi nord- und südwärts.

Auf den meisten meiner Abenteuerreisen bin ich geografischen Gegebenheiten gefolgt: den Alpen beispielsweise, den Anden und dem Apennin. Dem Mekong auch, dem grönländischen Meereis und der Mittelmeerküste. Ich mag es, dass sich diese geografischen Gegebenheiten nicht um Ländergrenzen oder Zollformalitäten scheren. Sie sind viel größer und dauerhafter als unsere Versuche, Bevölkerungsgruppen voneinander zu trennen und gegeneinander aufzuwiegeln. Ländergrenzen sind menschengemacht und damit so gut wie immer politisch motiviert, willkürlich gezogen und künstlich aufrechterhalten. Einem Fluss wie der Donau oder eben dem Mississippi zu folgen hat hingegen eine gewisse Logik: Es ist geografisch nachvollziehbar. Unterwegs überkam mich immer wieder die Gewissheit, auf dem richtigen Weg zu sein. Das ersetzte mir nicht selten Kompass und Karte.

Ich werde ein Zugvogel bleiben. Das ist nun einmal meine Bestimmung, mein Segen und mein Fluch.

„Tengo en mi cuerpo un motor que nunca deja de rolar, tengo en mi cuerpo un camino, destinado a nunca llegar“: So bringt es der weit gereiste spanisch-französische Sänger Manu Chao in seinem Reggaesong „Desaparecido“ auf den Punkt. „Ich habe einen Motor in mir, der niemals aufhört zu laufen, ich trage einen Weg in mir, der dazu bestimmt ist, nirgendwo anzukommen.“

„Cuándo llegaré?“, fragt er weiter. „Wann werde ich ankommen?“

Ich habe keine Ahnung. Aber ich habe mit meiner Meilenfresser-Mississippi-Tour ja auch erst zwölf große Abenteuerreisen unternommen.

Recht amerikanisch vielleicht, habe ich dabei mehr auf meine Sehnsüchte gehört als auf meine Ängste. Ich habe mich jedes Mal aus dem Bauch heraus entschieden und dem Kopf erst später gestattet, seine Einwände anzubringen. Dann nämlich, als es bereits zu spät und ich bereits losgefahren war.

Rednecks radeln vielleicht nicht. Aber wenn damit die neugierigen und bodenständigen, zuweilen vielleicht etwas unbedarft erscheinenden Typen gemeint sind, die etwas auf die Beine stellen wollen, und die sich lieber dann und wann eine blutige Nase holen, statt auf irgendein Erlebnis zu verzichten – ja, dann bin ich auch einer von ihnen.

Anhang.

4 Wochen.
3000 Kilometer.
1 großer Strom.

Die Route

Minnesota / 600 km

Tag 1: Itasca State Park/Bemidji → Grand Rapids
(75 miles = 120 km)
Tag 2: Grand Rapids → Deerwood (60 miles = 100 km)
Tag 3: Deerwood → Saint Cloud (85 miles = 135 km)
Tag 4: St. Cloud → Minneapolis (60 miles = 100 km)
Tag 5: Twin Cities (Minneapolis & Saint Paul)
Tag 6: Minneapolis → Hastings (45 miles = 70 km)
Tag 7: Hastings → Wabasha (55 miles = 90 km)

Wisconsin & Iowa & Illinois / 900 km

Tag 8: Wabasha → La Crosse (70 miles = 112 km)
Tag 9: La Crosse → Prairie du Chien (65 miles = 105 km)
Tag 10: Prairie du Chien → Dubuque (65 miles = 105 km)
Tag 11: Dubuque → Sabula (45 miles = 70 km)
Tag 12: Sabula → Muscatine (95 miles = 155 km)
Tag 13: Muscatine → Fort Madison (75 miles = 120 km)
Tag 14: Fort Madison → Hannibal (80 miles = 130 km)

Missouri & Arkansas & Tennessee / 700 km

Tag 15: Hannibal → St Charles (90 miles = 150 km)
Tag 16: St Charles → St Louis (30 miles = 48 km)
Tag 17: St Louis
Tag 18: St Louis → Ste Genevieve (65 miles = 105 km)
Tag 19: Ste Genevieve → Sikeston (90 miles = 150 km)
Tag 20: Sikeston → Osceola (100 miles = 160 km)
Tag 21: Osceola → Memphis (55 miles = 90 km)

Mississippi & Louisiana / 800 km

Tag 22: Memphis → Clarksdale (105 miles = 170 km)
Tag 23: Clarksdale → Greenville (70 miles = 110 km)
Tag 24: Greenville → Vicksburg (80 miles = 130 km)
Tag 25: Vicksburg → Natchez (70 miles = 110 km)
Tag 26: Natchez → Baton Rouge (85 miles = 135 km)
Tag 27: Baton Rouge → New Orleans (85 miles = 135 km)
Tag 28-Tag 30: New Orleans

Impressum.

Postanschrift: Nymphenburger Straße 101, D-80636 München.
Geschäftsleitungssitz: Osterseenstraße 10 B, D-82393 Iffeldorf.

Autor: Thomas Bauer.
Lektorat: Susanne Guidera
Layout: Wolfgang Appun. Susanne Guidera.

Coverfoto und Bild S. 4-5: © Shutterstock

Bilder Innenseite Umschlag:
Motel (großes Bild): © Thomas Bauer
In meinem „Dings“: © Thomas Bauer
Cajun-Musik: © Wendy Kaveney/Fotolia
„Skyscrapers“ in Saint Paul: © Henryk Sadura/Fotolia
Ankunft in La Crosse: © Thomas Bauer
Raddampfer auf dem Mississippi: © Jim Pintar/Fotolia
„On the Road“: © Thomas Bauer

978-3-946014-52-2 Paperback
978-3-946014-55-3 eBook/Tolino
978-3-946014-59-1 Hardcover

www.millemari.de